U0107606

〔俄〕叶卡捷琳娜二世 著

李倩梅 曾瑞云 译

叶卡捷琳娜大帝回忆录

中国出版集团 东方出版中心

图书在版编目（CIP）数据

叶卡捷琳娜大帝回忆录 / (俄罗斯) 叶卡捷琳娜二世
著；李倩梅，曾瑞云译. 一 上海：东方出版中心，
2023.7
ISBN 978-7-5473-2225-3

Ⅰ.①叶… Ⅱ.①叶… ②李… ③曾… Ⅲ.①叶卡德
琳娜二世(1729-1796) - 自传 Ⅳ.①K835.127=41

中国国家版本馆CIP数据核字(2023)第116408号

叶卡捷琳娜大帝回忆录

作　　者　[俄罗斯] 叶卡捷琳娜二世
译　　者　李倩梅 曾瑞云
责任编辑　朱荣所
特约编辑　王清
装帧设计　极宇林

出 版 人　陈义望
出版发行　东方出版中心
地　　址　上海市仙霞路345号
邮政编码　200336
电　　话　021-62417400
印 刷 者　北京兰星球彩色印刷有限公司

开　　本　890mm×1240mm 1/32
印　　张　12.5
字　　数　322千
版　　次　2023年11月第1版
印　　次　2023年11月第1次印刷
定　　价　88.00元

PREFACE

序　言①

---

① 本书由叶卡捷琳娜大帝亲自撰写，由亚历山大·赫尔岑（Alexander Herzen）自法语译为英语，并作序。——编者注

叶卡捷琳娜女皇（Empress Catherine）死后几个小时，她的儿子沙皇保罗（Emperor Paul）命令罗斯托普钦伯爵[1]在她的文件上盖上印章。保罗亲自参与了这些文件的处理。这些文件中，有一封亚历克修斯·奥尔洛夫[2]写的著名的信[3]。在信中，他用愤世嫉俗的口吻和醉酒的笔迹向女皇宣布了她丈夫彼得三世被暗杀的消息。文件中还有一份手稿，完全是叶卡捷琳娜本人写的，装在一个密封的匣子（envelope）里，匣子上写着："致我的爱子，皇储保罗大公殿下。"盒子里装的就是我们现在出版的这本回忆录的手稿。

手稿写到1759年底突然终止。据说，伴随手稿的还有一些零散的便签，可以作为手稿的后续材料。有人断言保罗把这些便签扔进了火里，但关于这一点没有确切的证据。保罗对母亲的手稿看管很严，除了他童年时代的朋友亚历山大·库拉金亲王[4]，从不把它托付给任何人。亲王拿了一份副本。保罗去世大约二十年后、亚历山大·图热内夫（Alexander Tourgeneff）和米哈伊尔·沃龙佐夫亲王（Prince Michael Vorontzoff）从库拉金亲王的

---

① 罗斯托普钦伯爵（Count Rostoptchine, 1763—1862）。——译者注
② 亚历克修斯·奥尔洛夫（Alexis Orloff, 1735—1808），助叶卡捷琳娜二世登上皇位的奥尔洛夫兄弟中的老二，他的哥哥是女皇的情夫。——译者注
③ 参见《达什科夫亲王夫人回忆录》（*Memoirs of the Princess Dashkoff*），伦敦，1840年。——原注
④ 亚历山大·库拉金亲王（Prince Alexander Kourakine, 1752—1818）。——译者注

沙皇尼古拉
绘者信息不详

转录本中抄录了副本。沙皇尼古拉（Emperor Nicholas）^①听说了这件事，命令秘密警察没收了所有副本。其中有一本是著名诗人普希金（Pouschkine）在敖德萨（Odessa）抄录的。回忆录的进一步流传至此完全停止。

沙皇尼古拉让D.布卢多夫伯爵（Count D. Bloudoff）将原件带给自己。他阅读后，加盖了国家印玺，并下令将其与最机密的文件一起保存在帝国档案馆。

这些细节是我从收到的公告中摘录的。此外，我应补充一点，第一个与我就这个问题交流的人是现任皇帝的导师康斯坦丁·阿瑟尼夫（Constantine Arsenieff）。1840年，他告诉我，他已获准阅读彼得大帝（Peter I）死后至亚历山大一世（Alexander I）统治期间的有关事件的许多秘密文件。在这些文件中，他获准阅读叶卡捷琳娜大帝的回忆录。（当时，他正在向推定继承人大公^②教授俄国现代史。）

克里米亚战争期间，档案被转移到莫斯科。1855年3月，现任沙皇^③让人把手稿带给他阅读。自那时起，手稿的一两个副本就再次在莫斯科和圣彼得堡流传。我们现在出版的回忆录就是其中的一个副本。这些副本的真实性毋庸置疑。此外，只需阅读两到三页文本，人们必然会对这个副本的真实性十分满意。

---

① 即尼古拉一世（Nicholas I，1796—1855）。——译者注
② 即沙皇亚历山大二世（Alexander II，1818—1881）。——译者注
③ 同上。——译者注

我们没有对手稿的风格做任何修改，并且从头至尾副本都没有明显的转录错误。

通过回忆录本身，我们发现了什么？

叶卡捷琳娜大帝早期用超过四分之一世纪的时间阅读所有当代作家的作品，从伏尔泰（Voltaire）和弗里德里希二世[1]到克里米亚的可汗（Khan of the Crimea）和吉尔吉斯酋长们（Chiefs of the Kirghis），她自己描述了自己的年轻时代。编辑还有什么可以添加的？

在阅读这些文字时，我们看到她进入了我们的视野，看到她发展成她后来的样子。她是一个十四岁的活泼女孩，留着摩西式的卷发，美丽，爱嬉戏，是小白痴大公的未婚妻，她已经染上了冬宫（Winter Palace）的顽疾——对统治的渴望。一天，当她和大公坐在窗台上玩笑时，她看见莱斯特克[2]伯爵进来了。"收拾好您的东西，"他说，"您要回德意志了。"离别的威胁似乎对小白痴影响不大。"对我来说，这也几乎是一件无关紧要的事，"这位德意志小女孩说；"但俄国的皇冠不是，"这位大公夫人补充道。

在这里，我们看到了1762年的叶卡捷琳娜大帝的"萌芽"！

---

[1]　弗里德里希二世（Friedrich II，1712—1786），旧译"腓特烈二世"，普鲁士国王，因其对普鲁士王国的兴起乃至后来的德国统一做出重要贡献，被尊称为"弗里德里希大帝"。——译者注

[2]　即让·阿曼德·德·莱斯特克（Jean Armand de Lestocq，1692—1767）。——译者注

然而，在那个宫廷的氛围中，梦想戴上皇冠是很自然的；不仅对推定继承人的未婚妻来说是自然的，对每个人来说都是自然的。皇室侍从官比伦（Biren）[1]、歌手拉祖莫夫斯基[2]、多尔戈鲁基亲王（Prince Dolgorouky）、平民门奇科夫[3]、寡头沃林斯基（Volynski）——每个人都渴望得到帝国的一小块衣钵。在彼得大帝之后，俄国皇冠是无主之物。

　　彼得大帝是一个暴君和改革者，他最大的特征是不尊重合法性。他的专制甚至试图超越了生死。彼得大帝赋予自己指定继任者的权利，并且他非但没有立自己的儿子为继承人，反倒下令暗杀他。

　　彼得大帝驾崩后，贵族们聚集在一起商议。门奇科夫终止了所有讨论，宣布自己的老情人为女皇。她是一位英勇的瑞典龙骑兵的遗孀，她的丈夫死在了战场上。她也是彼得大帝的遗孀，此

---

[1]　即恩斯特·约翰·冯·比伦（Ernst Johann von Biren，1690—1772），俄国安娜女皇的宠臣。他是波罗的海贵族，在安娜女皇统治期间位极人臣。通过安娜女皇的影响力，他成为库尔兰（Courland）公爵。安娜女皇死后（1740年），他担任安娜女皇的甥孙伊凡六世（Ivan VI）的摄政王。——译者注

[2]　拉祖莫夫斯基（Rasoumowsky，1752—1836），俄国艺术赞助人和业余小提琴家，据说是农民的儿子，被叶卡捷琳娜大帝封为贵族。他曾在多个不同的城市担任大使，最后一次是在维也纳。1788年，他在维也纳与卡尔·利奇诺夫斯基（Carl Lichnowsky）的妹妹伊丽莎白伯爵夫人（Countess Elizabeth）结婚，成为贝多芬的赞助人。贝多芬献给他的三首四重奏被称为"拉祖莫夫斯基四重奏"。——译者注

[3]　即亚历山大·达尼洛维奇·门奇科夫（Aleksander Danilovich Menchikov，1673—1729），俄国政治家，他是彼得大帝极其赏识的伙伴和朋友，实际上统治了俄国两年。——译者注

彼得大帝驾崩

伊凡·尼基丁（Ivan Nikitin，约 1690—1714）绘

前门奇科夫将她"进献"给了自己的主人彼得大帝。

　　叶卡捷琳娜一世（Catherine I）的统治很短暂。在她之后，皇冠根据各人的机遇依次传递：从曾经的利沃尼亚（Livonian）酒馆老板[①]，到一个街头男孩（彼得二世[②]）；从这个死于天花的街头男孩，到库尔兰公爵夫人（Duchess of Courland）（安娜[③]）；从库尔兰公爵夫人到梅克伦堡亲王夫人[④]（布伦瑞克亲王的妻子）以婴儿（伊凡[⑤]）的名义统治，这个男孩出生太晚，还来不及统治，王冠就落到了一个出生更早的女人伊丽莎白（Elizabeth）的头上。伊丽莎白代表着合法性。

　　传统被打破了，人民和国家被彼得大帝的改革彻底分离，政变和宫廷革命成为当时的家常便饭；没有什么是固定不变的。圣彼得堡的居民晚上入睡时，不知道一觉醒来会在谁的统治之下；因此，他们对变化的兴趣微乎其微，毕竟这些变化本质上不外乎少数德意志阴谋家成为俄国大臣，少数大贵族因伪证和犯罪落

---

① 　指前文的门奇科夫。——译者注

② 　彼得二世（Peter II，1715—1730）。——译者注

③ 　即安娜女皇（Anna of Russia，1693—1740），伊凡五世（Ivan V）的女儿，1710年嫁给库尔兰公爵，1730年起成为俄国女皇直至去世，她统治的时代在俄国被称为"黑暗时代"。——译者注

④ 　梅克伦堡亲王夫人，即俄国女大公安娜·利奥波尔多夫娜（Anna Leopoldovna，1718—1746），沙皇伊凡五世（Ivan V，1666—1696）的外孙女。——译者注

⑤ 　即伊凡六世（Ivan VI，1740—1764），即位时才两个月，由其母亲摄政，一年后被推翻并监禁至去世。他的母亲是安娜女皇的姐姐的女儿，是当时俄国名义上的摄政。——译者注

幕，以及普雷布拉延斯基团（Preobrajensky Regiment）[1]像古代的禁卫军（Pretorians）[2]一样推翻皇位。对其他所有人来说，一切都没有改变。当我说其他人时，我指的是贵族和官员；因为对于默默无闻的人民来说，这压根不在他们的考虑范围内，他们匍匐在地，面容悲伤，神情呆滞，沉默寡言。人民不在法律管辖的范围内，他们被动地接受上帝带来的可怕审判，对那些步履蹒跚地登上皇位的幽灵毫不关心；这些幽灵像影子一样掠过，消失在西伯利亚或地牢里。无论情况如何改变，人民肯定会被压榨。因此，当时的社会状况已超出了意外事件的范围。

这是多么奇怪的时期！正如我们在别处说过的那样[3]，皇位就像克利奥帕特拉[4]的床榻。一群寡头、陌生人、逢迎者、奴仆，每晚带着一个不知名的人、一个孩子、一个德意志人前来；他们把傀儡放在王座上，致以崇拜，并以傀儡的名义鞭挞所有怀

---

[1]　普雷布拉延斯基团是俄罗斯帝国陆军中最精锐的护卫团，于1683年由彼得大帝从他的私人军队中挑选精兵组建而成。普雷布拉延斯基团在1700—1721年的大北方战争（Great Northern War）、1812年的卫国战争（Patriotic War）和1877—1878年的俄土战争（Russo-Turkish War）中表现卓著。——译者注

[2]　禁卫军是罗马帝国军队的一个单位，为罗马皇帝担任私人保镖和情报人员。三个世纪以来，罗马皇帝的禁卫军也因其宫廷阴谋而闻名。凭借这些阴谋，禁卫军可以通过对帝国政治的影响推翻一位皇帝，然后拥立新皇帝。——译者注

[3]　《俄国革命思想的发展》（*Du Développement des idées révolutionnaires en Russie*）第2版，伦敦，1853年。——原注

[4]　克利奥帕特拉（Cleopatra，前69—前30），托勒密王朝末代女王。——译者注

疑这个安排的人。被选中的傀儡正沉醉在荒淫无度的权力的喜悦
中，将他的敌人贬为奴隶或施以酷刑，下一波的浪潮又推出另一
个皇位觊觎者，将前一天的选中的傀儡及其所有追随者推入深
渊。前一天还是大臣和将军，下一天就戴着镣铐前往西伯利亚。

　　这把地狱之火带走一批又一批人，其速度之快让人们还来
不及记住他们的脸。坐在木筏上的比伦停在伏尔加河上，与推
翻他的明尼赫元帅（Marshal Munich）会合。明尼赫元帅自己
也成了囚犯，脚上戴着镣铐。这两个德意志人的斗争将俄罗斯
帝国像一罐啤酒一样搅动起来，从中我们可以看出旧时代政变
的真正面目。

　　正如我们刚才所说，安娜女皇驾崩后，把皇位留给了一个只
有几个月大的孩子，由安娜女皇的情人比伦摄政。库尔兰公爵成
了万人之上的人。他瞧不起一切俄国人，妄图用鞭子来教化我
们。为了巩固地位，他残忍、冷酷地处死了数百人，并将两万多
人流放。明尼赫元帅对此深感厌倦；他和比伦一样是德意志人，
并且是个优秀的军人。一天，小皇帝的母亲布伦瑞克亲王夫人向
他抱怨比伦的傲慢。"您和其他人谈过这个问题吗？"元帅问
道。"没有。""那好吧，保持沉默，把一切交给我。"这一天
是1740年9月7日。

　　1740年9月8日，明尼赫元帅与比伦共进晚餐。晚饭时，他
让自己的家人继续和摄政王在一起，然后自己离开了一会。他悄
悄地去了布伦瑞克亲王夫人的住所，告诉她要为当晚做好准备，

然后他回去继续吃饭。席间，明尼赫元帅讲述了自己军旅的逸事与赢得的战斗。"您曾夜间探险吗？"勒文豪普伯爵（Count de Lœwenhaupt）问道。"我一直在探险。"元帅有些恼怒地回答。摄政王当时身体有些不舒服，躺在沙发上，听了这些话，坐了起来，陷入了沉思。

他们分开时还是朋友。

回到家后，明尼赫元帅命令自己的助手曼斯坦（Manstein）在凌晨2点前做好准备。2点，他们上了一辆马车，直奔冬宫。他唤醒了冬宫的亲王夫人。"怎么了？"来自布伦瑞克-沃尔芬比特（Braunschweig-Wolfenbüttel）的优秀德意志人安东尼·乌尔里希（Anthony Ulrich）问自己的妻子。"我不舒服。"亲王夫人回答。安东尼·乌尔里希翻了个身，继续沉睡。

在他睡着的时候，亲王夫人穿好衣服。老军人明尼赫元帅向普雷布拉延斯基团中最躁动的士兵发表了讲话。他向他们讲述了亲王夫人的屈辱地位，谈到她未来对他们的感激之情，并在讲话中命令他们装上火枪。

然后，他留下大约40名近卫步兵保护亲王夫人，他与其他80人一起前往逮捕国家元首——可怕的库尔兰公爵。

他们一路畅通无阻地穿过圣彼得堡的街道，到达摄政王的宫殿。他们进入宫殿；明尼赫元帅派曼斯坦进入公爵的卧室逮捕他，死活皆可。值班的军官、哨兵和仆人都在一旁看着。曼斯坦在自己的回忆录中说："哪怕有一个军官或士兵对公爵忠诚，我们都会失败。"但一个都没有。比伦觉察到士兵的到来，爬到床下躲了起来。曼斯坦逼他出来，比伦只好自卫。他们用火枪枪托打他，然后把他送往护卫营。

政变就此完成，但很快就发生了一件奇怪的事。

比伦备受憎恨，这或许是他倒台的原因。相反，新摄政是一个善良、温柔的人，她对大使利纳尔（Ambassador Lynar）极其宠信，却没有激起任何人的不满，她甚至因为对比伦的仇恨而得到一些好感。一年过去了，一切平静下来。但法兰西宫廷对俄国摄政刚刚与玛丽亚·特蕾莎（Maria Theresa）缔结的奥俄联盟表示不满。如何破坏这个联盟？这再容易不过了：只需发动一场政变，驱逐摄政。而发动一场政变，我们甚至不需要一个受士兵尊敬的元帅，不需要一个政治家。医生莱斯特克伯爵和大使拉切塔迪侯爵（Marquis de La Chétardie）[①]的阴谋诡计足以让彼得大帝的女儿伊丽莎白登上皇位。

伊丽莎白沉迷于享乐和玩弄小阴谋，几乎没想过要推翻政府。她被说服，相信摄政打算把她关进修道院里。伊丽莎白一直待在禁卫军的兵营里，日子过得荒淫无度，她最好让自己成为女皇！拉切塔迪也这么想，并且他不只想了，他还用法兰西给的黄金雇了一些士兵。

1741年11月25日，女大公身披华丽的长袍，穿着华丽的胸

---

① 即雅克-约阿希姆·特罗蒂（Jacques-Joachim Trotti，1705—1759），当时的法兰西王国驻俄国大使。——译者注

伊丽莎白女皇

夏尔·范·卢（Charles van Loo，1695—1770）绘

甲，出现在普雷布拉延斯基团的护卫营里。她向士兵们吐露了自己的不幸处境。他们满身酒味，喊道："下令吧，母亲，下令！我们要把他们都杀了！"慈悲的女大公惊恐地退缩了，只下令逮捕摄政、摄政的丈夫和他们的婴儿沙皇。

旧事又一次重演。

布伦瑞克的安东尼·乌尔里希从沉睡中醒来；但这次，他不能再次沉睡了，两名士兵用床单把他裹起来，带到地牢。而后，他将离开地牢，在流亡中死去。

政变又一次完成了。

新的统治似乎进入正轨。这次，这个奇怪的皇位什么都不缺，只缺继承人。女皇不想再与小伊凡有任何关联，她在吕贝克亲王主教（Prince-Bishop of Lubeck）的圣公会宫殿里寻找继承人。她选择了主教的侄子，彼得大帝的外孙，一个失去父母的孤儿，他将是安哈尔特-采尔布斯特-伯恩堡公主（Princess of Anhalt-Zerbst-Bernburg）小索菲娅·奥古斯塔·弗雷德里卡（Sophia Augusta Frederica）的未婚夫。这位公主抛弃了所有响亮而杰出的头衔，只被简单地称为叶卡捷琳娜大帝。

这位公主不仅天赋出众，而且性格温顺，尽管充满了骄傲和激情。现在，在说了这么多之后，请读者自己想象一下命运将这个年轻女孩带入的环境是什么样子。

她在圣彼得堡的处境很糟糕。一边是她的母亲，一个脾气暴躁、苛责不休、贪婪吝啬、迂腐学究的德意志人，经常拧她的耳朵，拿走她的新衣服穿在自己身上；另一边是伊丽莎白女皇，一个粗野无礼、牢骚不断的泼妇，一直醉醺醺的，并且嫉妒心强。女皇让人监视年轻公主的每一步行动，报告她的每一句话，并对她的一切感到愤怒，而这一切都是在公主嫁给了当时最可笑的新郎之后发生的。

作为皇宫里的囚徒，她未经允许不能做任何事。如果她为父亲的去世而哭泣，女皇会派人传话说她哀悼过度了。"她父亲不是国王，她为他哀悼的时间超过了一个星期。"如果她对任何一个侍女表现出友谊，这个侍女肯定会被解雇。如果她依恋一个忠实的仆人，更确定的是，这个仆人会被调走。

她与大公的关系十分糟糕并有辱人格。他毫不隐晦地把自己的风流韵事告诉她。他从10岁起就每天醉醺醺的。有一天晚上他喝了酒后来找自己的妻子，向她描述比伦女儿的优雅和魅力；叶卡捷琳娜假装睡着了，他打了她一拳，想把她吵醒。这个傻瓜在妻子的卧室旁边养了一窝狗，空气中都是臭味，他还把老鼠挂在自己的卧室里，按照戒严令惩罚它们。

这还不是全部。在伤害和激怒了这个年轻姑娘的几乎所有情感之后，他们开始有系统地使她堕落。女皇认为她没有孩子破坏了"秩序"。乔格洛科夫夫人（Madame Tchoglokoff）提到这个问题时暗示，为了国家的利益，她应该放下自己的顾虑，最后建议她在萨尔蒂科夫[①]和纳里奇金（Narichkine）之间选择。这位年轻的女士装出一副单纯的样子，两个都选了，不，她还把波尼亚托夫斯基[②]卷了进来，由此开始了40年不间断的放荡生涯。

本书对俄国皇室造成的严重影响是，它不仅证明现在的皇室不属于罗曼诺夫（Romanoff）家族，甚至不属于荷尔斯泰因·戈托普（Holstein Gottorp）家族。关于这一点，叶卡捷琳娜非常明确地声明：保罗的父亲是谢尔久斯·萨尔蒂科夫。

俄罗斯帝国独裁王朝竭力将自己描述为传统和世俗的家族，但皆是徒劳。

结束之前我再说一句。

在阅读这部回忆录时，读者将惊讶地发现，有一点经常被忽略，甚至没有出现在任何地方，那就是俄国和俄国人民。这正是那个时代的特征。

冬宫有军事机构和行政机构，是一个自成一体的世界。就像漂浮在海面上的一艘船，除了需要人民来供养之外，冬宫与居住在远处的人民没有真正的联系。这是国对国的关系。冬宫以德意志模式组织起来，以征服者的身份管理这个国家。在可怕的兵营里，在空旷的宫殿里，弥漫着寒冷而僵硬的气息。一个人

---

① 即下文的谢尔久斯·萨尔蒂科夫（Sergius Soltikoff, 1726—1765）。——译者注

② 即斯坦尼斯瓦夫·奥古斯特·波尼亚托夫斯基（Stanisław August Poniatowski, 1732—1798）。1764年，他在叶卡捷琳娜大帝的扶持下成为波兰国王，为瓜分波兰埋下了伏笔。——译者注

发出或传送命令，其余人默默地服从。在这种沉闷的氛围里，只有一个地方，人类狂躁不安的激情得以重现，那就是在壁炉前；不是人民的壁炉前，而是国家的壁炉前。在那三排哨兵的后面，在那些装饰华丽的大厅里，酝酿着一种狂热的生活，充满了阴谋、冲突、戏剧和不幸。正是在这些地方，俄国的命运交织在幽暗的壁龛中，在狂欢的氛围中，在告密者和警察无法触及的地方。

那么，这位年轻的德意志公主会对她一无所知的人民——那些沉默寡言、野蛮落后的人民——有什么兴趣呢？这些人隐藏在村庄里、雪地中，隐藏在破败的道路后面，只出现在圣彼得堡的街道上，像被驱逐的外国人似的，留着杂乱的胡子，穿着破烂的衣服，饱受鄙视。

不久之后，叶卡捷琳娜才听到了俄国人的严肃言论，此时，哥萨克人普加乔夫[①]率领一支农民起义军，对莫斯科形成了威胁。

当普加乔夫被镇压后，冬宫再次忘记了俄国人民。如果不是人民自己让主人意识到他们的存在，他们一直默默无闻，直到他们在1812年大规模地崛起，一方面拒绝了外国用刺刀带给他们的农奴解放，另一方面却为了拯救一个除了奴役、堕落、苦难和冬宫的遗忘之外没给他们带来任何东西的国家走向死亡。

---

① 即叶梅尔扬·普加乔夫（Yemelyan Pugachev, 1740—1775），发动了1773年到1775年的俄国农民起义。——译者注

这是俄国人民的第二个值得纪念的事件。我们希望，第三个事件能让人们记得更长久一些。

亚历山大·赫尔岑

1858年11月15日

于伦敦

CONTENTS

目　录

PART I

第一部分

从 1729 年出生到 1751 年

FROM 1729, THE YEAR OF HER BIRTH, TO 1751

命运并不像人们想象的那样盲目。命运往往是精心策划的措施所引发的结果，所以躲过了普通人的认知；更通常的是，命运是个人的素质、性格和行为的结果。

为了使这一点更加明显，我将提出以下三段论：

大前提：品质和性格；

小前提：行为；

结论：好运气或坏运气。

以下是三个引人注目的例子：

彼得三世；

叶卡捷琳娜二世；

彼得三世的父母。

彼得三世的母亲是彼得大帝的女儿。在儿子出生两个月后，她在荷尔斯泰因（Holstein）的基尔（Kiel）小镇死于肺病。在这样一个地方安家，婚姻又如此糟糕，她十分悲伤。彼得三世的父亲是荷尔斯泰因公爵卡尔·弗雷德里克[①]，是瑞典国王卡尔十二世（Charles XII）的外甥。荷尔斯泰因公爵体弱多病，矮小丑陋，还一贫如洗（见《布希杂志》中的"伯克霍尔茨日志"）。荷尔斯泰因公爵于1739年去世，留下不到11岁的儿子，由公爵的堂弟阿道夫·弗雷德里克[②]监护。阿道夫·弗雷德里克成为吕贝克主教和荷尔斯泰因公爵，由于《阿博和约》

---

① 卡尔·弗雷德里克（Charles Frederic，1700—1739）。——译者注
② 阿道夫·弗雷德里克（Adolphus Frederic，1710—1771）。——译者注

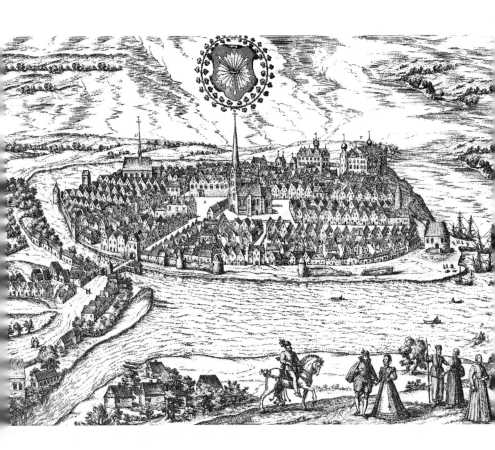

16 世纪的基尔

绘者信息不详

（Peace of Abo）①的规定和俄国女皇伊丽莎白的推荐，他后来被选为瑞典国王。彼得三世的教育由荷尔斯泰因宫廷的大元帅布鲁默（Brummer）负责。布鲁默是瑞典人，手下有宫廷大侍从伯克霍尔茨（Berkholz），伯克霍尔茨是刚刚提到的"伯克霍尔茨日志"的作者。布鲁默手下还有四位宫廷侍从，其中一位是卡尔十二世传记的作者阿德勒费尔德（Adlerfeldt），另外一位是瓦克梅斯特（Wachmeister），他们都是瑞典人；另外两位侍从是沃尔夫（Wolff）和马德费尔特（Madfeldt），都是荷尔斯泰因人。彼得三世在一个对荷尔斯泰因来说过大的宫廷里接受了为继承瑞典王位而准备的教育；宫廷里的人形成几个互相仇视的派系，每个派系都试图在王子的心中占据支配地位，而不是致力于培养他的性格，并且每个派系都致力于激发他对敌对派系的反感。年轻的王子痛恨布鲁默，也不喜欢自己的任何随从，因为随从约束了他。

甚至从10岁开始，彼得三世就表现出对酒的嗜好。他被迫频繁地出现在公共场合，并且日夜处于人们的视线范围内。在他的童年和在俄国居住的最初几年，他最喜欢的人是两个老卧室男仆（valets de chambre），一个是利沃尼亚人，另一个是瑞典人鲁姆伯格（Roumberg）。其中，鲁姆伯格更受他喜爱。鲁姆伯格是一

---

① 《阿博和约》（1743年），俄国和瑞典王国之间的和平解决方案。俄国迫使瑞典王国割让芬兰南部的一片狭长地域，并暂时依附俄国，从而结束了1741年至1743年的俄瑞战争。——译者注

个有点粗俗的人，在卡尔十二世时期是一名龙骑兵。布鲁默及其眼线伯克霍尔茨都依附于王子的监护人兼监管者；其他人都对王子不满，对他身边的随从更是不满。

伊丽莎白女皇登上俄国皇位时，派侍从科尔夫（Korf）前往荷尔斯泰因，要求见她的外甥。因此，王子的监管者立即将他送走，陪同他的还有大元帅布鲁默、两位大侍从伯克霍尔茨和德肯（Decken），德肯是伯克霍尔茨的外甥。女皇十分欢喜地接待了王子，王子抵达后不久，便动身前往莫斯科等待加冕为皇位继承人。女皇决定宣布他为自己的继承人，但他首先必须加入希腊正教（Greek church）。大元帅布鲁默的敌人，特别是大侍从别斯图热夫·留明伯爵[①]和长期担任俄国驻瑞典大使的帕宁伯爵[②]，号称掌握了令人信服的证据，证明布鲁默从发现女皇决定宣布其外甥为皇位继承人的那一刻起，就费尽心思腐蚀其学生的思想和心灵，正如他以前为使彼得配得上瑞典王冠所做的那样。但我一直怀疑这个指控，我将彼得三世的教育视为不幸遭遇作用的结果。我将讲述自己的所见所闻，我认为这能说明很多东西。

我第一次见到彼得三世是在他11岁的时候。在他父亲卡尔·弗雷德里克公爵去世几个月后，他和他的监护人吕贝克亲王

---

① 即阿列克谢·别斯图热夫·留明伯爵（Alexey Bestuzhev Ryumin, 1693—1768）。——译者注

② 即尼基塔·伊万诺维奇·帕宁（Nikita Ivanovich Panin, 1718—1783）。——译者注

主教一起待在奥伊廷（Eutin）。1739年，亲王主教召集家人来奥伊廷，来见自己的监护对象。我的外祖母是亲王主教的母亲，我的母亲是亲王主教的姐姐，她们和我一起从汉堡过来。那时我10岁。奥古斯都亲王（Prince Augustus）[①]和安妮女爵（Princess Anne）也来了，他们是这位荷尔斯泰因监护人和监管者的兄弟姐妹；我就是在那时听到有人在大家面前说年轻的大公喜欢喝酒，他的侍从们发现很难阻止他在餐桌上喝醉；他脾气暴躁，对身边的人没有感情，尤其不喜欢布鲁默；他要么是缺乏活力，要么是体弱多病。在众人看来，他的脸色苍白，看上去瘦弱不堪。他的侍从们希望让这个孩子给人一个完全成人的印象；为此对他施加了种种限制，这些限制只会让他学会在性格、举止上虚伪。

来自荷尔斯泰因的小宫廷在俄国住下不久，一位大使从瑞典抵达，要求伊丽莎白女皇允许她的外甥登上瑞典王位。然而，如前所述，伊丽莎白已经在《阿博和约》的预备会议中宣布了她的意图；她回答瑞典议会说，她已宣布她的外甥为俄国皇位继承人，并坚持《阿博和约》的预备会议的规定，即荷尔斯泰因亲王是瑞典王室的推定继承人。（这位亲王有一个哥哥，在彼得大帝去世时，伊丽莎白女皇与他结了婚。婚礼没有举行，因为亲王在

① 即荷尔斯泰因-奥尔登堡公爵（Duke of Holstein-Oldenburg）弗里德里希·奥古斯特（Friedrich August，1711—1785），荷尔斯泰因-戈托尔摄政克里斯蒂安·奥古斯特（Christian August）的儿子，叶卡捷琳娜大帝母亲的兄长之一。——译者注

1680 年的汉堡

绘者信息不详

订婚后几周死于天花；但女皇对他十分怀念，因而对他的整个家庭都施加了诸多恩惠。）

　　就这样，彼得三世被宣布为伊丽莎白的继承人和俄国大公，此前他根据希腊正教会的仪式改信了宗教。他的宗教导师是时任普斯科夫大主教西蒙·西奥多斯基（Simon Theodorsky）。王子是在路德信条的最严格、最不宽容的形式中接受洗礼并长大的。他对任何形式的宗教教导都很排斥；我听他的随从说，在基尔时，他们费尽力气才让他在礼拜日和假日去教堂做礼拜，让他履行他必须履行的祈祷职责更是困难重重；大多数时候，他在西蒙·西奥多斯基面前表现出自己的非宗教信仰。王子殿下在每一点上都表现出抵触情绪，他的随从经常被叫去制止他的坏脾气或冲动行为。最后，在制造了不少麻烦之后，他顺从了他的女皇姨妈的意愿；尽管如此，无论是出于偏见、习惯还是矛盾的心理，他经常不经意地透露他宁愿去瑞典也不愿留在俄国。他保留了布鲁默、伯克霍尔茨和他的荷尔斯泰因随从，直到他结婚。作为惯例，还增加了一些其他教师作为他的随从。伊萨克·韦塞洛夫斯基（Isaac Wesselowsky）先生负责教俄语，他一开始很少来，最后压根就不来了。斯特林教授（Professor Stehlein）本来要教王子数学和历史，但实际上，他只是和王子玩，把自己当作小丑取乐王子。最勤奋的人是芭蕾舞老师劳德（Laudé），负责教王子跳舞。

1744 年

起初，大公在他的私人套间里唯一的爱好是让两名随从参加军事演习。他授予他们头衔和军衔，然后又根据一时的心血来潮降低他们的头衔和军衔。这是一个真正的儿童游戏，一个让童年持续的游戏。总的来说，他确实很幼稚，尽管当时已16岁了。1744年，俄国宫廷在莫斯科时，叶卡捷琳娜①和她的母亲于2月9日抵达那里。

　　当时，俄国宫廷被分为两大阵营或派系。在第一个阵营中，副首相别斯图热夫·留明伯爵是首领，他刚从上一次的打击中恢复过来。他是一个令人畏惧胜过受人爱戴的人，太过热衷于阴谋诡计，疑心重，原则坚定；他不是一个残酷的人，也不是一个无情的对手，而是一个坚定的朋友，从不抛弃那些不首先背弃他的人。此外，他也很难相处，并且容易纠结于琐事。他是外交部的首脑。在前往莫斯科之前，他与女皇身边的人进行了斗争，他被压制了，但现在他开始获得优势。他倾向于与维也纳、萨克森和英格兰的宫廷结盟。他对叶卡捷琳娜和她母亲的到来很不高兴，这是他的反对派秘密操作的结果。伯爵的敌人很多，但他使他们都战栗起来。他的地位更高，性格更强势，这使他在前朝的政治中具有很大的影响力。

　　别斯图热夫·留明伯爵的反对派支持法兰西王国及其亲密盟友瑞典王国和普鲁士王国。谢塔迪侯爵是反对派的灵魂人物，荷

---

① 原文为Catherine II（叶卡捷琳娜二世，即叶卡捷琳娜大帝）。——译者注

尔斯泰因的大臣是反对派的中坚力量。他们赢得了莱斯特克的支持。作为主要参与者之一，莱斯特克参与了那场使伊丽莎白登上了俄国皇位的革命，女皇对他非常信任。他曾是叶卡捷琳娜一世的家庭医生，并在叶卡捷琳娜一世去世后一直担任伊丽莎白的外科医生，为这对母女提供了必要的服务。他头脑精明，政治手腕娴熟，但他心怀恶意，心肠歹毒。俄国宫廷的所有外来者都支持他，并推举了米哈伊尔·沃龙佐夫伯爵[①]。米哈伊尔·沃龙佐夫伯爵也参加了那场革命，并在伊丽莎白登基当晚一直陪伴她。伊丽莎白女皇让他娶了叶卡捷琳娜一世的侄女安娜·卡洛夫娜·斯科夫龙斯基女伯爵[②]。斯科夫龙斯基女伯爵与女皇一起长大，女皇对她有深厚的感情。这一派系还包括元帅鲁米安佐夫的父亲亚历山大·鲁米安佐夫伯爵（Count Alexander Roumianzoff）。亚历山大·鲁米安佐夫伯爵签署了与瑞典的《阿博和约》，而该和约的签订几乎没有咨询别斯图热夫·留明伯爵的意见。该派系还有检察长特鲁贝茨科伊（Troubetzkoy）及整个特鲁贝茨科伊家族，黑森-霍姆堡亲王（Prince of Hesse-Homburg）也可计入这个派系，因为他娶了特鲁贝茨科伊家族的一位公主。黑森-霍姆堡亲王在那时备受关注，但他个人的影响力微乎其微，他的重要性完

---

① 米哈伊尔·沃龙佐夫伯爵（Count Michael Voronzoff, 1710—1767）。——译者注

② 安娜·卡洛夫娜·斯科夫龙斯基女伯爵（Countess Anna Karlovna Skavronsky, 1723—1775）。——译者注

全源于他妻子所属的大家族。他的岳父母仍然在世，特别是他的岳母十分受重视。

当时，女皇身边的人中的其他人来自肖瓦洛夫家族（Schouvaloff）。从各方面看来，肖瓦洛夫家族是制衡猎犬主管（Master of the Hounds）拉祖莫夫斯基[1]的势力。拉祖莫夫斯基是当时公认的最受宠信的人。

别斯图热夫·留明伯爵知道如何使肖瓦洛夫家族发挥作用，但他主要依靠的是女皇的内阁大臣切卡索夫男爵（Baron Tcherkassoff）。切卡索夫男爵曾在彼得大帝的内阁中任职，是一个粗鲁固执的人，也是秩序和正义的倡导者，希望看到一切事务都有适当的形式和制度。宫廷的其他人根据这两个派系中的一方或另一方的若干利益或个人感情，站在其中一边。

我和我母亲的到来似乎让大公十分高兴。这时，我15岁。在最初的几天，他给了我极大的关注。即使在那时，在短短的时间里，我可以看出他几乎不关心他将要统治的国家。他信仰路德教，他对周围的人没有感情，并且很幼稚。我静静地听他说话，这让我获得了他的信任。我记得他告诉我，除了其他地方，他对我最满意的一点是我是他的表亲，由于我们的亲戚关系，他可以放心地把心里的秘密告诉我。于是，他告诉我，他爱上了女皇的一位侍女，但这位侍女的母亲拉普金夫人（Madame Lapoukine）

---

[1] 即阿列克谢·格里戈里耶维奇·拉祖莫夫斯基（Alexei Grigorievich Razoumowsky，1709—1771）。——译者注

拉祖莫夫斯基

绘者信息不详

被流放到西伯利亚，这位侍女也因此被赶出了宫廷；他本来会很高兴地娶她，却不得不遵照他姨妈的意愿娶我。我腼腆地听着这些家事所披露的消息，感谢他过早的信任；但事实上，我对他在各种事情上的轻率和缺乏判断力感到震惊。

我抵达莫斯科后的第十天是星期六，女皇去了特洛伊察（Troïtza）的修道院。大公留在莫斯科和我们在一起。他们给我指派了三位老师：西蒙·西奥多斯基教导我信仰希腊正教，巴兹尔·阿达多罗夫（Basil Adadouroff）教我俄语，芭蕾舞大师劳德教我舞蹈。为了在俄语方面取得更大进步，我常常在别人都睡着的时候坐在床上，把阿达多罗夫留给我的学习内容背下来。因为我的房间很暖和，并且我对气候没有任何经验，所以我忘了穿鞋子和袜子，就离开床去学习。结果是，从第十五天起，我就患上了胸膜炎，这差点要了我的命。这场病始于寒战。在女皇前往特洛伊察修道院后的星期二，当时我穿好了衣服，准备去吃晚饭，我突然感到一阵寒战。那天我和母亲要与大公一起吃饭，我很难让她允许我上床睡觉。晚饭回来后，她发现我几乎没有知觉，发着高烧，身体一侧剧痛。她以为我得了天花，于是派人去请医生，希望我能得到治疗。医务人员坚持要给我放血，但她不听，说她哥哥在俄国死于天花就是因为放血，她不希望我也落入同样的命运。医生和大公的侍从们都没有得过天花，他们就我的病情给女皇发了一份确切的报告。与此同时，母亲和医生们在争论时，我躺在床上，不省人事，浑身发烫，身体一侧疼痛难忍。我不禁发出呻吟，母亲责骂我，告诉我应该安静地忍受痛苦。

最后，星期六晚上7点，也就是我生病的第五天，女皇从特洛伊察修道院回来了。她从马车上下来后径直来到我的房间，发现我没有了知觉。她带来了莱斯特克伯爵和一位外科医生，在听取了这里医生的意见后，她坐在我的床头，命令给我放血。血一流出来，我就恢复了知觉，睁开眼睛，发现自己在女皇的怀里，她此前一直抱着我。我在生死之间躺了27天，在这段时间里，我放了16次血，有时甚至一天放4次血。母亲几乎从未获许进入我的房间。她继续反对这些频繁的放血，并大声宣称医生们在杀死我。然而，她开始相信我没有得天花。女皇让鲁米安佐夫伯爵夫人和其他几位女士陪侍，显然，母亲的判断不被信任。最后，在葡萄牙医生桑切斯（Sanches）的护理下，我右侧形成的脓肿破裂了。我吐了，从那一刻起我开始恢复。我很快意识到母亲在我生病期间的行为降低了每个人对她的评价。当看到我的状况非常糟糕时，她希望能给我带一位路德会牧师来。有人告诉我，他们希望我自己提出这个要求，或者利用我意识恢复的片刻，向我提出这个问题，我回答说："这有什么用？我宁愿要西蒙·西奥多斯基，我会很高兴和他说话。"西蒙·西奥多斯基被带来了，并以一种大家满意的方式对我施以仪式。这件事使女皇和整个宫廷大大提高了对我的评价。还有另一件事损害了我母亲形象。复活节前的一天，她突然让一个女佣带话给我，希望我给她一件蓝银相间的衣服，这是我的叔叔在我动身来俄国时送给我的，因为我非常喜欢它。我回答说，她当然可以拿走这件衣服，尽管我非常珍视它；因为我非常喜欢这件衣服，所以我叔叔把它给了我。我身边的人看到我对这件衣服万分不舍，考虑到我在生死之间徘徊了这么久，在这两三天里才稍微好了一点，她们开始抱怨我母亲如此轻率地给一个垂死的孩子添麻烦。她们说，我母亲非但不应该要走我的衣服，她甚至都不应该开口。这件事传到女皇耳中，她立刻送给我几件精美的衣服，其中一件是蓝银色相间的，但这件事降低了女皇对我母亲的评价。她指责我母亲对我没有感情，也没有任何判断力。我在生病期间习惯了闭着眼睛躺着，周围的人以为我睡着了，然后鲁米安佐夫伯爵夫人和其他女士无所顾忌地交谈，因此我得知了很多事情。

当我开始好转时，大公经常在傍晚来我母亲的套间，这也是我的套间。他和其他人似乎对我的身体非常关注。女皇经常为我流泪。最后，1744年4月21日，我生日的这一天，也是我15岁的开始，我在这场重病后第一次出现在公众面前。

我想人们看到我的样子吓了一跳，我骨瘦如柴。我长大了一点，但脸和五官都变长了，头发也掉了，脸色惨白。在我自己看来，我丑得可怕，我都认不出自己了。为了这次在公众前露面，女皇送给我一盒胭脂，并命令我用上。

随着春天的到来和天气的好转，大公的刻苦操练停止了。他更喜欢在莫斯科郊区散步和射击。有时，他来和我们一起吃午饭或晚饭，然后他继续向我透露他孩子气的秘密，而他的随从们则与我的母亲交谈。我的母亲接待了很多人，并与这些人展开许多讨论，这使那些没有出席的人感到不快，尤其是别斯图热夫·留明伯爵。他的所有敌人都习惯于和我们在一起，特别是谢塔迪侯爵。谢塔迪侯爵此时还没有在法兰西宫廷中获得任何职位，虽然他口袋里装着大使的证件。

5月，女皇再次造访了特洛伊察修道院，大公、我和我母亲也跟着去了。有一段时间，女皇开始对我母亲非常冷淡。在特洛伊察修道院，她冷淡的原因显露出来了。一天下午，当大公在我们的房间时，女皇突然进来，要我母亲跟着她去另一个套间。莱斯特克伯爵也跟着去了。大公和我坐在窗台上，等待着。谈话持续了很长时间。最后，莱斯特克伯爵走了出来，经过我们时，他走到大公和我坐着谈笑的地方附近，对我们说："这种欢乐很快就会停止。"然后，他转向我，补充道："您可以收拾行装，您马上就要回家了。"大公想知道原因。"以后您会知道的，"伯爵回答说，然后离开去执行任务了，而我对这项任务的性质一无所知。大公和我留下来思考我们听到的消息。他的评论是口头的，我的评论则停留在大脑中。"可是，"他说，"即使你母亲有错，你没有错。"我回答说："我的职责是跟随我的母亲，做她命令我做的事。"我清楚地看到，他会毫无遗憾地跟我告别。至于我自己，考虑到他的性格和感情，这对我来说也几乎是一件不重要的事，但俄国王冠却不是。最后，卧室的门打开了，女皇气冲冲地走了出来，脸色通红。我母亲跟着她，眼睛红了，满含泪水。当我们从坐着的窗台下来时，女皇笑了。她吻了我们两个，然后走了。她走后，我们差不多了解了事情的经过。

以前，或者更准确地说，谢塔迪侯爵第一次在俄国执行外交任务时，曾非常受女皇的青睐和信任，但第二次来俄国时，他发现希望落空了。他的谈话和他的信件受到了审查，被发现其中充满了最恶毒的阴谋。他的信件被打开，被破译。在这些信中，可以发现他与我母亲和其他许多人的谈话的细节。他们谈及帝国事务，也谈及女皇本人。由于侯爵破坏了外交礼节，女皇下令将他驱逐出俄国，并从他身上取回圣安德鲁勋章和女皇肖像，但他被允许保留女皇陛下送给他的其他所有珠宝。我不知道我母亲是否在女皇面前为自己成功辩护，但无论如何，我们没有离开。然而，母亲仍然受到非常严格和冷淡的对待。我不知道她和谢塔迪侯爵之间发生了什么，但我知道有一天他称赞我把头发梳在中间的样子。我回答说，为了让女皇满意，我会把我的头发打理成任何能让她满意的发型。听到这句话时，他转过身朝另一个方向走去，不再和我说话。

与大公一起从莫斯科返回后，我和母亲更受孤立了。来看望我们的人越来越少，他们让我为转变信仰的仪式做准备。仪式定在6月28日，第二天的圣彼得节就是我与大公定婚的日子。我记得在这段时间里，元帅布鲁默几次向我抱怨他的学生，并希望利用我来纠正或责备大公；但我告诉他，我不能这么做，如果我这么做，只会让大公觉得我和他的侍从一样可恶。

在此期间，我母亲与黑森亲王及其夫人非常亲近，与亲王夫人的兄弟、侍从雷茨基（Retsky）更是亲密。这种关系使包括鲁米安佐夫伯爵夫人、元帅布鲁默在内的几乎每个人都不高兴。当她在房间里和他们谈话的时候，前厅只有我们两个，大公和我在大声打闹，我们两个都不缺乏年轻人的活泼。

7月，女皇在莫斯科庆祝与瑞典签订和约。趁这个机会，女皇为我以俄国的准大公夫人身份建立了一个宫廷；庆祝结束后，女皇立即把我们送往基辅（Kiev）。几天后，她也出发了。母亲、我、鲁米安佐夫伯爵夫人和母亲随从里的一个女士坐在一辆马车里；大公、布鲁默、伯克霍尔茨和德肯乘坐另一辆马车。一天下午，大公厌倦了和他的老师们在一起，想和我、我母亲在一起。和我们在一起后，他拒绝离开我们的马车。然后，我母亲厌倦了总是和我们两个在一起，突发奇想，要扩大我们的队伍。她把想法告诉了我们随从里的年轻人，其中有加利津亲王（Prince Galitzine），后来他成为加利津元帅，还有扎查尔·切尔尼切夫伯爵（Count Zachar Czernicheff）。于是，我们占用了一辆载有我们床铺的马车，床四周摆着长椅。第二天早上，大公、母亲和我、加利津亲王、切尔尼切夫伯爵及随从里的一两个最年轻的人坐了进来。我们就这样愉快地度过了剩下的旅程，但所有不与我们在一起的人都抗议这一安排。这使大元帅布鲁默、大侍从伯克霍尔茨、鲁米安佐夫伯爵夫人、母亲的女侍官非常不高兴。事实上，随从里的其他人都非常不高兴，因为他们从未被允许加入；当我们在旅途中大笑的时候，他们却在抱怨，疲惫不堪。

就这样，我们三个星期后抵达科塞尔斯克（Koselsk），又花了三个星期等待女皇，因为几件事耽误了她的行程。我们在科塞尔斯克了解到，在她旅行期间，她的随从中有几个人被流放了，她的情绪非常不好。最后，大约在8月中旬，她抵达科塞尔斯克，我们和她一起待到了月底。在那里，人们从早到晚在房子中央的一个大厅里玩法罗牌（faro）①，他们玩得非常兴奋。这里到处空间有限。我和母亲睡在同一个房间里，鲁米安佐夫伯爵夫人和陪侍母亲的那位女士及其他人住在前厅。一天，当大公走进我们的房间时，母亲正在写字，而她的首饰盒子在她身边敞开着。大公出于好奇，想在盒子里翻找，母亲让他不要碰；事实上，他走开了，在附近转悠，但他为了逗我笑而跳来跳去时，碰到了盒子的盖子，把它掀翻了。然后，母亲生气了，两人之间说了一些难听的话。她指责他故意打翻了盒子；他否认了，并指责她冤枉人。他们让我主持公道。一方面，我知道母亲的脾气，害怕如果不站在她一边，我会被打耳光；另一方面，我不想说假话，也不想让大公不高兴，所以我陷入了两难境地。最终，我告诉母亲，我认为大公不是故意的，但在跳跃时，他的衣服碰到了盒子的盖

---

① 当时在欧洲非常流行的纸牌游戏，经常用于赌博。——译者注

子，而这个盒子放在一个非常小的凳子上。然后，母亲揪住我不放，因为当她生气时，就一定要把错误归到一个人头上。我沉默了，开始哭泣。大公发现我母亲的愤怒都落在了我身上，就因为我给出了有利于他的证词。他看到我哭了，就指责她不公正，因愤怒失去了理智；对此，她回击说，他是一个行为非常恶劣的小男孩。总之，她们互相攻击，就差打起来了。从这一刻起，大公开始讨厌我的母亲，也从未忘记这场争吵。同样，母亲对他也怀恨在心，他们对彼此保持克制的敌对、不信任和怨恨。和我在一起的时候，他们很少掩饰自己的感情，我试图软化他们对彼此的态度，但徒劳无功。当时，我没有成功化解他们的敌对行为，此后也很少成功过。他们总是会挖苦我，让我心烦意乱，我的处境一天比一天糟糕。我试着服从一个，取悦另一个；事实上，当时大公给予我的信任比他给其他人的多，因为他看到，母亲常常在不能指责他的时候指责我。当然，他认为母亲的指责没给我带来什么害处，因此他觉得他可以依赖我。

最后，8月29日，我们到达了基辅。我们在那里待了10天，然后启程返回莫斯科，旅行方式与此前完全相同。

抵达莫斯科后，整个秋天我们都在戏剧表演、芭蕾舞和宫廷化装舞会中度过。尽管如此，很明显，女皇的情绪经常不好。一天，在剧院里，母亲、大公和我坐在陛下对面的包厢里，我看到女皇对莱斯特克伯爵非常激动、愤怒地说话。她说完后，伯爵离开她来到我们的包厢。他走近对我说："你看到女皇是怎么对我说话的吗？"我回答说我看到了。"那好吧，"他说，"她对你很生气。""对我生气！为什么？"我问道。他说："因为你负债累累。她说，水井终有一天会干涸；当她还是公主时，她的零花钱还没有你多，虽然她有产业供养自己；她会小心注意不负债，因为她知道没有人会为她付钱。"他用一种干巴巴的口吻和不高兴的神气说着这些话，显然是想让女皇从她的包厢里看到他是如何奉命行事的。眼泪涌上我的眼眶，我沉默了。伯爵说完就走了。坐在我身边的大公听到了大部分谈话，在询问了我事情原委后，他通过表情而不是语言让我明白，他同意他姨妈的意见，并不为我遭受的责骂感到遗憾。这是他通常的行为方式，他认为当女皇对任何人生气时，他就向她表示自己与她意见一致，从而讨女皇喜欢。当母亲得知发生了什么事时，她也说这只是我为了摆脱她的控制而必须付出的痛苦代价；既然他们让我行事时不征求她的意见，她就应该撇清跟这件事的关系。因此，大公和母亲都站在反对我的一边。

至于我，我决定立即理清我的事务。第二天早上，我要求查看我的财务情况，从中我发现我欠了17000卢布。在离开莫斯科前往基辅之前，女皇送给我15000卢布和一大箱朴素的衣服，但我必须穿得华丽，因此，加上所有花费，我欠了2000卢布，这在我看来并不是一个不合理的数目。各种原因使我不得不花这些钱。

首先，到俄国时，我没带什么东西。我只有三四件裙装，并且都是最外面的衣服；而在俄国宫廷里，人们每天换三次衣服。我所有的亚麻衣服是十几件宽松内衣，我有时不得不穿母亲的衣服。

其次，有人告诉我，在俄国，人们喜欢礼物，而这种慷慨是获得朋友和使自己讨人喜欢的最好方式。

再次，他们把俄国最奢侈的女人鲁米安佐夫伯爵夫人放在我身边，她总是被商人包围，不断地向我展示各种各样的东西。她诱导我购买，而我购买这些东西经常只是为了送给她，因为我知道她很想得到它们。

大公也花了我不少钱，因为他喜欢礼物。

此外，我发现母亲的坏脾气很容易被她喜欢的礼物平息；由于她经常发脾气，尤其是对我，我并没有忽视这种抚慰她的方法。她脾气不好的部分原因是她与女皇的关系十分糟糕，以及女皇陛下经常让她感到烦恼和羞辱。此外，到目前为止，我一直跟在她后面，现在她带着不快的心情看着我处处走在她前面。只要可能，我都小心翼翼地避免这样做；但在公开场合，这是不可避免的。总的来说，我已经习惯了向她表示最大的尊重，并尽可能地顺从她。但这没有用，她总是在任何场合说一些令人不快的话，而这样做对她没有多大好处，也不会使人对她产生好感。

鲁米安佐夫伯爵夫人散播的流言蜚语和其他许多事情让女皇对我母亲形成了很大的偏见。在前往基辅的旅程中，八个人同乘一辆马车这件事也与这一结果有很大关系。所有年长者都被排除在外，所有年轻人都获准跟我们同乘。我们这样安排不是为了伤害任何人，但必然给一些人带来了痛苦。最明显的是，这使所有那些按级别有权与我们同乘的人都感到不快，就仅仅因为年轻人更有趣，他们便被排除在外。但所有这些麻烦的真正根源是贝茨基和特鲁贝茨科伊一家被排除在外，在去基辅的旅途中，母亲对他们最信赖。毫无疑问，布鲁默和鲁米安佐夫伯爵夫人也促成了这一结果，同样是因为和他们没有获准与我们一起乘坐马车而心生怨恨。

11月，大公在莫斯科得了麻疹。因为我没有得过麻疹，所以他们小心地防止我感染。大公身边的人没有靠近我们，所有的娱乐活动都停止了。疾病一散去，冬天来临，我们就乘着雪橇离开莫斯科前往圣彼得堡；母亲和我乘一个雪橇，大公和布鲁默乘另一个雪橇。12月18日，我们在特维尔（Tver）庆祝女皇生日。第二天，我们继续我们的旅程。到达大约中点的乔蒂洛沃（Chotilovo）镇后，大公傍晚待在我的房间里，感到不舒服。他被带到自己的套间，并被送上床睡觉。他夜间发起高烧。第二天中午，我和母亲去看他，但我还没进门，布鲁默伯爵就向我走来，要求我不要再往前走。我问了原因，得知大公开始显露出天花的迹象。由于我没有得过天花，母亲立刻催我走出房间；他们决定让母亲和我在这天动身去圣彼得堡，远离在乔蒂洛沃的大公和他的随从。他们说，鲁米安佐夫伯爵夫人和我母亲的女侍官将留在那里照顾病人。

信使先我们一步抵达圣彼得堡，将此事告知女皇。在离诺夫哥罗德（Novogorod）不远的地方，我们遇到了女皇，她得知大公染上了天花，正从圣彼得堡赶往乔蒂洛沃。在大公疾病发作期间，女皇一直待在乔蒂洛沃。此时，她一看到我们，虽然已经是半夜了，但她命令她的雪橇和我们的雪橇停下，向我们打听大公的情况。母亲告诉了她所知道的一切，然后她命令车夫继续前进，我们则继续我们的旅程，在凌晨抵达诺夫哥罗德。

　　到达诺夫哥罗德这天是星期天，我去做弥撒，然后我们一起吃饭。就在我们准备再次出发的时候，侍从加利津亲王和内宫侍臣扎查尔·切尔尼切夫从莫斯科抵达圣彼得堡。我母亲生亲王的气，因为他和切尔尼切夫伯爵在一起，而切尔尼切夫伯爵对她说了一些谎话。她坚持认为，加利津亲王应该避免跟一个沉迷于无端捏造谎言的危险人物在一起。她对他们二人都很生气，但由于这种生气令人厌烦，并且我不能选择生气，此外这两位先生比其他任何人都消息灵通，也更擅于言谈，所以我没有跟母亲一起对他们生气，这又引起了母亲不愉快的责备。

　　最后，我们到达了圣彼得堡，在与宫殿连结的房子里住了下来。当时的宫殿还不够大，连大公都不能在那里住，所以他住在一座位于宫殿和我们房子之间的房子里。我的套间在宫殿的左边，母亲的套间在右边。她一看到这种安排就生气了：首先，她认为我的套间比她的套间好；其次，她的套间和我的套间被一个公共大厅隔开了。事实上，我们每个人都有四个房间，两个靠房子正面，两个面向后院。套间大小相等，家具一模一样，都是蓝色和红色的。可是，我下面要提到的情况是使我母亲感到恼火的主要原因。当我们在莫斯科的时候，鲁米安佐夫伯爵夫人按照女皇的指示给我带来了这座房子的平面图，并向我咨询母亲和我自己应该如何安置，但禁止我谈论这个话题。在这种情况下怎么选择都一样，因为两个套间在各方面都是一样的。我对伯爵夫人说了这个看法，她让我明白，女皇希望我有单独的套间，而不是像在莫斯科一样，和母亲住在同一个套间里。这种改变也让我很高兴，因为我和母亲住在一起很不方便，事实上，没有人喜欢这种安排。我的母亲知道了一点这个安排。她跟我谈这个问题，我只简单说了一些事实，于是就发生了上面这一幕。她责备我守口如瓶。我说我被禁止谈论这个话题，但她拒绝接受这个解释。总的来说，我发现她对我一天比一天不高兴，事实上，她几乎和每一个人都吵过架，所以她现在几乎不过来吃饭，而是在自己的房间里吃饭。至于我，每天去她的套间三四次，其余的时间我都花在学习俄语、弹大键琴（harpsichord）和读书上，因为我给自己买了书。因此，我15岁就"闭门不出"，就我的年龄而言，我相当用功。

　　我们在莫斯科的逗留快结束的时候，瑞典的一个使团来了，使团的负责人是参议员塞德克鲁兹（Cedercreutz）。不久之后，吉伦堡伯爵（Count Gyllenburg）也来了，向女皇宣布我母亲的兄长瑞典王储①娶了王妃②。吉伦堡伯爵和其他许多瑞典人是在瑞典王储出发前往瑞典时为我们所知的。他是一个才华横溢的人，不再年轻，母亲对他评价很高。就我自己而言，在某些方面，我对他心怀感激，因为在汉堡时，看到母亲很少或根本不关心我，他告诉她不应如此对待我，并向她保证我的心智远远超越了我的年龄。抵达圣彼得堡后，他拜访了我们。在汉堡时，他告诉我，我有非常哲学化的思维。他问我，在我所处的漩涡中，我的哲学如何帮助我。我告诉他我是如何在房间里消磨时光的。他回答说，一个15岁的哲学家不可能了解自己，我被如此多坚硬的岩石包围，除非我的思想足够坚定，否则我有被撞毁的危险；因此，我应该通过研读最优秀的作品来巩固我的思想，比如普鲁塔克的《希腊罗马名人传》（*Parallel Lives*）、西塞罗（Cicero）的作品及孟德斯鸠（Montesquieu）的《罗马盛衰原因论》（*Causes of the Greatness and Decay of the Roman Republic*）。我立即下令为我采购这些书，而当时在圣彼得堡很难找到这些书。我告诉伯爵，我会按我想象的那样为他描绘我的肖像，让他看看我是否真的了解自己。

事实上，我确实用文字勾勒出了我的肖像，并以这个标题送

---

① 即阿道夫·弗雷德里克（Adolph Frederic，1710—1771），从1751年起任瑞典国王，直到去世。他是俄国沙皇彼得三世的堂叔，也是叶卡捷琳娜大帝的舅舅。——译者注
② 即普鲁士国王弗里德里希二世的妹妹路易莎·乌尔里卡（Louisa Ulrika）。——译者注

给他："15岁哲学家的肖像。"多年之后，1758年，我发现了这幅文字肖像；我对当时我的自我认识的准确性和深度感到惊讶。不幸的是，在同一年，我把这个文件和我的其他所有文件一起焚毁了，因为我害怕在别斯图热夫·留明伯爵遭遇不幸的时候在我的房间里留下任何文件。

几天后，吉伦堡伯爵归还了我的手稿。我不知道他是否保留了一个副本。伴随这份手稿，他还附上十几页关于我的思考。在他的文字里，他努力强化我的性格，让我的思想更加坚定和高尚，并给我的头脑和心灵添加了其他品质。我把他的话读了一遍又一遍，读了很多遍。他的文字在我脑海中留下了深刻印象，我决心非常真诚地听从他的建议。我向自己承诺过我会这样做，一旦我向自己做出了承诺，我记忆中就从未有做不到的时候。最后，我按照伯爵的要求把他的手稿还给了他，我承认，这个手稿对我形成和加强我的思想和性格方面有很大帮助。

2月初，女皇和大公从乔蒂洛沃回来了。我们一听到她回来，就去迎接她。我们于傍晚4点到5点之间在大厅里迎接她，那时天几乎黑了。然而，尽管光线很暗，我看到大公时几乎吓了一跳。他长高了许多，但他的五官让我几乎认不出来，因为都变大了；他的整张脸仍然肿着，很明显他的脸上会留下深深的印记。由于头发被剪掉了，他戴了一顶巨大的假发，这大大提高了他的毁容程度。他走到我跟前，问我是否觉得很难认出他来。我结结巴巴地祝贺他康复，但事实上他已经长得让人害怕了。

1745年2月9日，我来到俄国宫廷已经一年了。10日，女皇为大公庆祝生日。他现在已经进入17岁了。这天，我与女皇陛下共进晚餐。她坐在皇椅上吃饭，我是唯一的客人。大公那天没有公开露面，此后很长一段时间也没有露面，他们并不急于让人们看到天花给他留下的影响。晚餐时，女皇非常亲切。她告诉我，她在乔蒂洛沃时，我用俄语写给她的信让她非常高兴（说实话，这些信是阿达多罗夫先生写的，尽管是我抄写的）。她还说，她得知我非常努力地学习这个国家的语言。她用俄语和我说话，希望我用俄语回答她，我照做了；然后她很高兴地称赞我正确的发音。最后，她告诉我，自从我在莫斯科生病后，我变得更漂亮了。事实上，在吃饭的整个时间里，她不断给我留下善良和慈爱的印象。我很高兴地吃了晚饭回家，并受到了各方的祝贺。女皇把画家卡拉瓦克[①]创作的我的肖像带到她身边，她把肖像放在自己的房间里。这是雕塑家法尔科内特[②]带到法兰西王国的那幅肖像。当时，这是一张非常神似的肖像。

我和母亲去做弥撒或去见女皇时，必须经过大公的套间，那里离我的套间很近，因此我们经常见到他。他还是习惯于傍晚来和我一起消磨时光，但这些拜访不带任何热情。相反，他总是很

---

① 即路易·卡拉瓦克（Louis Caravaque，1684—1754），法国肖像画家，当时在俄国工作。——译者注
② 即艾蒂安·莫里斯·法尔科内特（Étienne Maurice Falconet，1716—1791），法国巴洛克、洛可可和新古典主义雕塑家，在圣彼得堡的彼得大帝青铜骑马雕像为其成名作。——译者注

高兴有任何借口可以免除这些拜访，留在自己的套间里，沉迷于前面提到的幼稚的娱乐。

在女皇和大公抵达圣彼得堡后不久，我的母亲遇到了一个无法掩饰的很大烦恼。

她的哥哥奥古斯都亲王从基辅给她写信，表达了他想访问俄国的强烈愿望。她知道，这次访问的唯一目的是希望在大公成年后立即将荷尔斯泰因领地的管理权授予他。有人提议将大公的成年提前。换言之，该提议希望剥夺他的哥哥——现在的瑞典王储——的监护权，以便以已成年的大公的名义，将荷尔斯泰因的管理权交给自己。奥古斯都亲王是我母亲和瑞典王储的兄弟。

这场阴谋由俄国的荷尔斯泰因派系发起，该派系反对瑞典王储，丹麦人也加入其中，他们无法原谅这位亲王战胜了丹麦王储成为瑞典王位的继承人，因为戴尔卡利人（Dalecarlians）[1]希望选丹麦王储为瑞典王位的继承人。我母亲从科塞尔斯克回信给奥古斯都亲王，告诉他，与其参与针对他哥哥的阴谋，不如去荷兰服役，在那里光荣地死去，而不是与他哥哥作对，加入他姐姐在俄国的敌人的阵营。我母亲在信里提到了别斯图热夫·留明伯爵，他怂恿所有这些阴谋，从而伤害布鲁默及荷尔斯泰因大公的监护人——瑞典王储——的所有其他亲信。这封信被打开并呈交给别斯图热夫·留明伯爵和女皇。女皇对我母亲很不满意，对瑞

---

[1] 瑞典中西部地区的人，具有独特的方言和民族服装，以勇敢的精神和对独立的热爱而闻名。——译者注

奥古斯都亲王，绘者信息不详

典王储非常恼火，因为他在他的妻子——普鲁士国王的妹妹的引导下，让自己被瑞典的法兰西派系牵着走，而法兰西派系在各方面都反对俄国。瑞典王储被指控忘恩负义，我母亲被指控缺乏对弟弟的爱，因为她让他去死，这种表达被视为残酷和不人道；且我的母亲跟身边的人吹嘘自己使用了一个坚定而响亮的短语。这一切的结果是，别斯图热夫·留明伯爵不顾我母亲的感受，或者更确切地说，为了羞辱她和激怒荷尔斯泰因-瑞典派系，在我母亲不知情的情况下，获得了荷尔斯泰因的奥古斯都亲王访问圣彼得堡的许可。当母亲得知奥古斯都亲王来到俄国时，她非常恼火和悲伤，对他非常冷淡。但在别斯图热夫·留明伯爵的推动下，奥古斯都亲王选择了自行其是。女皇被说服给他一个体面的接待，她在表面上也做到了。然而，这种体面没有持续下去，也无法持续下去，因为奥古斯都亲王本人并不能给人留下良好印象。甚至连他的外表都对他不利。他个子矮小，其貌不扬，性格冲动，并且几乎一无所长，完全由他的随从引领着，而这些随从自己也没什么突出之处。我必须说，他的愚蠢使我母亲非常恼火。总之，他的到来几乎使她发疯。

别斯图热夫·留明伯爵通过亲王的随从控制了亲王的思想，一石多鸟。伯爵不可能不知道大公和他一样憎恨布鲁默。奥古斯都亲王也不喜欢布鲁默，因为布鲁默打着与大公关系的旗号并以荷尔斯泰因人的身份，偏向瑞典王储。奥古斯都亲王为了讨好大公，不断与他谈论荷尔斯泰因和大公即将到来的成年，因此他促使大公敦促他的姨妈和别斯图热夫·留明伯爵加快这一进程。然而，要加快进程，必须得到神圣罗马帝国皇帝的同意，当时的神圣罗马帝国皇帝是巴伐利亚王室（House of Bavaria）的查理七世（Charles VII）。但这时查理七世去世了，事情一直拖到弗朗茨一世（Francis I）当选。

一方面，由于奥古斯都亲王受到了我母亲的冷遇，作为报复，他对她几乎没有表示任何关心，这种情况也使大公对她的尊敬有所减少。另一方面，奥古斯都亲王和大公最喜欢的贴身老男仆似乎都担心我未来的影响力，经常跟大公谈论他应该如何对待他的妻子。隆伯格（Romberg）是一位瑞典老龙骑兵，他告诉大公，他自己的妻子不敢在他面前讲话，也不敢干涉他的事务；如果她居然想开口，他就命令她闭嘴；他是自己家里的主人，丈夫让自己像个傻瓜一样被妻子牵着走是可耻的。

现在，大公的所谓谨慎几乎和炮弹一样，当他脑子里一有任何事情时，他一刻也不能安静下来，直到把这个事情告诉经常一起说话的人，而从来不去考虑他在和谁说话。因此，他常常在事后第一次见到我时，非常坦率地告诉我所有事情。他总是认为每个人都有和他一样的看法，并且认为这是再合理不过的事情。我小心翼翼，不把这些事告诉任何人，但这些事让我非常严肃地思考等待着我的命运。我下定决心，要认真对待大公的信任，以便他至少可以把我看作一个他完全信赖的人，一个他可以倾诉一切而不会给自己带来丝毫不便的人。在很长一段时间内我做到了。

1745 年的查理七世

格奥尔格·德斯马瑞斯（Georg Desmarées，1697—1778）绘

1745 年的弗朗茨一世

马丁·凡·梅滕斯绘

此外，我尽我所能地亲切对待每一个人，并研究如何赢得友谊，或者至少减少那些疑似对我有不良看法的人的敌意。我不向任何一方倾斜，也不干涉任何事情，始终维持着一种平静的气氛，对每一个人都给予了极大的关注、亲切和礼貌，并且由于我天性欢快，我高兴地看到，我所受到的普遍尊敬一天天增加，我被视为一个有趣的孩子，一点也不缺乏头脑。我对母亲表示了极大的尊重，对女皇表示了无限的服从，对大公表示了最深切的尊重；我渴求赢得公众的喜爱。

我们待在莫斯科期间，女皇指派了一些女士和先生组成我的宫廷。在我到达圣彼得堡后不久，正如她所说，为了帮助我提高语言运用能力，她派给我几个俄国侍女。这个安排使我非常高兴，因为这些人都很年轻，年龄最大的只有20岁左右，并且都非常活泼。从那时起，从早上醒来到晚上再次入睡，我什么也不做，就在房间里唱歌、跳舞和玩耍。晚饭后，我带着我的三个侍女——两个加加林家族的女爵（Princesses Gagarine）和库切勒夫小姐（Mademoiselle Koucheleff）——来到我的卧室，我们玩蒙眼识人和各种适合我们年龄的游戏。所有这些女士都非常害怕鲁米安佐夫伯爵夫人，但她从早到晚打牌，无论是在前厅还是在自己的房间里，没什么必要的事从不离开牌桌，她很少靠近我们。

在我们欢笑的时候，我产生了一个想法，就是把我所有的东西都分给我的侍女们保管。我把我的钱、我的用品和我的亚麻内衣交给申克小姐（Mademoiselle Schenck）。她是我从德意志带来的侍女，是一个愚蠢、爱发牢骚的老处女，我们的欢乐使她非常恼火；除此之外，她还嫉妒所有这些将要分享她的职责和我所喜爱的年轻伙伴。我把我所有的珠宝都交给朱可夫小姐（Mademoiselle Joukoff）。她比别人更聪明、更欢快、更坦率，并开始赢得我的青睐。我把裙装托付给我的贴身男仆蒂莫西·叶夫雷诺夫（Timothy Yevreinoff）；我的蕾丝交给巴尔科夫小姐（Mademoiselle Balkoff），她后来嫁给了诗人苏马洛科夫（Soumarokoff）；我的丝带交给斯科罗乔多夫小姐（Mademoiselle Scorochodov），她后来嫁给了阿里斯塔丘斯·卡奇金（Aristarchus Kachkine），我没给她的妹妹安妮（Anne）分配任何东西，因为她只有十三四岁。

我在自己房间的范围内行使了我的中心权力，没有咨询任何人的意见。在这一重要安排的第二天晚上有一场戏剧表演。要去那里，必须经过我母亲的套间，因为女皇、大公和整个宫廷都在那边。他们在一所骑术学校里建了一个小剧院，在安娜女皇时代，库尔兰公爵使用过这所学校，我现在就住在他曾经住的套间里。演出结束后，女皇走了，鲁米安佐夫伯爵夫人来到我的房间，告诉我女皇不同意我把我的物品分给我的侍女保管的安排，她受命从朱可夫小姐手中取回我的珠宝箱的钥匙，交给申克小姐，她当着我的面这么做后离开了，让我和朱可夫小姐的脸都拉得长长的。申克小姐明显获得了女皇的信任，开始对我摆出傲慢的神态，这使她比以往任何时候都更可笑，甚至比以前更不讨人喜欢了。

四旬斋（Lent）^①的第一个星期，我和大公之间发生了一件奇特的事。这天早上，当我和我的侍女们在房间里虔诚地听人们在前厅唱晨祷（matins）时，大公派人来找我。他派他的小矮人（dwarf）来向我问好，并告诉我，由于他已经派人来看过我了，他那天就不来看我了。小矮人发现我们都在听晨祷，并按照我们的教规完全履行了四旬斋的仪式。我通过小矮人向大公致以同样的问候，然后小矮人就走了。当小矮人回去的时候，不知道是他真的被他所看到的启发了，还是希望他亲爱的主人也这么做，因为他的主人完全缺乏虔诚，总之，他对我套间里的虔诚表示了高度赞扬，这使大公对我非常不高兴。我们见面时，他开始生气。我问他为什么生气，他严厉斥责我，并说我的行为"过度虔诚"。当我问是谁告诉他的时候，他说小矮人亲眼看到了。我告诉他我只做了其他人都在做的恰当事情，并且如果不这样做，必然会引发流言。但是，他有不同的看法。与大多数争议一样，争议结束时，我们都保留自己的意见；可是，由于在弥撒期间，除了我，殿下没有其他人可以说话，他逐渐停止了生气。

两天后，有一件事让我警觉起来。早上，当我的套间里正在唱着晨祷时，申克小姐一脸惊慌地走进我的房间，她告诉我，我

---

① 基督教的一个庄严的仪式，纪念耶稣抵住撒旦的诱惑，在沙漠中禁食40天。基督徒的四旬斋从圣灰星期三开始，到圣星期六日落（星期日复活节前一天）结束。因此，从圣灰星期三到圣星期四是44天，再加上耶稣受难节和圣星期六，四旬斋共有46天。——译者注

母亲病了，晕倒了。我立刻跑过去，发现母亲躺在地上的垫子上，但没有失去知觉。我问她出了什么事。她告诉我，希望给她放血的外科医生太笨拙了，在尝试了双臂和双脚后，失误了四次，她晕倒了。我知道她害怕放血，但我不知道她想放血，甚至不知道她需要放血。她责备我对她的身体状况漠不关心，并就这个话题说了许多不愉快的话。我尽我所能地为自己辩解，承认自己确实不知道她不舒服；可是，看到她心情很不好，我沉默了，竭力忍住眼泪，直到她以严厉的语气要求我离开，我才走开了。当我含泪回到房间时，侍女们想知道发生了什么事，我非常简单地告诉了她们。我白天去了好几次母亲的房间，直到我认为再待下去会惹来麻烦为止。在我的一生中，我一直小心翼翼地避免这一点，即和一个人待一起的时间不能比这个人需要我在那里待的时间长。对我母亲来说，这是最重要的一点，我已经习惯了这一点。每当我的脑海中闪过一丝怀疑，再待下去会带来不便时，我就立即离开。但我从经验中知道，每个人的行动原则并不相同，我自己的耐心就常常受到考验，总有一些人在耗尽他们受到的欢迎或成为令人厌倦的根源前不知道如何离开。

在四旬斋期间，母亲经历了一场实实在在的痛苦。在最出乎意料的时候，她收到了我妹妹伊丽莎白突然去世的消息，她只有三四岁。母亲非常痛苦，我也很悲伤。

几天后的一个早上，我看见女皇走进我的房间。她让人叫我母亲过来，然后在我的更衣室进行了一次长时间的私密谈话；之后她们回到我的卧室，我看到母亲的眼眶红了，充满了泪水。从谈话的顺序来看，我了解到她们一直在谈论来自巴伐利亚王室的神圣罗马帝国皇帝查理七世驾崩的消息，这一消息刚刚传到女皇那里。当时，女皇陛下没有联盟，她在普鲁士王室和奥地利王室之间犹豫不决，这两个王室在俄国都有自己的派系。和对法国不满一样，她也对奥地利不满（普鲁士国王也倾向于法国），因为维也纳宫廷的大臣博塔侯爵（Marquis de Botta）对女皇发表不当言论而被驱逐出俄国，博塔侯爵的行为在当时被认为是阴谋；出于同样的原因，谢塔迪侯爵也被驱逐。我不知道这次谈话的目的是什么，但母亲似乎从中看到了很大的希望，很满意地离开了。至于我，在这个过程中，只是一个旁观者，保持非常被动、谨慎、漠不关心的态度。

复活节①后，当春天完全来临时，我向鲁米安佐夫伯爵夫人表达了我想学习骑马的愿望，她征得了女皇的同意。我在莫斯科得了胸膜炎后，从年初开始感到胸痛，当时我还很瘦。医生每天早上给我喝些牛奶和苏打水。我在鲁米安佐夫家族的伊斯梅洛夫斯基团（Ismaïlofsky regimen）②的兵营里上了第一节骑马课。此前我已经在莫斯科骑了好几次马，但技术很差。

---

① 每年春分后第一个满月后的第一个星期天。这是一个基督教节日，纪念耶稣复活。复活节前是四旬斋。——译者注
② 俄国陆军最古老的团之一，于1730年9月22日在莫斯科组建，隶属于帝国卫队第1禁卫步兵师。——译者注

5月，女皇和大公一起出发去夏宫居住。母亲和我分配到一幢石头别墅，位于丰坦卡河（Fontanka）边，靠近彼得大帝的别墅。母亲住在这幢别墅的一边，我住在另一边。大公的一切刻苦操练到此结束；他派一个仆人过来明确告诉我，他现在住得太远了，不能经常来看我。我完全意识到他对我缺乏兴趣，也不关心我过得怎么样。我的自尊和虚荣心受到了伤害，但我太骄傲了，不想抱怨。如果有人对我表示同情，我会认为自己受到了侮辱。然而，当我独自一人时，我流下了眼泪，然后静静地擦干眼泪，和我的侍女们一起嬉戏。母亲对我的态度也是非常冷淡和礼节性的，但我一直坚持一天看望她几次。我心里很难过，但我尽量不说这件事。然而，有一天，朱可夫小姐察觉到我流泪了，问我怎么了。我随口说了一个借口，没有告诉她真正的原因。我比以前更加努力地去赢得每个人的喜爱。我没有忽视任何人，无论他们地位高低。我立下了自己的行为准则：我相信我需要每个人，并因此采取行动，以获得所有人的善意。我成功地做到了这一点。

　　在夏宫待了几天之后，人们开始谈论我的婚礼准备工作，宫廷转移到了彼得霍夫（Peterhoff），那里的住房比城①里更集中。女皇和大公住在彼得大帝建造的别墅的上层，母亲和我住在在大公套间的下层。我们每天都和他一起在他套间附近的露天走

---

① 全书的"城市（the city）"指圣彼得堡，其他地方称"乡下（the country）"。——译者注

廊的帐篷下吃饭，他和我们共进晚餐。女皇经常缺席，她不时在不同的乡间住宅中居住。我们经常出去散步、骑马或坐马车。然后，我一清二楚地看到，大公周围的人已经失去了对他的一切信任和对他的一切控制。他以前私下进行的军事演习，现在几乎在他们在场的情况下进行。布鲁默伯爵和他的主管教师除了在公共场合跟着他，几乎没有见过他。他剩下的时间都在他的贴身男仆的陪伴下做与他的年龄不符的幼稚活动——玩木偶。

母亲趁女皇不在的时候去附近的豪宅吃晚饭，尤其是在黑森-霍姆堡亲王家的豪宅里。一天傍晚，当她骑马去黑森-霍姆堡亲王家的时候，我吃完晚饭坐在自己的房间里，房间与花园平齐，有一扇门通向花园。这时，我被好天气吸引了。我向我的侍女和我的三位女侍官提议去花园里散步，我没费多大力气就说服了她们。我们一行八人，跟在后面的是我的男仆和另外两个男仆。我们尽可能以无可指摘的方式走到半夜。申克小姐拒绝陪我们出去，母亲回来后，对我们的行为大发牢骚，申克小姐急忙告诉她，我是违背了她的建议出去的。母亲上床睡觉了，当我们一行回来时，申克小姐带着胜利的神气告诉我，母亲曾两次派人来询问我是否回来了，因为她想和我说话；可是，因为已经很晚了，并且她等得很累，所以她已经上床睡觉了。我本想马上去找她，但我发现门关上了。我告诉申克小姐，她本可以去找我。她假装说没找到我们，但我很清楚她只是制造机会让我和母亲吵架，让我挨骂。我很不安地上床睡觉了。第二天，我一醒来，就去找母亲，发现她躺在床上。我走近吻她的手，但她愤怒地收回了手，狠狠地斥责了我一顿，因为我胆敢在未经她允许的情况下晚上出去。我说她不在家，但她回答说，这个时间不合适，还说了各种不愉快的话，目的是让我讨厌夜间散步。然而，我肯定的是，尽管这次散步可能有点轻率，但没有什么比散步更无可指摘了。让我最难过的是，她指责我去了大公的套间。我回答说，这是一个可恶的诽谤，她听了非常愤怒，失去了理智。我跪下来安抚她的愤怒，但没有用。她认为我的顺从是演戏，命令我离开房间。我含泪回到自己的套间。晚饭时，我和她来到大公的套间，她仍然非常生气，大公问我怎么了，因为我的眼睛非常红。我一五一十地告诉了他发生了什么事。这一次，他站在我这边，指责我母亲反复无常，情绪过于激动。我恳求他不要和她谈这个问题，他答应了。她的怒气渐渐平息了，但总是态度冷淡。7月底，我们离开了彼得霍夫，回到城里，那里在为即将到来的婚礼做一切准备。

最后，女皇确定婚礼在8月21日举行。随着日子越来越近，我变得越来越忧郁。我预感到我不会幸福，只有雄心壮志支撑着我。在我的内心深处，有一件事让我从未怀疑过：我迟早会凭我自己的能力成为俄国的女皇。

婚礼举行得十分隆重。晚上，我在我的房间里发现了克劳斯夫人，她是女皇的首席侍女官（head lady's-maid）的妹妹，女皇把她作为我的首席侍女官放在我身边。从第二天起，我发现克劳斯夫人把我所有的其他侍女都吓了一跳，因为当我像往常一样走近其中一个侍女和她说话时，她对我说："看在上帝的份上，不要走近我，我们被禁止对您低声说话。"另一方面，我亲爱的配偶丝毫没有为我操心，而是经常和他的男仆在一起，和他的士兵玩耍，在房间里操练，或者一天换20次制服。我打了个哈欠，感到疲倦，找不到人说话。我只能努力关注我的外表。在我结婚后的第三天，鲁米安佐夫伯爵夫人告诉我，女皇已经不再让她陪侍我了，她要回家照顾她的丈夫和孩子。这并没有使我很伤心，因为她是许多流言的根源。

婚礼持续了10天，最后大公和我在夏宫住了下来，女皇就住在这里。人们开始讨论让我母亲离开。自从我结婚以来，我没有每天去见她，但她对我的态度温和了许多。大约在9月底，她离开了俄国，大公和我陪她一直到克拉斯洛-塞洛（Krasnoe-Selo）。我真的很难过，哭了很久。告别她之后，我们回到了城里。一到宫殿，我就召唤朱可夫小姐，可他们告诉我说，她去看望她生病的母亲了。第二天，我再次召唤她，得到了同样的答案。大约中午，女皇大张旗鼓地从夏宫移驾冬宫。我们跟着她到了她的套间。到了女皇的卧室后，她停了下来，在随便说了几句话之后，谈到了我母亲的离去，并以明显的善意让我减轻悲痛。可是，她当着大约30个人面前说，应我母亲的要求，她解雇了朱可夫小姐，因为我母亲担心我可能会过于依恋一个不值得我宠信的人。当时，我想我应该哭了；然后女皇陛下非常尖刻地评论了这个可怜的女孩。我当然对她的评论毫无兴趣，也不相信女皇陛下的批评；但我对可怜的朱可夫小姐的不幸深感痛苦，她被宫廷解雇只是因为她比我的其他侍女善于交际。"因为，"我对自己说，"如果她不配，为什么要把她放在我身边？"母亲不可能认识她，甚至都没有和她说过话，因为母亲不懂俄语，这是朱可夫小姐唯一会的语言；只可能是因为母亲被申克小姐的蠢话误导了，而申克小姐几乎没有常识。"这个女孩为我受苦了，"我对自己说；因此，我决不能在她遭遇不幸时抛弃她，因为我对她的依恋是她不幸的唯一原因。我一直无法知道母亲是否真的要求女皇解除朱可夫小姐的职务，如果是真的，她一定更喜欢暴力的手段而不是温和的手段，因为她从来没有对我提起过那个女孩。然而，她只说一句话就足以让我提防自己，至少是防止我对朱可夫小姐产生一种本身非常无害的依恋。此外，女皇的行动可能也不会那么严厉。女孩很年轻，只要找到一个适合她的人就行了，这很容易做到；但他们并没有这样做，而是按照我上面提到的方式做了。

女皇让我们退下，大公和我去了自己的套间。在路上，我发现女皇陛下已经把她的做法告诉了她的外甥。我向他说明了我对这个问题的反对意见，并让他明白，这个女孩之所以不幸，完全是因为人们认为我喜欢她；既然她因为我的爱而受苦，我认为自己就不应该抛弃她，因为无论如何，事情是我自己造成的。事实上，我立即通过我的贴身男仆给她送去一些钱；但他告诉我，她已经带着她的母亲和妹妹去了莫斯科。我命令把我打算要送给她的东西通过她的哥哥送给她，她的哥哥是护卫队中士。我得知他和他的妻子也被命令离开，他被安排在一个乡团（country regiment）担任军官。目前，我几乎无法对这些事情作出任何合理的解释。在我看来，这就像是随意的惩罚，完全是无缘无故的，甚至没有找一个借口。但事情并没有就此停止。通过我的贴身男仆和其他随从，我努力为朱可夫小姐找一个合适的配偶。有人向我提议一个人，是护卫队的一个中士，一个有财产的绅士，名叫特拉文（Travin）。只要她适合他，他就去莫斯科娶她。他确实娶了她，并被任命为一个乡团的中尉。女皇一听到这件事，就把他们都流放了阿斯特拉罕（Astracan）。很难为这种迫害找一个理由。

在冬宫，大公和我住在我们以前使用过的套间；大公的套间和我的套间被一个大楼梯隔开，楼梯也通向女皇的套间。无论是我到他那里去，还是他到我这里来，都必须穿过这个楼梯的楼梯口，这不是一件令人愉快的事情，尤其是在冬天。尽管如此，我们每天都要经过楼梯好几次。晚上，我和大侍从伯克霍尔茨一起去大公的前厅打台球，而大公在另一个房间和他的侍臣们嬉戏。1746年冬末，我的台球聚会因布鲁默和伯克霍尔茨的被辞退而中断，女皇将他们从大公的身边赶走了。这个冬天是在城里的主要家族举行的化装舞会上度过的，当时的城市还很小。宫廷和整个城市定期举行化装舞会。

最后一次化装舞会是由警察总长塔蒂斯切夫（Tatizcheff）在女皇的一所叫斯莫诺伊-德沃雷茨（Smolnoy Dvoretz）的别墅里举行的。这座木头别墅的中心部分被大火烧毁，只剩下两侧两层楼的部分。其中一侧用作跳舞场地；可是，晚饭安排在另一侧房间，要去那里，必须穿过白雪覆盖的院子，而这时是1月。晚饭后，还要踏雪返回。大公回来后上床睡觉，但第二天早上他醒来时头痛得厉害，无法起床。我派人去请了医生，医生说他发了最严重的高烧。晚上，他被人从我的床上抬到接见室（audience-chamber），在那里放血后，他被放在为他安排的床上。他们给他放了几次血，他病得很重。女皇白天经常来看他，看到我哭了，对我很满意。一天晚上，在我更衣室附近的一个小讲堂里读晚祷时，伊斯梅洛夫夫人（Madame Ismaïloff）进来了。她是女皇非常喜欢的人，她告诉我，女皇陛下知道我深受大公的病痛之苦，派她来告诉我不要失望，要相信上帝，无论发生什么事，女皇陛下都不会抛弃我。然后，她问我在读什么；我告诉她是晚上的祈祷书，她说我在烛光下读这么小的字会伤到眼睛。然后，我请她转达我对女皇陛下的好意的感谢，我们非常亲切地分手了，她向女皇复命，我去睡觉。第二天，女皇派人送来一本大字号的祈祷书，她说是为了保护我的眼睛。

　　虽然大公的房间与我的房间相邻，但除了我觉得我不会碍事的时候，我从来不进他的房间，因为我发觉他不太喜欢我待在那里，他喜欢和他的侍从们在一起，而他的侍从跟我不相合。此外，我不太习惯独自与一群男人在一起。与此同时，四旬斋到来了。第一周我履行了我的职责。[①]一般来说，我在那个时期都处于祈祷中。我清楚地看到大公对我不太在意。我们结婚两周后，他再次向我承认，他爱上了卡尔小姐（Mademoiselle Carr），她是女皇陛下的女侍官，后来她嫁给了女皇的侍从官，这个侍从官是加利津家族的一个亲王。大公跟他的侍从德维尔伯爵（Count Devier）[②]说，我和那个女人没法比。德维尔则持相反的观点，大公对他很生气。这一幕就在我面前发生，我目睹了他们的争论。当然，我对自己说，如果我对这样一个人产生温情，我必然会为此觉得不幸福。我可能死于嫉妒，而我的死对任何人都没有好处。因此，我努力控制自己的感情，以免为一个不爱我的人而嫉妒。如果他希望被爱，我爱上他应该不存在困难。我天生性情良好，习惯于履行职责；但同时，我也需要一个有常识的丈夫，而这个丈夫没有。

我在四旬斋的第一周就斋戒了。周六，女皇给我传话，说如果我在第二周也斋戒，她会很高兴。我回答说，我请求女皇陛下允许我在整个四旬斋期间斋戒。传话人是西弗斯，他是女皇的宫廷元帅，也是克劳斯夫人的女婿。他告诉我，女皇对我的请求非常满意，并同意我的请求。当大公得知我继续斋戒时，骂了我一顿，但我告诉他我没有别的选择。在他康复后，他仍然假装生

---

① 即去忏悔和领圣餐。——原注
② 疑为Devierre。——原注

病，以便可以不离开他的房间。在他的房间里，他找到了比宫廷正式生活更合他心意的娱乐。直到四旬斋的最后一个星期，他才开始履行他的职责。

复活节后，他在房间里布置了一个木偶剧场，并邀请了一伙人来观看，甚至邀请了女士们来观看。这是一场我们所能想象的最乏味的演出。剧场所在的房间有一扇门通向女皇的一个套间，所以被封了起来。女皇的这个套间里有一张机械桌，可以升降，以便可以在没有仆人的情况下用餐。一天，当大公在他的房间里准备所谓的戏剧表演时，他听到外面房间里有人在说话，他以他一贯的轻率活泼，从剧院里拿出木匠用来在木板上打孔的一个工具，开始在这扇门上钻孔，这样他就可以看到那边发生的一切。当时那边除了别人，女皇也在那里。猎犬主管拉祖莫夫斯基伯爵穿着一件锦缎晨衣，与她共进晚餐，那天他吃了药。此外，还有女皇最信任的十几个人。大公不满足于一个人享受他的劳动成果，便召集周围的所有人来分享他如此费劲才获得的偷窥的乐趣。当大家都对这种轻率的快乐感到高兴时，他邀请克劳斯夫人、我和我的侍女们到他的房间去看我们以前从未见过的东西。他没有告诉我们是什么，无疑是想给我们一个惊喜。由于我并没有马上响应他的催促，他把克劳斯夫人和我的侍女们带走了。我最后一个到达，发现他们站在那扇门前，正如他所说，他在那里放了长凳、椅子和凳子，供观众使用。一进去，我就问这是怎么回事。他跑过来迎接我，告诉我原委。我对他的鲁莽感到恐惧和愤怒，并告诉他，我既不看，也不会与这种不当行为有任何关系，如果他的姨妈听说这件事，肯定会给他带来麻烦，而她如果知道参与偷窥的至少有20个人，肯定会忍不住教训他。所有从门洞往里看的人发现我不愿意做同样的事，开始一个接一个地离开。大公对自己所做的事感到羞愧，于是重新开始他的木偶演出，我则回我的房间。

直到星期天之前，我们没听到任何动静；但星期天这天，事情暴露了，我完全不知道怎么应付，我去做弥撒的时间比平常晚了。回到房间后，我正要脱下我的宫廷礼服，这时我看到女皇满脸通红，一脸愤怒地走进来。她没有参加礼拜堂弥撒，而是在她的私人祈祷室里听弥撒。我前去迎接她，像往常一样吻她的手，因为这是当天我第一次见她。她吻了我，希望把大公请来，在等他时，她责备我做弥撒迟到了，宁愿打扮自己，也不愿为上帝服务。她补充说，在安娜女皇时代，虽然她没有住在宫廷里，而是住在离宫殿有一段距离的房子里，但她从未失职过，而是经常就着烛光起床。然后，她叫替我梳头的贴身男仆来，告诉他，如果他以后给我梳头再这么慢，她就解雇他。当她跟他说完话时，大公带着一种愉快而漫不经心的神态走了进来。他在自己的房间里脱掉了外衣，穿着晨衣，手里拿着睡帽。他跑去吻女皇的手，女皇拥抱了他，然后问他怎么敢这样做，并补充说，她走进了装有机械桌的房间，发现门上都是洞，所有这些洞都指向她通常坐的地方；他似乎忘记了欠她什么，她认为他是一个忘恩负义的人；

她的父亲彼得大帝也有一个忘恩负义的儿子，因此彼得大帝以剥
夺儿子的继承权来惩罚他；在安娜女皇的时代，她从未不尊重头
戴皇冠的女皇，因为女皇是上帝的受膏者；安娜女皇不懂笑话，
但把那些缺乏尊重的人送进了堡垒；至于他，他只是一个小男
孩，她会教他如何做人。听到这一点，大公开始生气，想回嘴，
结结巴巴地说了几句话，但女皇命令他保持沉默。她变得十分激
动，怒不可遏，她陷入激动时通常会这样。她辱骂他，说了各种
令人震惊的话，对他既蔑视又愤怒。

　　我们被她雷霆般的愤怒吓坏了，虽然这一幕并没有直接冲我
而来，但我的眼泪还是涌了出来。她觉察到了这一点，对我说：
"这不指向你。我知道你与这一行为无关，你既没有看，也不想
看。"这句话说的是事实，她稍微平静了一些，停止了辱骂；此
外，她很难再骂下去了。然后，她向我们道了声早安，脸仍然通
红，眼神严厉，离开了。大公走进他的房间，我默默地脱下礼
服，沉思着我听到的一切。我脱了外衣后，大公回来了，用一
种半腼腆半滑稽的口吻对我说："她像一头愤怒的野兽，不知
道自己说了什么。""她非常生气。"我回答。我们讨论了这件
事，然后在我的房间里用餐。大公回到自己的套间后，克劳斯夫
人走进我的房间。"必须承认，"她说，"女皇今天的行为就像
一位真正的母亲。"我看到她想让我说话，但我什么也没说。她
接着说："一位母亲生气了，责骂她的孩子，事情就过去了；你
们两个都应该对她说，'请您原谅，夫人'，这样就会消除她的

愤怒。"我说我对女皇陛下的愤怒十分惊恐，此刻我所能做的就是倾听、保持沉默。然后她离开了我，可能是回去汇报了。至于我，作为消除女皇愤怒的一种手段，"请您原谅，夫人"仍然留在我的脑海里。从那以后，我在必要时便成功地使用这个手段，这将在后面提到。

在女皇解除布鲁默伯爵和大侍从对大公的侍奉之前的一段时间里，我碰巧有一天比平常更早地走进前厅。布鲁默伯爵一个人在那儿，他抓住这个机会跟我说话。他恳求我每天去女皇的更衣室，因为我母亲在离开时为我征得了这一许可；到目前为止，我几乎没怎么使用这一特权，因为这是一种使我极度疲惫的特权。我去了一两次，发现女皇的侍女们在那里，她们看见我后一个个退下了，所以就我一个人待着。我告诉他了。他说这无关紧要，我应该继续。但我回答说，我无法理解这种侍臣一般的毅力。让我一直站在女皇的更衣室里一点也不合适，并且对她来说也是一种不便。我向他表达了我的反感，但他竭尽全力劝说我，尽管没有成功。我更喜欢待在自己的房间里，尤其是克劳斯夫人不在的时候。这个冬天，我在她身上发现了一种非常强烈的嗜酒癖。当她把女儿嫁给宫廷元帅西弗斯后不久，她要么自己喝多了，要么是我的人故意让她喝得醉醺醺的。她去睡觉后，我房间的人就从这个脾气暴躁的阿格斯[①]手中被救了出来。

① 阿格斯（Argus），希腊神话中的神。在希腊语中，"阿格斯"的意思是看见一切（All-Seeing）。——译者注

布鲁默伯爵和大侍从伯克霍尔茨被解除了在大公身边侍奉的
职责后，女皇任命巴兹尔·列普宁（Basil Repnine）亲王为大公
的侍从。这个安排再好不过了，列普宁亲王不仅为人正直，还非
常有才华，是一个非常值得尊敬的人，个性坦诚直率。就我自己
而言，我完全有理由对列普宁亲王的行为感到满意。对于布鲁默
伯爵，我并不感到遗憾。他那没完没了的政治手段使我厌烦，并
且身上充满了阴谋的气息；而列普宁亲王的坦率和军人般的性格
倒让我觉得他是一个值得信任的人。至于大公，他很高兴摆脱了
他讨厌的老师。然而，在二人离开时，他们毫无顾忌地让他知道
自己受了别斯图热夫·留明伯爵的摆布，伯爵是所有这些职位变
化的主要推动者，而这些变革是打着荷尔斯泰因公国的亲王殿下
的合法旗号进行的。我的叔叔奥古斯都亲王仍在圣彼得堡，负责
大公世袭领地的管理。

5月，我们搬到了夏宫。月底，女皇任命乔格洛科夫夫人为我
的大管家。乔格洛科夫夫人是女皇的女侍官（maids of honour）
兼亲戚。这对我来说是个晴天霹雳。这位女士完全代表了别斯图
热夫·留明伯爵的利益，并且非常愚蠢、恶毒、反复无常，还非
常自私。她的丈夫是女皇的侍从，当时被女皇陛下派去维也纳执
行某个任务。看到她来了，我一整天都在难过地哭泣。第二天我
就要被放血了。早上，女皇来到我的房间，看到我的眼睛红了，
就对我说，不爱丈夫的年轻女人总是在哭；并且我的母亲向她保
证过，我并不反对嫁给大公；此外，她没有强迫我嫁给大公；现

在我已经结婚了，不能再哭了。我想起了克劳斯夫人的指点，对她说："请您原谅，夫人。"她平静了下来。与此同时，大公进来了，这次女皇非常亲切地接待了他，然后离开了。我放血了，我确实需要放血；然后我上床睡觉，哭了一整天。隔天下午，大公把我拉到一边，然后我明白了，他们让他明白，乔格洛科夫夫人被安置在我身边是因为我不爱他。但我不明白他们怎么会希望通过塞给我那个女人来增加我对他的依恋，我把这个想法告诉了他。如果他们把她当作阿格斯放在我身边，那另当别论。但如果他们想监视我，应该选择一个不那么愚蠢的人；此外，为达成目的，他们也没有必要带着恶意。乔格洛科夫夫人被视作一个非常贤惠的女人，因为她爱他的丈夫到了崇拜的程度。她是因为爱他而嫁给了他，将这样一个优秀的典范摆在我面前也许会说服我模仿她。我们将会看到这个尝试有多么成功。很可能正是我将要叙述的情况加速了这个安排。我说"加速"，因为我相信，从一开始，别斯图热夫·留明伯爵就想将他的人安插在我们身边。他也很希望对女皇采取同样的做法，但这并不容易做到。

起初，我到达莫斯科时，大公身边有三个来自切尔尼切夫家族的佣人，三人都是护卫女皇的掷弹兵的儿子。这几位掷弹兵当初帮助女皇登上皇位，作为回报，女皇授予他们中尉军衔。三个佣人中有两个是兄弟，另外一个是他们的堂兄。大公非常喜欢这三人，也最信任他们，经常派给他们差事。三人个子都很高，长相英俊，尤其是年龄最大的那个。大公的所有差事都派上他，一天中派他来我这里好几次。大公不愿意来找我说话的时候，也把他当作知己倾诉。他和我的贴身男仆叶夫雷诺夫关系非常密切，通过这个渠道，我常常知道一些我本不应该知道的事情。此外，他们两人都全心全意地依恋着我，我经常从他们那里获得各种各样的信息，而这些信息本来是很难获得的。一天，不知因为何事，最大的那个切尔尼切夫佣人对大公说："她不是我的意中人，而是你的意中人。"这话让大公笑了起来。大公把这件事告诉了我，从那时起，大公在对我说话时，总是玩笑似的称我为安德鲁·切尔尼切夫（Andrew Czernicheff）的意中人，称安德鲁·切尔尼切夫为我的意中人。我们结婚后，为了制止这种玩笑，安德鲁·切尔尼切夫向殿下提议称我为他的母亲，而我则称他为我的儿子。现在，大公和我说话的时候，总会提到这个儿子，因为大公十分依恋他，我也非常喜欢他。

我的仆人为此感到非常不安，有些是因为嫉妒，另一些则担心这样可能会给他们和我们带来不利后果。一天，宫廷里举行一场假面舞会，我去我的房间换衣服，我的贴身男仆蒂莫西·叶夫雷诺夫把我拉到一边，告诉我，他和我其他所有仆人看到我陷入危险之中，都感到害怕。我问他什么意思。他说："您每天所思所想都是安德鲁·切尔尼切夫。""好吧，"我天真地说，"这有什么害处呢？他是我的儿子。大公和我一样喜欢他，甚至比我更喜欢他；他对我们忠心耿耿。""没错，"他回答说，"确实是这样。但大公可以随心所欲，您却没有同样的权利。因为这个人忠诚地为您服务，您回报他善良和依恋，但您的人民称之为'爱'。"这番话对我来说是一个晴天霹雳，我从未想过这一点。首先，我十分震惊于我仆人说这番话的大胆；其次，考虑到我自己所处的状况，我没有意识到他说的这一点。他告诉我，为了终止这些流言，他建议他的朋友安德鲁·切尔尼切夫假装生病。安德鲁·切尔尼切夫听从了这一建议，他的病假几乎持续到了4月。大公非常关心他，不停地向我提起他，对他的病假毫不怀疑。在夏宫，安德鲁·切尔尼切夫再次露面。我见到他不免觉得尴尬。与此同时，女皇认为应该对宫廷的仆人做出新的安排。安德鲁·切尔尼切夫将和其他人一样，在所有房间轮流服务。大公经常在下午举行音乐会，他会亲自拉小提琴。这些音乐会通常让我感到厌倦，因此在其中一场音乐会上，我回了自己的房间。我的房间通向夏宫的大厅，大厅里挤满了脚手架，因为他们正在粉刷天花板。女皇不在宫里，克劳斯夫人去了她女儿西弗斯夫人的房间，我在房间里找不到一个人。我百无聊赖，打开通向大厅的门，在另一端看到了安德鲁·切尔尼切夫。我示意他走过来，虽然心里很害怕，他还是走到了门口。我问他女皇会不会很快回来。他说："我听不清您说话，他们在大厅里太吵了，让我进您的房间。"我回答说："我不能让你进来。"他在门外，我在门里，我和他说话时把门半开着。我下意识地把头转向我站着的那扇门的对面，在我身后更衣室的另一扇门边，我看到了侍从德维尔伯爵，他对我说："大公想见您，夫人。"我关上大厅的门，和德维尔伯爵一起回到大公举行音乐会的套间。从那以后，我知道德维尔伯爵是一个受人所托报告我动向的人，就像我身边的许多人一样。第二天是星期天，弥撒之后，我们——大公和我——得知，三个切尔尼切夫佣人被任命为在奥伦堡（Orenburg）附近驻扎的团的中尉；而就在这天下午，乔格洛科夫夫人被安排到我身边。

几天后，我们接到命令，准备陪同女皇前往雷瓦尔（Reval）。与此同时，女皇陛下让乔格洛科夫夫人传话给我，此后女皇陛下将不允许我去她的更衣室，如果我要与她进行任何沟通，只能通过乔格洛科夫夫人。我对这一命令感到高兴，这样我再也不用和女皇的侍女一起站着了；此外，我很少去她的更衣室，也很少在那里见到她。在我去那里的所有时间里，见到她不超过三四次。一般来说，每当我去的时候，她的侍女们一个接一个地离开。为了避免一个人待在那里，我也不会待在那里太久。

6月，女皇出发前往雷瓦尔，我们陪同她一起去。大公和我乘坐能容纳四个人的马车，奥古斯都亲王和乔格洛科夫夫人和我们一起。我们的旅行既不愉快，也很不方便。女皇住在驿馆或驿站，我们被安置在帐篷或外围建筑里。我记得有一次，在旅途中，我在刚刚烤好面包的烤箱附近穿衣服；还有一次，当我走进放我床的帐篷时，帐篷里有水，一直漫到脚踝。除此之外，女皇的行程不定，没有固定的出发时间和停留时间，吃饭和休息也不规律。无论是主人还是仆人，我们一行都感到诸多不便。

走了10天到12天后，我们到达了施泰因博克伯爵（Count Steinbock）的一个庄园，那里离雷瓦尔有40俄里路。从这里出发时，女皇精神十足，希望在晚上到达凯瑟琳堡（Catherinthal），但不知怎的，我们在凌晨一点半才到达。

在从圣彼得堡到雷瓦尔的整个旅程中，乔格洛科夫夫人和我们一起待在马车上，这对我们来说是一个折磨。即使对她说最简单的话，她都会回答，"这样的话会使陛下不高兴"或者"女皇陛下不会批准这样的事情"。有时对最无害和最不相干的事情，她也说这样的话。于是，我横下一条心，在整个旅程中一直睡觉。

从我们到达凯瑟琳堡的第二天起，宫廷重新正常运转，也就是说，从早到晚，一直到深夜，人们在女皇的前厅赌博，并且赌注相当大。女皇的前厅是一个大厅，将这座两层楼的房子分成两部分。

乔格洛科夫夫人是个赌徒，她诱导我和其他人一样玩法罗牌。女皇宠信的所有人如果不是在女皇陛下的房间里，或者更确切地说是在她的帐篷里，通常就聚在前厅。女皇在自己的套间旁边竖起了一个庞大而华丽的帐篷，因为她的套间在一楼，并且和彼得大帝的其他建筑一样，套间非常小。彼得大帝建造了这座乡村别墅，并开辟了一个花园。

列普宁亲王和亲王夫人参加了宴会，他们得知乔格洛科夫夫人在旅途中的傲慢和蠢行后，说服我向肖瓦洛夫伯爵夫人和伊斯梅洛夫夫人说起这件事，这两位女士都是女皇陛下宠信的人。两位女士都不喜欢乔格洛科夫夫人，并且已经知道发生了什么。小个子的肖瓦洛夫伯爵夫人本就个性轻率，一天她恰巧坐在我旁边玩牌，没有等我跟她说话，她自己开启了这个话题。她非常幽默，把乔格洛科夫夫人的整个行为描述得非常可笑，很快就让乔格洛科夫夫人成了大家的笑柄。她还更进一步，把乔格洛科夫夫人的行为都告诉了女皇。乔格洛科夫夫人似乎受到了责备，因为她对我说话的语气谦逊了许多。的确，这样做是非常必要的，因为我开始觉得非常压抑，感到被完全孤立了。在雷瓦尔，大公对塞德·拉帕拉夫人（Madame Cédéraparre）产生了短暂的好感。像往常一样，他立即把这件事告诉了我。我经常感到胸痛，在凯瑟琳堡吐了一次血，为此我又被放血了。我放血那天下午，乔格洛科夫夫人来到我的房间，发现我在哭。她脸上的表情变得非常柔和，问我出了什么事，并以女皇的名义向我提议，她说，我应该到花园里散散步，消散我的抑郁症。那天，大公和猎犬主管拉祖莫夫斯基伯爵一起去打猎。乔格洛科夫夫人把女皇陛下的礼物——3000卢布——交给了我，作为玩法罗牌的赌注。女士们注意到我没有钱，就告诉了女皇。我请乔格洛科夫夫人代为感谢女皇陛下的好意，然后和她一起去花园散步。

在我们抵达凯瑟琳堡几天后，首相别斯图热夫·留明伯爵在神圣罗马帝国大使普雷斯兰男爵（Baron Preyslain）的陪同下抵达，我们从他祝贺的语气中得知，两个帝国刚刚通过一项联盟条约联合起来。因此，女皇去看她的舰队发射礼炮。可是，除了大炮发射的烟雾，我们什么也没看到。那天太热了，海面非常平静。从演习回来后，女皇的帐篷里举办了一场舞会，这些帐篷竖立在露台上。晚餐围绕着一个计划用作喷泉的水池露天摊开，但女皇陛下刚坐下，就下起了阵雨，大家都湿透了，只好分散在房屋和帐篷中寻找避雨的地方。这场聚会就这样结束了。

几天后，女皇前往罗格维克（Roguervick）。舰队也在那里发射礼炮，我们再次只看到了烟雾。在这段旅程中，我们的脚十分受罪。这里的地面是大块的岩石，上面覆盖着一层厚厚的小鹅卵石，其结果是，如果在同一个地方站一会儿，脚会下沉，鹅卵石会覆盖脚面。我们在这里扎营了几天，从一个帐篷走到另一个帐篷，以及在我们的帐篷里，我们就只能在这样的地面上步行。因此，在这次旅行之后的四个多月里，我的脚一直酸痛不堪。在码头工作的犯人都穿着木屐，即使这样，也很少能持续工作8天到10天。

神圣罗马帝国大使跟随女皇陛下来到这个港口。从雷瓦尔前往罗格维克的途中，他和女皇共进晚餐。晚餐期间，一位年逾130岁的老妇人被带到女皇面前。她看起来像个活骷髅。女皇把自己桌上的肉给她吃，还给了她钱，然后我们继续我们的旅程。

在我们返回凯瑟琳堡时，乔格洛科夫夫人很高兴地看到了自己的丈夫，他从维也纳出差回来了。许多宫廷器具已经被送往里加（Riga）了，因为女皇打算去那里。但从罗格维克回来后，她突然改变了主意。许多人绞尽脑汁也想不出来她改变主意的原因。几年后，原因披露了。当乔格洛科夫先生经过里加时，一个路德会牧师——一个疯子或狂热分子——让他把一封信和纪念品交给女皇，在信中告诫她不要去里加，因为如果她去了的话，她将面临最大的风险，因为帝国的敌人正埋伏在那里想杀死她，以及诸如此类的荒谬之言。女皇收到这些东西后，没有心情继续旅行了。至于那个牧师，后来发现他是疯子，但这次旅行最终没有成行。

我们从雷瓦尔乘短程马车返回圣彼得堡。在旅途中，我喉咙痛得厉害，回来不得不卧床休息了几天；之后我们去了彼得霍夫，从那里每周发起一次去奥拉宁鲍姆（Oranienbaum）的短途旅行。

8月初，女皇给大公和我传话说，我们应该履行自己的宗教职责。我们都遵从了她的命令，立即开始在我们的套间里唱早祷和晚祷，并每天去做弥撒。星期五，当我们去忏悔时，发现了女皇发出这个命令的原因。普斯科夫主教西蒙·西奥多斯基向我们两人提了很多问题，并分别询问了我们在我们和切尔尼切夫之间发生的事情。可是，由于什么都没有发生，我们满脸无辜而真诚地说，那不过是人们的捕风捉影，我们之间什么都没有发生。当他听到我们斩钉截铁地这么说的时候，他显得有点糊涂了。他完全失去了警惕，甚至对我说："可是，女皇怎么会有相反的印象呢？"我回答说，我真的不知道。我想我们的忏悔牧师把我们的忏悔传达给了女皇的忏悔牧师，而女皇的忏悔牧师向女皇陛下转

1650 年的里加
约翰·克里斯托弗·布洛泽（Johann Christoph Brotze，1742—1823）绘

告了我们的忏悔，结果是女皇相信了我们的话。我们星期六去领了圣餐，星期一我们去了奥拉宁鲍姆，在那里待了一周，而女皇则去了扎尔斯科-塞洛（Zarskoe-Selo）。

到达奥拉宁鲍姆后，大公征召了他的所有随从。侍从们、内宫侍臣们、宫廷的官员们、列普宁亲王的副官，甚至列普宁亲王的儿子，还有仆人、宫廷猎手、园丁，事实上，每个人都必须扛上步枪。殿下每天都让他们操练，并让他们充作骑兵护卫队，房子的走廊被用作护卫室。男士们白天都在走廊里度过，吃饭时才上楼，晚上他们在大厅，绑着绑腿跳舞。至于女士们，只有我自己、乔格洛科夫夫人、列普宁亲王夫人、我的三个女侍官和我的女仆，因此，这场舞会人数不够，活动无趣。男士们被不断的军事操练弄得非常烦躁，心情不好，因为这与侍臣的品位不符。舞会结束后，他们被允许回家睡觉。总的来说，我们都对在奥拉宁鲍姆过的枯燥生活非常厌倦。我们只有五六位女士，只能自娱自乐；而男士们则心不甘情不愿地进行操练。我幸好随身带了书。自从结婚以来，我读了很多书。我婚后读的第一本书是小说《泰兰集市》（*Tiran the Fair*），整整一年我都在读小说。但我开始厌倦读小说，我偶然发现了塞维涅夫人[①]的书信集，并对这些书

---

① 塞维涅夫人（Madame de Sévigné, 1626—1696），法国贵族，因撰写书信作品而闻名。她的大多数信件都是写给女儿弗朗索瓦丝-玛格丽特·德·塞维涅（Françoise-Marguerite de Sévigné）的，语言机智生动。——译者注

信很感兴趣。读完后，我又找到了伏尔泰的作品。此后，我开始仔细选择我的阅读书目。

我们回到彼得霍夫，此后在彼得霍夫和奥拉宁鲍姆之间又来回穿梭了三四次，做着同样的事情。然后，我们终于回到了圣彼得堡，在夏宫里住了下来。

秋末，女皇搬到冬宫，她住在我们前一年住的套间中，我们则住进我们结婚前大公住的套间。我们非常喜欢这个套间，并且住这里确实非常方便。这是安娜女皇住过的地方。每天晚上，我们的宫廷成员都聚集在我们的套间里，玩各种各样的小游戏，或者举行音乐会。在喀山教堂对面有一个大剧院，每周有两次演出。总之，这个冬天是我度过的最愉快、活动安排最有趣的冬天之一。我们整天都在欢笑和嬉戏中度过。

大约在隆冬时节，女皇传话让我们随她去蒂奇文（Tichvine）。这是一次奉献之旅，但就在我们要踏上雪橇的时候，旅行推迟了。有人对我们耳语说猎犬主管拉祖莫夫斯基伯爵痛风发作，女皇陛下此行不想丢下他。大约两三周后，我们再次出发。这次旅程只有5天。经过里巴奇亚-斯洛博克（Ribatchia Slobodk）切尔尼切夫所住的房子旁边时，我试图透过窗户看过去，但我什么也看不见。列普宁亲王不在这次旅行队伍中，我们被告知他患了结石。乔格洛科夫取代了他的位置，对我们大多数人来说，这不是一个令人愉快的安排。乔格洛科夫是个傲慢而残忍的傻瓜，每个人都害怕他，也害怕他的妻子。事实上，他们夫妇都是心怀恶意的危险人物。然而，正如我们将在后面看到的那样，有一些方法不仅可以诱使这些"阿格斯"去睡觉，而且可以把他们争取过来，尽管当时我们还没有发现这些手段。其中最可靠的是和他们一起玩法罗牌。他们都热衷于玩法罗牌，并且都非常自私。这是我们在他们身上发现的第一个弱点，其他弱点也在后面显露出来。

在这个冬天，我的女侍官加加林女爵正要嫁给侍从加利津亲王时死于高烧，加利津亲王随后娶了她的妹妹。我为她感到非常惋惜，在她生病期间，我多次去看望她，尽管乔格洛科夫夫人一再表示反对。女皇让加加林女爵的姐姐取代她做我的女侍官，这位姐姐后来嫁给了马蒂乌什金伯爵（Count Matiuschkine）。当时，这位姐姐在莫斯科，因此她被接了过来。

春天，我们去了夏宫，然后去了乡下。列普宁亲王以身体不好为由，获准回自己家里，乔格洛科夫先生在此期间继续代他履行职责。他一来就宣示自己的地位，我们宫廷中的德维尔伯爵被解雇了，被派去军队任准将；同样遭到解雇的还有内宫侍臣维莱布瓦，被派去军队任上校。这些变化是在乔格洛科夫的煽动下发生的，他对这两个人都看不顺眼，因为他看到我们对这两人评价很好。类似的解雇发生在1745年，应我母亲的要求，扎查尔·切尔尼切夫伯爵被解雇。在宫廷里，这些解雇行为一直被视为耻辱，所以给我们带来真切的感受。大公和我对扎查尔·切尔尼切夫伯爵被解雇尤其恼火。奥古斯都亲王也遭到解雇，女皇告诉他必须立刻离开。这也是乔格洛科夫夫妇煽动的结果，他们一心想完全孤立我们。在这一点上，他们夫妇遵循了别斯图热夫·留明伯爵的指示，而别斯图热夫·留明伯爵对每个人都持怀疑态度。

在这个夏天，我没有更好的事情可做，宫里的一切都枯燥乏味，我对骑马产生了热情，剩下的时间我都待在房间里，阅读所有我能获得的读物。至于大公，由于他们带走了他最喜欢的人，他只好在我们宫廷剩下的仆人中选择他喜欢的一起玩。

在这段时间里，我的贴身男仆叶夫雷诺夫有一天给我梳头时告诉我，在一次奇怪的意外中，他发现了安德鲁·切尔尼切夫和他的兄弟们在里巴奇亚（Ribatchia）的一座游乐场被逮捕了。这座游乐场是女皇从她母亲那里继承的私人财产。这件事情是这样被发现的：在狂欢节期间，叶夫雷诺夫出去兜风，他的妻子和妻妹坐在雪橇上，他和连襟在后面。他妻妹的丈夫是圣彼得堡治安法官的秘书，有一个姐姐嫁给了一位秘密法庭法官的副秘书。有一天他们散步去里巴奇亚，拜访了女皇这块土地的掌管人。当时，人们对于复活节是哪一天产生了争论。主人说，他将向囚犯要来一本叫 *Swiatzj*① 的书，这本书可以很快地结束这场争论，因为里面标记了几年来所有的节日及其日期。几分钟后他就带来了这本书。叶夫雷诺夫的连襟拿走了这本书，打开后，他首先看到的是安德鲁·切尔尼切夫在书上的签名和他从大公手中得到这本

---

① 无法考据此词的具体含义。根据上下文，这应该不是一本公开出版物，而是记录当地节日的手抄本。——译者注

书的日期。然后，这位连襟寻找复活节的日期。争论结束后，这本书被送回去了，他们也返回了圣彼得堡。几天后，叶夫雷诺夫的连襟向他透露了自己的发现。叶夫雷诺夫恳求我不要向大公提起这件事，因为大公的判断力根本靠不住。我向他保证我不会，并信守诺言。

　　大约在四旬斋期间，我们和女皇一起去了戈斯蒂利察（Gostilitza），参加猎犬主管拉祖莫夫斯基伯爵的宴会。我们在那里尽情跳舞，然后回到城里。

　　几天后，我父亲去世的消息传来，我得知后非常悲痛。有一个星期，我获许可以随心所欲地哀哭，但最后，乔格洛科夫夫人来通知我，我已经哭得差不多了，女皇命令我停止哀悼，我父亲不是国王。我告诉她，我知道他不是国王。她回答说，大公夫人不适合长时间哀悼一位不是国王的父亲。总之，我被安排在下个星期天走出房间，并且只能服丧六个星期。

　　我离开房间的第一天，在女皇陛下的前厅，我发现了女皇的司仪桑蒂伯爵（Count Santi）。我随便对他说了几句话，然后就走过去了。几天后，乔格洛科夫夫人来通知我，桑蒂以书面形式向别斯图热夫・留明伯爵提供了报告，女皇陛下又从别斯图热夫・留明伯爵那里得知，我曾告诉他（桑蒂伯爵）说，在我父亲去世之际，大使们没有向我表示哀悼，我认为这样太奇怪了；女皇陛下认为我跟桑蒂伯爵讲的话很不得体，我太骄傲了，我应该记住，我的父亲不是国王，因此，我不会也绝不能指望得到外国大臣的慰问。我对这个晓谕感到震惊。我告诉乔格洛科夫夫人，如果桑蒂伯爵说过或写过我在这个问题上给过他哪怕暗示过一个字，他就是一个臭名昭著的骗子；我从来没有想过这个问题；因此，我没有向他或任何其他人提过这个问题。我说的是事实，因为我给自己立下一条规则：在任何情况下，我绝不能自命不凡，要在一切事情上服从女皇的意愿，执行她的所有命令。我坦率的回答似乎说服了乔格洛科夫夫人，因为她说她一定会告诉女皇桑蒂伯爵撒了谎。事实上，她去了女皇陛下那里后回来告诉我，女皇对桑蒂伯爵说了这样一个谎话感到非常愤怒，并命令对他进行谴责。几天后，桑蒂伯爵让几个人来见我，其中包括侍从尼基塔·帕宁伯爵和副首相沃龙佐夫，告诉我别斯图热夫·留明伯爵强迫他说了这个谎话，结果他很遗憾地发现自己在我面前丢了脸。我告诉这些侍臣，不管他说谎的原因是什么，说谎者就是说谎者；为了让桑蒂伯爵不再制造我的谎言，我不再跟他说话。关于此事，我得到的消息是：桑蒂伯爵是意大利人，喜欢管闲事，并且非常看重自己的司仪职位。我一直以和别人说话的方式和他说话。他认为，关于我父亲的去世，也许外交使团对我的慰问是被允许的；根据他自己的感受，他可能认为这是对我的恩惠。然后他去见上司——首相别斯图热夫·留明伯爵，告诉他我在父亲去世后第一次出现在公众面前，似乎仍然非常悲痛；没有人表示慰问可能会增加我的悲痛。别斯图热夫·留明伯爵总是吹毛求疵，很高兴有机会羞辱我，他把桑蒂伯爵所说的或所暗示的安在我头上，然后写下来，并让他签署了这份外交礼仪书。桑蒂伯爵非常畏惧他的上司，最重要的是害怕失去自己的职位，因而失去生计，便毫不犹豫地在这个谎言上签了字。首相把这份外交礼仪书交给了女皇。女皇看后对我的自命不凡很恼火，便打发乔格洛科夫夫人前来质问我，结果如前所述。但在听了我的回答后，根据确切的事实，唯一的结果是司仪因此非常丢脸。

在乡下，大公得到了一群猎犬，并开始亲自训练它们。当厌倦了折磨这些狗时，他开始在小提琴上摸索。他一个音符都不认识，但有一副好耳朵，使他在刮擦乐器时体现出音乐的美。然而，那些不得不听他演奏的人通常会很高兴能堵住他们的耳朵，如果他们敢的话，因为他的音乐让他们感到非常刺耳。这种生活方式不仅在乡下持续，在城里也是如此。回到冬宫后，此前一直充当阿格斯的克劳斯夫人甚至经常出面帮助欺骗所有人都憎恨的乔格洛科夫夫妇。她甚至更进一步：她为大公买了一些玩具、木偶，以及诸如此类他非常喜欢的幼稚玩具。白天，这些玩具被藏在我的床上或床下；晚饭后，大公立即回房，我们一上床，克劳斯夫人就锁上门，然后大公就玩自己的木偶，一直玩到凌晨一两点。不管我愿意不愿意，我都不得不分享大公的这种乐趣，克劳斯夫人也是。我经常发笑，但更经常感到烦恼，甚至感到不方便；整张床上都是玩具，有些还很重。我不知道乔格洛科夫夫人是否会来偷听这些夜间的娱乐，但有一天晚上，大约12点，她敲了我们卧室的门。我们没有立即开门，因为大公、我和克劳斯夫人正竭尽全力地把玩具收起来藏好：我们把它们都塞进了床下，为此还专门装了一个很好打开的床盖。完成后，我们打开了门。她很不高兴地抱怨我们让她一直等，并告诉我们，如果女皇得知我们这时没有睡的话会非常生气。然后，她气呼呼地离开了，没有做任何进一步的探究。她一走，大公就继续自娱自乐，直到他昏昏欲睡。

秋天开始时，我们又回到了我们结婚后住的冬宫套间。在这里，女皇通过乔格洛科夫传达了一个非常严格的命令，未经乔格洛科夫先生及夫人的明确许可，禁止任何人进入我的套间或大公的套间。我们宫廷的女士们、先生们奉命留在前厅，不得越过门槛，不得对我们说话，甚至不得对我们的仆人说话，除非大声地讲。大公和我被迫坐在一起看着对方，低声说话，偷偷地交换对这种监禁的看法，这是我们两人都不应遭受的。为了在冬天获得更多的乐趣，大公从乡下带来了五六只猎犬，并把它们安置在一块木头隔板后面，隔板将我们套间后面的一个大门厅和我卧室的壁龛隔开。由于壁龛只有木板隔开，狗窝的气味渗入壁龛，我们在这种恶心的气味中睡觉。当我向他抱怨时，他告诉我他无能为力。这个狗窝是个大秘密，我忍受了不便，而不是背叛殿下。

由于狂欢节期间宫廷里没有什么娱乐活动，大公突然想在我的房间举行化装舞会。他给他的仆人、我的仆人和我的侍女戴上面具，让他们在我的卧室里跳舞。他自己拉小提琴，也跳舞。这样一直持续到深夜。至于我，则以头痛或疲倦为借口，躺在沙发上，但总是穿着化装舞会服，我对这些寡淡无味却让他无限开心的假面舞会十分厌倦。四旬斋到来时，又有四个人被取消了照顾他的权利，其中三人是他相对来说更喜欢的玩伴。这些频繁的解雇影响了他，但他没有采取任何措施来阻止，或者他采取的措施过于笨拙，只会增加他们的敌意。

在这个冬天，我们得知，尽管列普宁亲王病了，但他已被任命指挥即将被派往波希米亚的部队，以帮助女皇玛丽亚·特蕾莎。这是对列普宁亲王的正式羞辱。他去了，在波希米亚因悲伤而去世，再也没能回来。这件事是我的女侍官加加林女爵向我透露的，尽管有禁令禁止人们告诉我们有关城市或宫廷发生的事情。这也表明所有这些禁令是多么形同虚设。有太多的人对违反这些禁令感兴趣，以至无法严格执行这些禁令。我们周围的人，甚至是乔格洛科夫家族的近亲，都想减轻我们所遭受的严格的政治监禁。所有人，包括乔格洛科夫夫人的亲兄弟亨德里科夫伯爵（Count Hendrikoff），都设法给我们透露有用的信息；许多人甚至利用亨德里科夫伯爵向我传达信息，而他总是以诚实、善良的坦率态度随时准备传达信息。他嘲笑他姐姐和姐夫的愚蠢和残暴，因此每个人都对他十分放心，也没有人想过不信任他，因为他从未向任何人妥协，也没有让任何人对他失望。他是一个判断正确但能力有限的人，没有教养，非常无知，但立场坚定，并且没有任何坏心。

在这个四旬斋期间，有一天中午，我走进了我们的女士们和先生们聚集的房间，此时乔格洛科夫夫妇还没有来，我分别跟他们说话，然后走近侍从奥特津（Outzine）站的门边。他小声地把话题转到我们的枯燥生活上。他说，尽管如此，人们还是试图在女皇的心目中激起对我们的偏见；几天前，女皇陛下在餐桌上说我债台高筑；我做的每件事都显得十分愚蠢；尽管我认为自己很聪明，但没有人认同我的观点，因为我欺骗不了任何人，我的愚蠢是所有人的共识；因此，与我相比，没必要在意大公的所作所为。他含着眼泪补充说，他是被女皇命令告诉我这一切的，但他恳求我不要让人认为他向我传达了这一命令。我回答说，关于我的愚蠢，人们不应该把这个过错归结于我，因为每个人都是上帝创造的；关于我的债务，我的母亲在临别时留给了我6000卢布的债务，而我只有30000卢布的零用钱，并且鲁米安佐夫伯爵夫人还让我承担了她认为必不可少的无数开支，我会负债也就不足为奇了；就今年，仅乔格洛科夫夫人一人就花了我17000卢布，想必她自己也知道，我还必须不断地和他们地狱般的玩牌；我让他把这些话告诉差遣他的人；至于其他方面，我很抱歉我在女皇陛下的心目中受到了中伤，我从未对女皇陛下失去过尊重和服从，并且我的行为越受到密切关注，她将越相信这一点。我答应了他保密的请求，并遵守了这一诺言。我不知道他是否报告了我所说的情况，但我想他确实报告了，尽管关于此事我再也没有听到消息，也不想再进行一次如此不愉快的谈话。

四旬斋的最后一周，我得了麻疹，因此不能在复活节露面，但在周六，我在我的房间里领了圣餐。在生病期间，虽然乔格洛科夫夫人已经怀孕很久了，但她几乎从未离开过我，她尽一切可能逗我开心。我当时身边有一个卡尔梅克①女孩，我非常喜欢她。她从我身上感染了麻疹。复活节后，我们去了夏宫，然后在5月底去了在戈斯蒂利察的拉祖莫夫斯基伯爵官邸举行基督升天庆典（Feast of the Ascension）。5月23日，女皇邀请了神圣罗马帝国大使布雷拉克男爵，他即将出发去维也纳。布雷拉克男爵在拉祖莫夫斯基伯爵官邸过夜，并与女皇共进晚餐。晚餐是在很晚的时候供应的，我们回到我们住的小屋后都日出了。这是一栋木屋，建在一个稍微抬起的台基上，与滑坡②相连。此前冬天我们在这里参加猎犬主管的宴会的时候，我们就对这栋小屋很满意；这次为了使我们满意，拉祖莫夫斯基伯爵把我们安排在这里。这栋小屋有两层，上面一层由一个楼梯、一个客厅和三个小卧室组成。我们睡其中一间，另一间大公用作更衣室，克劳斯夫人住第三间。下层住着乔格洛科夫夫人、我的女侍官和我的女佣。晚饭回来的时候，每个人都回去休息。早上六点左右，一名叫莱瓦切夫（Levacheff）的护卫队中士从奥拉宁鲍姆来，向乔格洛科夫报告正在那里建造的建筑物的有关事宜。他发现屋里每个人都睡

---

① 卡尔梅克（Kalmuck），俄罗斯境内民族之一，主要分布在今俄罗斯联邦卡尔梅克共和国。中国文献称"土尔扈特"，为蒙古卫拉特四部之一，16世纪末17世纪初由中国向西北迁移。——译者注
② 指用来滑雪橇的滑坡，后文多次提及。——译者注

着了，就在哨兵旁边坐下，他听到一连串爆裂声，这让他觉得很奇怪。哨兵告诉他，自从他执勤后，已经多次听到这些爆裂声。莱瓦切夫站起来，跑向屋外。他看到大块石头正从房子下部脱落。他跑去叫醒乔格洛科夫，告诉他房子的地基正在坍塌，他必须设法把每个人都叫出来。乔格洛科夫穿上晨衣，跑上楼；在那里，他发现玻璃门是锁着的，就把门撞破。就这样，他来到了我们的房间，拉开窗帘，让我们尽快起床，离开房子，因为地基正在坍塌。大公从床上跳了起来，抓起晨衣就跑了。我跟乔格洛科夫说我会跟上，他便离开了。穿衣服的时候，我想起克劳斯夫人睡在隔壁房间，就去叫她。她睡得很熟，我费了很大劲才叫醒她，又解释了很久才让她明白必须离开这里。我帮她穿衣服。她终于可以出去后，我们准备穿过客厅；但我们还没迈开步，就发生了大坍塌，伴随着像船舶从码头下水发出的声音。我们倒在了地上。在我们跌倒的那一刻，莱瓦切夫从我们对面的楼梯口进来。他把我扶起来，将我带出了房间。我无意间把目光投向了滑坡：滑坡顶部本来与木屋的第二层齐平，但现在不再是这样，而是在木屋第二层下面两三英尺的地方。莱瓦切夫和我一起走到他上楼的楼梯边，但找不到，楼梯已经倒塌了。不过，有几个人爬上了废墟，莱瓦切夫将我传给离他最近的一个人，这个人再将我交给下一个人，于是，我一步一步被转移到大厅的楼梯底，从那里被抬到了一块地上。我发现大公穿着晨衣站在那里。

　　一走出房子，我就开始关注那里发生的事情，我看到几个人从房子里出来，浑身是血，还有其他人被抬了出来。受伤最严重的是我的女侍官加加林女爵。她和其他人一样试图逃出来，但当她穿过隔壁的一个房间时，一个炉子掉了下来，掀翻了她身边的一块屏风，这块屏风将她压在房间里的一张床上。几块砖头砸在她的头上，她受了重伤，和她在一起的一个女孩也受了重伤。在同一层楼中，有一个小厨房，几个仆人睡在里面，其中三人被倒塌的壁炉压死。然而，与地基和底层之间发生的情况相比，这算不了什么。16名工人睡在跟滑坡相连的地方，他们都被倒塌的房屋压死了。造成这场悲剧的原因是这座房子是在秋天匆忙建造的。他们用四层石灰石做地基。在下层的门厅，建筑师放置了12根柱子做支撑。然后，建筑师得去乌克兰，在离开时他告诉戈斯蒂利察庄园的管理者，在他回来之前，不要让任何人碰这些柱子。然而，尽管有此禁令，当庄园管理者得知我们要住这栋小屋时，没做什么加固措施，但他必须立即拆除这些柱子，因为这些柱子让门厅显得非常不美观。柱子被拆除后，所有重力压到四层石灰石上，这四层石灰石向不同的方向倾斜，整个建筑滑向一个小丘，这个小丘阻止了小屋继续滑动。我逃了出来，身上有几处轻微的擦伤。我受了惊吓，为此接受了一次放血治疗。这个悲剧带给我们普遍的恐惧，以致在四个多月之后，如果有人稍微用力关门，大家都会吓一跳。在事故发生的那天，当第一波恐惧过后，住在另一座房子的女皇派人来找我们，因为她想淡化我们所处的危险，所以每个人都尽量不提，有些人根本就不提。

我的恐惧使她非常不高兴，她对我很生气。猎犬主管哭了，悲痛欲绝，他说要打爆自己的脑袋。我想他是被阻止了，因为他没有做任何类似的事情。第二天，我们回到了圣彼得堡，几周后又回到了夏宫。

我记得不太清楚，但我想大概是在这个时候，骑士萨克罗莫索（Chevalier Sacromoso）抵达了俄国。很久没有马耳他骑士访问这个国家了，一般来说，当时很少有人来圣彼得堡，因此他的到来是一件大事。他受到了极大的关注，在圣彼得堡和喀琅施塔得（Cronstadt）。一位杰出的海军军官奉命陪同他。这人就是波连斯基（Poliansky）先生，当时是一名上尉，后来成为海军上将。波连斯基先生被带来见我们。在亲吻我的手时，他悄悄地把一张很小的纸条塞进到我手里，同时低声说道："这是你母亲寄来的。"他的行为让我吓得几乎目瞪口呆。我害怕纸条被别人看到，尤其是乔格洛科夫夫妇，他们就在附近。不过，我收下了纸条，趁人不注意，把纸条塞进了右手手套里。回到我的房间后，我发现，事实上这是我母亲的一封信，卷成了一张纸条，上面说我可以通过一位意大利音乐家让骑士转交我的回信，这位艺术家将参加大公的音乐会。母亲因我不得已保持沉默而感到焦虑，她想知道原因，她还想知道我的处境。我写信给她，回答了她信中的询问。我告诉她，我被禁止给任何人写信，理由是，除了在外交部写的信之外，俄国大公夫人无需给任何人写信，而在外交部的信上，我只需签名即可，我不能口述要写什么，因为外交大臣们比我更清楚我该说什么；我曾给奥尔佐夫（Olzoufieff）先生写了几封信，请他写一封信给我母亲，这几乎使他获罪。我还回答了她询问的其他几个问题。我用跟收到那张纸条一样的方式把纸条卷起来，然后焦急地等待把它送出去的那一刻。在大公举办的第一场音乐会上，我听了管弦乐队的演奏，并在小提琴独奏家奥洛格里奥（D'Ologlio）的椅子后面停了下来，他就是信中所说的那位意大利音乐家。当他看到我走到他椅子后面时，他假装从大衣口袋里掏手帕，这样他的口袋就大开着。我悄悄把纸条塞进去，没有引起任何人的怀疑。在圣彼得堡逗留期间，萨克罗莫索向我转交了另外两三封此类信件；我的回信也以同样的方式传回去，没有被人发现。

我们从夏宫去了彼得霍夫，当时彼得霍夫正在重建。我们住在上宫（upper palace）的彼得大帝的老房子里，这座房子当时还在。在这里，大公每天下午和我打双人翁博牌（two-handed ombre），以打发时间。我赢了，他就很生气；我输了，他就想立即得到钱。我没有钱，所以他开始和我玩双骰子游戏（games of hazard），就我们两个在玩。我记得有一次，他的睡帽以一万卢布卖给我们；但当游戏结束时，他输了的话，他会非常生气，有时会生气好几天。这种游戏完全不对我的兴趣。

在彼得霍夫逗留期间，我们从窗外对着大海的花园看到了乔格洛科夫夫妇不断地沿着海岸在上宫和女皇居住的蒙普莱瑟（Monplaisir）之间来回走动。这激发了我们的好奇心，也激发了克劳斯夫人的好奇心，大家想知道他们来回走动的目的。为此，克劳斯夫人去了她姐姐家，她姐姐是女皇的首席女侍官。她兴高采烈地回来了，因为她知道所有这些走动都是因为女皇知道乔格洛科夫与我的一位侍女科切列夫小姐（Mademoiselle Kocheleff）有私情，并且她怀孕了。女皇已经派人去叫乔格洛科夫夫人，并告诉她：她的丈夫欺骗了她，而她却像傻瓜一样爱他；她居然对他们的私情一无所知，还和丈夫最喜欢的女孩住在一起；如果她想立刻与她丈夫分开，女皇陛下也不会不高兴，因为女皇从一开始就没有看好她和乔格洛科夫的婚姻。女皇陛下直截了当地向乔格洛科夫夫人宣布，她不准备让乔格洛科夫先生继续待在我们身边，她要解雇他，但乔格洛科夫夫人可以留下。乔格洛科夫夫人起初否认了她丈夫的私情，并坚称这是诽谤；女皇陛下则派人去质问这位年轻的女士，她立刻承认了这一事实。这使乔格洛科夫夫人对她的丈夫大为光火。她回到家里对他大发脾气。他跪下请求她原谅，并利用他对她的影响力来平息她的愤怒。他们的孩子也帮助劝和，但他们的和解并不真诚。他们的爱情消散了，但他们仍然因利益而捆绑在一起。妻子宽恕了丈夫，她去见女皇，告诉女皇她已经原谅了一切，为了她的孩子，她希望和他在一起。她跪下恳求女皇陛下不要以如此让人丢脸的方式解除他在宫廷的职务，说这将使她蒙羞，加剧她的痛苦。总而言之，她这次表现得非常得体，非常坚定和大度，而且她的悲伤是如此真实，倒也平息了女皇的愤怒。她还进一步把她的丈夫带到女皇陛下面前，把他数落了一通，然后她和他一起跪在女皇陛下脚下，恳求女皇看在她和她的六个孩子的份上原谅他，他毕竟是这六个孩子的父亲。这件事持续了五六天，我们几乎每个小时都会获知新情况，因为在这段时间里，我们很少受到监视，并且每个人都希望看到他们两个被解雇。但结果并没有满足大家的期望；他们没有被解雇，反而是这位年轻的女士被送回了她的叔叔——宫廷大元帅（Grand Marshal of the Court）切佩列夫（Chepeleff）家。不过，乔格洛科夫夫妇没有以前那么趾高气扬了。我们动身去奥拉宁鲍姆的那天就是解雇科切列夫小姐的日子。我们朝一个方向出发时，她朝另一个方向离开了。

这一年，在奥拉宁鲍姆，我们住在主楼的左右两侧，因为主楼很小。戈斯蒂利察事件引起了极大的恐慌，女皇下令检查属于宫廷的所有房屋的地板和天花板，修复需要注意的地方。

在奥拉宁鲍姆，我的生活是这样的：凌晨3点起床，从头到脚穿上男装；派给我的一个老猎手已经拿着枪在等我了，一艘小渔船在海边准备就绪，我们肩上扛着枪，步行穿过花园；我们、渔夫和一只指示犬一起上船，我透过奥拉宁鲍姆运河两侧的芦苇丛射杀鸭子。运河绵延两俄里，直通大海。我们常在这条运河来回两趟，偶尔乘小船深入海里，因此，有时会花相当长的时间。大公比我们晚了一两个小时，因为他一定要吃了早餐再出来，并且天知道还有什么事情拖住他。如果我们相遇了，我们会一起出发；如果遇不上，我们各自出发打猎。10点，常常是更晚一些，我回来换衣服吃饭，吃完饭后我们去休息了。到了晚上，大公听音乐，或者我们骑马出去。这样的生活过了大约一个星期，我觉得自己浑身发热，头昏脑涨。我知道我需要休息和节食。因此，在24个小时里，我什么也不吃，只喝冷水，连着两个晚上尽可能长时间地睡觉。此后，我重新开始同样的生活，发现自己一切很好。我记得当时我在读《布兰特姆^①回忆录》（*Memoirs of Brantôme*），这本书使我非常愉快。在此之前，我读了佩里菲克斯（Périfix）的《亨利四世传》（*Life of Henri IV*）。

到了秋天，我们回到城里，得知我们将在冬天去莫斯科。克劳斯夫人来告诉我，这次旅行需要多准备一些亚麻衣服。我进一步了解了准备细节；克劳斯夫人为了逗我开心，在我房间里把亚麻布剪开，说是为了教我一块布可以剪多少件衬衫。这种教育或娱乐似乎让乔格洛科夫夫人不高兴，她自从发现了丈夫的不忠行为后，变得非常暴躁。我不知道她对女皇说了什么，但不管怎么说，有一天下午她来找我，说女皇陛下已经解除了克劳斯夫人对我的陪侍，她将回到她女婿——侍从西弗斯的住处。第二天，乔格洛科夫夫人把弗拉迪斯拉瓦夫人（Madame Vladislava）带到我这里来，以取代克劳斯夫人的位置。弗拉迪斯拉瓦夫人是一个个子高挑的女人，身材匀称，五官精致，乍看之下让我

---

① 即皮埃尔・德・布尔代勒（Pierre de Bourdeille, 1540—1614），被称为"布兰特姆爵士"（seigneur et abbéde Brantôme），法国著名历史学家、军人和传记作家。——译者注

颇为着迷。关于这个女侍官人选，我咨询了我的贴身男仆蒂莫西·叶夫雷诺夫，因为我以前从未见过她。他告诉我她是别斯图热夫·留明伯爵的首席秘书波戈维奇尼科夫参赞（Counsellor Pougovichnikoff）的岳母。她脑子聪明，性格活泼，但据说非常狡猾，我必须要仔细观察，看她表现如何，尤其小心不要给予她太多信任。她本名叫普拉斯科维亚·尼基奇纳（Praskovia Nikichina）。她表现很好，善于交际，喜欢交流，谈吐愉快，对过去和现在的逸事了如指掌。她对所有家庭的了解可以上溯四五代人，能在片刻间讲出每个人的家谱——他们的父亲、母亲、祖父、祖母，以及他们父系和母系的祖先。关于过去的一百年里在俄国发生的事情，我从未从其他人那里得到过如此多的信息。她的思维和举止非常适合我，当我觉得无聊的时候，我就和她聊天，而她总是乐于聊天。我很快发现，她非常不赞同乔格洛科夫夫妇的言行，但由于她也经常去女皇陛下的套间，没有人知道为什么，我们不得不在一定程度上对她保持警惕，不知道最清白的言行会被她解释成什么。

我们从夏宫搬到冬宫。在冬宫，我们见到了拉图尔·阿诺瓦夫人（Madame La Tour l'Annois），她在年轻时就一直陪伴着女皇，在沙皇彼得二世统治期间，彼得大帝的长女安娜·彼得罗芙娜公主（Princess Anna Petrovna）随丈夫荷尔斯泰因公爵离开俄国时，她陪着去了。公主死后，阿诺瓦夫人回到法兰西，现在她来到俄国，要么留在俄国，要么在得到女皇陛下的一些恩惠后返回法兰西。阿诺瓦夫人希望作为老相识重新得到女皇的喜爱和亲近。但她被大大地欺骗了，每个人都密谋排斥她。从她到达后的头几天起，我就预见到会发生什么，原因是：一天晚上，当他们在女皇的套间打牌时，女皇陛下跟往常一样，从一个房间走到另一个房间，没有在任何地方固定待着；毫无疑问，阿诺瓦夫人希望能向女皇献殷勤，无论女皇走到哪里，她都跟着。乔格洛科夫夫人看到这一点，对我说："看看那个女人是怎么到处跟着女皇的，但这种情况不会持续太久，她很快就会改掉这个习惯。"我知道这件事已成定局。事实上，她起初被刻意保持距离，最后带着礼物返回法兰西。

在这个冬天，莱斯特克伯爵与女皇的女侍官蒙登小姐（Mademoiselle Mengden）举行了婚礼。女皇陛下和整个宫廷都提供了帮助，她去了这对新婚夫妇的家，以彰显恩宠。有人会说他们最受女皇宠爱，但几个月后，命运发生了变化。一天晚上，当我看着那些在女皇的套间里玩耍的人时，我看见了伯爵，走上前去想跟他说话。"别靠近我，"他低声说，"我被怀疑了。"我想他一定是在开玩笑，问他是什么意思。他回答说："我非常严肃地告诉你，不要靠近我，因为我被怀疑了，人们必须避开我。"我看到他脸色变了，非常红。我猜想他一定喝了酒，我转身走开了。这件事发生在星期五。星期天早上，蒂莫西·叶夫雷诺夫在给我梳头时对我说："你知道昨晚莱斯特克伯爵和他的妻子被逮捕了吗？他们作为国家罪犯被带到要塞了。"没有人知道为什么，但人们知道斯蒂芬·阿普拉克辛将军（General Stephen Apraxine）和亚历山大·肖瓦洛夫（Alexander Schouvaloff）被任命为这一事件的调查专员。

宫廷人员定于12月16日去莫斯科。切尔尼切夫兄弟三人被送到要塞，安置在女皇名下一座叫斯莫诺伊–德沃雷茨的别墅里。三个人中的老大有时会灌醉卫兵，然后出去见自己的朋友。有一天，我的一个芬兰衣橱女佣（wardrobe-maid）与一位宫廷仆人订婚。这个女佣是叶夫雷诺夫的亲戚，她给我带来了一封安德鲁·切尔尼切夫的信，信中他问了我几件事。这个女孩去她未婚夫的房子里度过了一个晚上，她是在那里见到安德鲁·切尔尼切夫的。收到这封信后，我不知该把它藏在哪里，因为我不想把它烧掉，我想记住他要什么。我早就被禁止给母亲写信了。我通过这个女孩买了一支银笔和一盒墨水。白天，我把信放在口袋里；当我脱掉外衣时，我把信放在吊袜带下，塞进长袜里，睡觉前我把信取出来，放在袖子里。最后，我写了回信，并通过来信的渠道把他要的东西寄给他，然后我找了一个合适的机会把这封引起我极大焦虑的信烧掉了。

大约12月中旬，我们出发前往莫斯科。大公和我坐一辆大雪橇，陪侍我们的先生们坐在前面。白天，大公和乔格洛科夫先生一起坐在普通雪橇上，而我坐在大雪橇上。由于我们离得太远，我就与坐在前面的人交谈。我记得侍从亚历山大·朱里耶维奇·特鲁贝茨科伊亲王（Prince Alexander Jourievitch

Troubetzkoy）在这段时间里告诉我，当时被关在要塞里的莱斯特克伯爵想在他被拘留的头11天里绝食，但他被强迫补充营养。他被指控接受普鲁士国王的1000卢布以支持普鲁士国王的利益，并毒死一个叫奥廷格（Oettinger）的人，因为这个人可能作了对他不利的证词。莱斯特克伯爵被施以酷刑，然后被流放到西伯利亚。

在旅途中，女皇在特维尔与我们擦肩而过，她的随从把给我们准备的马和食物带走了，因此，我们在特维尔待了24小时，没有马，也没有食物，我们饿得要命。到了晚上，乔格洛科夫为我们准备了一条烤鲟鱼，我们觉得很好吃。我们晚上出发，在圣诞节前两三天抵达莫斯科。我们听到的第一件事是我们宫廷的侍从亚历克斯亲王（Prince Alex）米哈伊尔·加利津（Mich. Galitzine）在我们离开圣彼得堡的那一刻收到了一份命令，他将作为俄国大使前往汉堡，薪水为4000卢布。这个任命被视为一种放逐，他的妻姐加加林女爵当时和我在一起，对此非常悲痛，我们都为他感到遗憾。

在莫斯科，我们住在我和母亲1744年住的套间里。我如果要去宫廷的大教堂，必须乘马车绕着房子转一圈。圣诞节弥撒的时候，我们在29华氏度的霜冻中正准备下马车，实际上我们已经踏在下马车的台子上了。这时，女皇传来消息，说她不需要我们在这个时候去教堂，因为太冷了。确实如此，太冷了，我们的鼻子都冻红了。由于脸上长了太多的青春痘，我不得不在莫斯科居住的早期待在我的房间，我非常害怕脸上留有痘印。我请了博厄夫（Boërhave）医生，他给了我镇静剂和各种药品来消除粉刺。最后，当所有手段都无济于事时，有一天他对我说："我要给你一些东西，可以消除粉刺。"他从口袋里掏出一小瓶福尔克油，告诉我往一杯水中滴一滴，然后不时地用它洗脸，比如，每周一次。福尔克油的确清除了我脸上的粉刺，大约10天之后，我得以露面。我们抵达莫斯科（1749年）后不久，弗拉迪斯拉瓦夫人告诉我，女皇命令我的芬兰衣橱女佣尽快结婚。让她加速结婚的唯一明显原因是我对她有点偏爱，因为她是个乐天派，不时模仿每一个人，特别是乔格洛科夫夫人，并以一种非常有趣的方式让我发笑。然后，她就结婚了，再也没有人提起过她。

在狂欢节期间没有任何娱乐活动，女皇患上了严重的胆酸症。弗拉迪斯拉瓦夫人和蒂莫西·叶夫雷诺夫都在我耳边小声告诉了我，恳求我不要向任何人提起这件事。我把这件事告诉了大公，但没有说是他们告诉我的，他非常高兴。一天早上，叶夫雷诺夫来告诉我，首相别斯图热夫·留明伯爵和阿普拉克辛将军昨晚待在乔格洛科夫夫妇的套间里，这似乎意味着女皇病得很重。乔格洛科夫和他妻子的态度比以往任何时候都更加粗暴；他们来我们的套间吃午饭和晚饭，但一句不提女皇的病情。我们也不提，因此也不敢派人去询问女皇陛下的情况，因为我们会被立即问道："你是从哪里得知她生病的？谁告诉你们的？"任何被提到的人，甚至是被怀疑的人，都会被解雇、流放，甚至被送到秘密法庭接受盘问，那比死亡更可怕。10天后，女皇陛下终于康复了，她的一位女侍官在宫廷举行了婚礼。在餐桌上，我坐在女皇最宠信的肖瓦洛夫伯爵夫人的身旁。她告诉我，女皇陛下刚从重病中恢复过来，身体仍然很虚弱，她坐在床上用她的钻石放在新娘头上祝福她（这是她给所有女侍官的荣誉），她的脚露在外面；因为这个原因，她没有出席婚礼。由于肖瓦洛夫伯爵夫人是第一个向我讲述女皇病情的人，我向她表达了女皇陛下的病情给我带来的痛苦，以及我对病情的关注。她说女皇陛下会很高兴得知我对她的关心。之后的两个早晨，乔格洛科夫夫人来到我的房间，当着弗拉迪斯拉瓦夫人的面告诉我，女皇对大公和我非常生气，因为我们对她的病不怎么关注，对她漠不关心，甚至一次也不去问候她。我跟乔格洛科夫夫人说，她和她丈夫没有向我们透露过女皇陛下的病情，我们对此一无所知，也无法表明我们对女皇的病情非常关注。她回答说："肖瓦洛夫伯爵夫人告诉女皇陛下说您在餐桌上和她谈过女皇的病情，您怎么能说对此一无所知呢？"我回答说："我确实跟她说了，因为她告诉我，女皇陛下仍然虚弱，不能离开她的房间，然后我向她询问女皇的病情。"乔格洛科夫夫人发着牢骚走了。弗拉迪斯拉瓦夫人说，就一件人家完全不知道的事情跟人争吵是很奇怪的事情，因为只有乔格洛科夫一家有权谈论这件事，他们却没有谈论这件事，如果我们不知情，那是他们的错，而不是我们的错。过了一段时间，在朝会的时候，女皇走近我，我找到了一个有利的时机告诉她，乔格洛科夫和他的妻子都没有向我们透露她的病情，因此我们无法向她表达我们对她的关注。她听了之后对我态度很好，在我看来，乔格洛科夫夫妇的信誉正在下降。

四旬斋的第一个星期，乔格洛科夫先生想去履行宗教职责。他忏悔了，但女皇的忏悔牧师禁止他领圣餐。整个宫廷都说这是女皇陛下的命令，因为他与科切列夫小姐有私情。我们在莫斯科逗留的一段时间里，乔格洛科夫似乎与别斯图热夫·留明伯爵及其爪牙斯蒂芬·阿普拉克辛将军有着密切联系。他一直和他们在一起。听他说话的腔调，人们会认为他是别斯图热夫·留明伯爵的亲密顾问，但这是不可能的，因为别斯图热夫·留明伯爵太有理智了，不会让自己被一个像乔格洛科夫这样傲慢的傻瓜所左右。可是，我们在莫斯科停留的时间到一半的时候，这种亲密关系突然停止了，乔格洛科夫成了那些他之前如此亲密的人的死敌，但我不知道确切的原因。

抵达莫斯科后不久，由于缺乏其他娱乐，我开始阅读圣彼得堡教士勒佩雷·巴雷（le Père Barre）写的《德意志史》（*History of Germany*）。这是一套九卷四开本的书，我每周读完一本，然后我开始读柏拉图（Plato）的著作。我的套间面向街道，大公住另一面的套间，他的窗户对着一个小院子。我在房间看书时，我的一个侍女通常会进来，她想站多久就站多久，然后她在认为合适的时候退下，由另一个人接替她的位置。我让弗拉迪斯拉瓦夫人明白，这种例行公事毫无用处，只会造成不便；

此外，我的套间离大公的套间很近，这也让我很痛苦，她也同样感到不安，因为她住在我套间尽头的一个小房间里。因此，她同意免除我的侍女们的这种礼节。让我们不得不忍受的烦恼是：无论是早上、中午、晚上，甚至深夜，大公以罕见的毅力训练了一群狗，用鞭子重重地抽打它们，像猎人一样朝它们吼，让它们从他的两个房间的一端跑到另一端，而这两个房间就是他的天下。有些狗累了，或者离开了队列，就会受到严厉的惩罚，这使它们吠叫得更大声了。当厌倦了这种给耳朵带来刺痛并破坏邻居休息的可恶运动时，他便拿起小提琴，使出全身的力气拉起来，更糟糕的是，他在他的房间里走来走去。然后，他重新开始教训和惩罚他的狗，这在我看来非常残忍。有一次，我听到其中一只动物哀嚎了很长时间，我打开了我所在的卧室的门，因为这个房间与发生这一幕的房间相邻，我看到他提着这只狗的项圈，悬在空中，而一个服侍他的卡尔梅克男孩抓住狗的尾巴。这只可怜的小狗是英国品种的查理国王犬（King Charles）[①]，大公用沉重的鞭子柄使劲地打它。我为这只可怜的动物求情，但这使他打得更狠了。我无法忍受如此残酷的场景，含着眼泪回到房间。总的来说，眼泪和哭泣并不会让大公产生怜悯，反而让他陷入激情。对他来说，怜悯是一种痛苦，甚至是无法忍受的痛苦。

大约在这个时候，我的贴身男仆蒂莫西·叶夫雷诺夫转交给

---

① 西班牙猎犬的英国变种，是一种宠物犬。——译者注

我一封他的老朋友安德鲁·切尔尼切夫的信，他终于被释放了，并被任命为中尉，将从莫斯科附近经过加入一个团。我像处理前一封信一样处理好了这封信，把他所要的都寄给了他，并且从未向大公或其他任何人提及此事。

春天，女皇带我们去了佩罗瓦（Perova）。在那里，我们和她在拉祖莫夫斯基伯爵的住处待了几天。大公和乔格洛科夫先生几乎每天都在主人的陪同下在林中打猎。我在我的房间里看书，或者当乔格洛科夫夫人不打牌的时候，她会来找我陪她消磨她的无聊时光。她痛苦地抱怨这个地方的娱乐，尤其让她丈夫不断沉迷其中的打猎活动，因为自从他在莫斯科收到一只漂亮的英国灰狗做礼物后，他就成了一名热情的猎手。我从其他人那里了解到，他是所有猎手的笑柄，他认为所有被抓的野兔都是他的喀耳刻（Circe，犬名）抓住的，并对此深信不疑。总的来说，乔格洛科夫先生很容易相信属于他的一切都罕见地美丽、优秀；他的妻子、他的孩子、他的仆人、他的房子、他的桌子、他的马、他的狗，他所有的一切都是如此。尽管这些在现实中很平庸，但都让他陷入自我欣赏中。在他眼里，这些都有无可比拟的价值。

有一天，在佩罗瓦，我头痛得厉害，我不记得这辈子有过这样的经历。过度的疼痛导致剧烈的不适。我反复呕吐，在房间里走动一下都让我的不适加剧。这种状态持续了近24个小时，我才睡着了。第二天，我感到十分虚弱。在这次重病期间，乔格洛科夫夫人竭尽全力照顾我。总的来说，所有对我抱有明确恶意的人都在短时间内开始对我表达了不知不觉的关注；并且当他们不受干扰或不受新的外部激励时，往往会有违背后雇主的意愿，屈服于吸引他们来找我的冲动，或者更确切地说，屈服于我在他们心中激发的关注。他们从未发现我生气或发怒，而是时刻准备好迎接他们的最微小的进步。在这个转变中，我天生的快乐对我很有帮助，因为所有这些阿格斯都常常被我的谈话逗乐，并且油然地感到放松。

在佩罗瓦，女皇陛下的胆酸症又一次发作了。她被带到了莫斯科，我们则缓慢前往宫殿，宫殿离莫斯科只有4俄里。这次发作没有造成不良后果，不久之后，她前往特洛伊察修道院朝圣。这60俄里路她想步行，为此她前往波克罗夫斯基别墅（Pokrovskoe House）。女皇命令我们沿公路去特洛伊察。我们在离莫斯科大约11俄里的途中住了下来，住在一个非常小的乡村别墅里，这个别墅叫拉乔瓦（Rajova），属于乔格洛科夫夫人。这个别墅可以住的地方是房子中央的一间小客厅及两边各两间的非常小的房间。房子周围搭了帐篷，供我们的随从使用。大公住了一个房间，我住了一个小房间，弗拉迪斯拉瓦夫人住了另一间，乔格洛科夫夫妇住了剩下那间。我们在客厅吃饭。女皇走了三四俄里，然后休息了几天。这次旅行几乎持续了整个夏天。我们每天午饭后打猎。

通往特洛伊察修道院的大路的另一边，几乎就在拉乔瓦对面的地方是塔宁斯科（Taïninskoe）。当女皇陛下到达塔宁斯科时，赫特曼·拉祖莫夫斯基伯爵每天都来拉乔瓦看望我们。他是女皇最宠信的拉祖莫夫斯基伯爵的弟弟，当时正住在他的波克罗夫斯基的庄园里。这个庄园在莫斯科的另一边，位于通往圣彼得堡的路上。他个性诙谐，几乎和我们同龄。我们非常喜欢他。因为他是女皇宠臣的弟弟，乔格洛科夫先生和夫人欣然接受了他的拜访。整个夏天，他很殷勤地拜访我们，我们也总是很高兴见到他。他和我们一起吃午饭和晚饭，晚饭后又回到他的庄园，因此他每天旅行四五十俄里。大约二十年后，我突然问他，是什么原因促使他来分享我们在拉乔瓦枯燥和乏味的生活，并且是在他自己的家里每天都挤满莫斯科最好的玩伴的情况下。他毫不犹豫地回答："爱。""但在我们那里你究竟能找到什么爱呢？""什么！"他说："为什么这么问，是您啊。"我突然大笑起来，因为我从未有过这个想法；此外，当时他与纳里奇金家族的一位富有的女继承人结婚好几年了，这位女继承人是女皇让他娶的，这确实有点违背了他的意愿，但他似乎与她相处得很好。除此之外，众所周知，宫廷和城里最漂亮的女人都在竞相吸引他的注意；事实上，他是一个很好的人，有着独特的性格，非常讨人喜欢，并且比他的哥哥聪明得多。然而，他的哥哥在相貌上与他不相上下，但在慷慨和善良方面超过了他。这两兄弟是我所知道的最受大家欢迎的人。

为了一起庆祝圣彼得节（Feast of St. Peter）[①]，女皇给我们传达口谕，让我们到布拉多夫奇纳（Bratovchina）与她会合。我们立即前往那里。在刚过去的春天和夏天的一部分时间里，我要么从事体育运动，要么经常在户外活动，因为拉乔瓦的房子太小了，以至我们一天的大部分时间都在附近的树林里度过。因此，我来到布拉多夫奇纳时，脸都晒红了。女皇看到我时，对着我晒红的脸大叫，说要让我洗去晒斑，然后她立刻送来一小瓶含有柠檬汁、蛋清和法兰西白兰地的液体，命令我的侍女们了解液体的成分和配比。几天后，我的晒斑就消失了，从那以后我就开始使用这种混合物，并推荐给其他人用于类似的目的。当皮肤受热时，我不知道还有什么更好的治疗方法。这种液体也有助于治疗俄国人所说的皮疹，这种皮疹只不过是皮肤发热导致的皮肤破裂。我现在想不起这种皮疹的法语名称。

我们在特洛伊察修道院度过了圣彼得节。因为大公晚饭后找不到事情可做，所以决定在自己的房间里开个舞会，但他仅有的同伴是他的两个贴身男仆和我的两个侍女，并且其中一个侍女已经五十多岁了。女皇陛下从修道院前往塔宁斯科，而我们回到拉乔瓦，恢复了以前的生活方式。我们一直待在那里，直到8月中旬，女皇让我们一起前往索菲诺（Sophino），这是一个距离莫斯科六七十俄里的地方。我们在这里搭帐篷。到达后的第二天早

---

① 纪念使徒圣彼得在罗马殉难的节日，时间为每年的6月29日。——译者注

上，我们去了女皇陛下的帐篷，发现她在责骂这个庄园的管理者。她来这里打猎，却没有见到野兔。那人脸色苍白，浑身发抖，她什么骂人的话都骂了，真的很生气。看到我们前来吻她的手，她像往常一样拥抱了我们，然后继续斥责，把她想挑毛病的每一个人都纳入了她的斥责范围。她越骂越生气，并且说话的时候语气非常激烈。她说，除了其他事务，她还完全了解土地的管理，安娜女皇的统治教会了她这一点；她虽然有钱，但不多，因此她花钱谨慎，避免奢侈；如果她负债累累，她会害怕被诅咒，因为如果她没还完债就死了，没有人会替她还债，那么她的灵魂就会下地狱，而她是不想下地狱的。因此，当她待在家里时，或者不必露面时，她穿得很简朴，外面的衣服是白色塔夫绸，而里面的衣服是深灰色的，这样就省了不少钱。在乡下或旅行时，她很注意不穿昂贵的衣服。当然，这番话是说给我听的，因为我穿了一件银色丁香的礼服裙。我接受了这个暗示。这番长篇大论持续了四五十分钟，大家看到她满脸通红，没有人敢说话。最后，她的一个叫阿克萨科夫（Aksakoff）的弄人打断了这番斥责。他用帽子装着一只小豪猪走进来送给她。她走上前去看，但只看了一眼就发出尖叫，说它看起来像只老鼠，然后急忙跑进帐篷深处，因为她对老鼠极度反感。我们再也没见到她：她一个人吃午饭。午饭后，她带着大公一起去打猎，命令我和乔格洛科夫夫人返回莫斯科。几小时后，大公回到了莫斯科。由于那天刮大风，打猎的时间缩短了。

一个星期天，女皇派人来传话，让我们去塔宁斯科与她会
合，我们当时住在拉乔瓦。我们再次来到塔宁斯科，获准与女
皇陛下共进午餐。她独自坐桌子主位，大公坐在她的右边，我
坐在她的左边，与大公相对。大公旁边是布图林元帅（Marshal
Boutourline），我旁边是肖瓦洛夫伯爵夫人。桌子又长又窄。大
公坐在女皇和元帅之间，元帅喜欢喝葡萄酒，因此，在元帅的大
力助推之下，大公最终喝得酩酊大醉。大公既不知道自己说了什
么，也不知道自己做了什么，说话结结巴巴，丑态百出。我不禁
流下了眼泪，因为在那个时候，我尽可能地掩盖和减轻他应受到
的所有谴责。女皇对我的敏感很满意，比平常早离开了餐桌。大
公本来打算下午和拉祖莫夫斯基伯爵一起去打猎，但他留在塔宁
斯科，而我回到拉乔瓦。在回来的路上，我牙疼得厉害。天气开
始变得又冷又湿，我们在拉乔瓦的住宿条件很差。乔格洛科夫夫
人的弟弟亨德里科夫伯爵是我的侍从，他向他的姐姐提议立即治
好我。她跟我谈了这个问题，我同意尝试亨德里科夫伯爵的治疗
办法。这种方法似乎根本不做什么，或者说只是一种骗术。他立
刻走进另一个房间，拿出一张很小的纸卷，他要我用痛的牙齿咀
嚼。我刚咬住，疼痛就变得非常剧烈，不得不上床躺着。我发起
了高烧，开始神志不清。乔格洛科夫夫人对我的状况非常害怕，
并将其归咎于她弟弟的治疗，她非常生气并骂了他。她整夜待在
我的床边，并派人告诉女皇说拉乔瓦的房子根本不适合一个像
我这样病得很重的人。这里的住宿条件确实对我的病情造成了干

扰。第二天，我病得很厉害，被带到莫斯科。我在床上躺了十到十二天，每天下午同一时间牙痛就开始发作。

9月初，女皇前往沃斯克列森斯基修道院（Convent of Voskressensky），我们奉命去那里参加她举办的宴会。那天，伊凡·伊万诺维奇·肖瓦洛夫（Ivan Ivanovitch Schouvaloff）先生被宣布为内宫侍臣。这是宫廷里的一件大事。每个人都耳语说，一个新的宠臣出现了。我为他的晋升感到高兴，因为在他还是一名贴身随从的时候，我就因为他的勤奋而把他列为一个有前途的人。人们总是看到他手里拿着一本书。

这次旅行回来后，我开始喉咙痛，并伴有高烧。女皇在我生病期间来看望我。在我刚刚康复但仍然非常虚弱的时候，女皇陛下通过乔格洛科夫夫人命令我协助举办婚礼，为鲁米安佐夫伯爵夫人的侄女梳头。鲁米安佐夫伯爵夫人的侄女即将嫁给亚历山大·纳里奇金（Alexander Narichkine）先生。亚历山大·纳里奇金先生随后被任命为首席侍酒（chief cupbearer）[1]。乔格洛科夫夫人看到我还没有完全康复，在向我宣布这一荣誉时有点痛苦，这一荣誉并没有让我高兴起来，因为它清楚地表明，女皇对我的健康——甚至对我的生命——是多么疏于关心。我对弗拉迪斯拉瓦夫人说了这个看法，她似乎和我一样对这一命令不太满意，这

---

[1] 侍酒是皇室中的高级官员，其职责是在皇家餐桌上倒酒和上菜。由于对阴谋（如中毒）的持续恐惧，只有完全值得信任的人才能担任该职位。为防止杯中有毒药，侍酒有时会被要求试喝饮料。——译者注

一命令显然毫不顾及我的感受。尽管如此，我也要强打精神。在婚礼当天，新娘被带到了我的房间。我用我的钻石放在她的头上祝福她，然后她被带到宫廷教堂举行婚礼。我则必须在乔格洛科夫夫人和我自己的宫廷成员的陪同下去纳里奇金别墅。这时，我们住在莫斯科，在德意志斯洛博达河（German Sloboda）尽头的宫殿里。去纳里奇金别墅的位置，必须穿过整个莫斯科，至少要走7俄里。这时是10月，大约晚上9点，天气冷得厉害，地面很滑，我们只好走得很慢。我们至少走了两个半小时，回来也用一样的时间，我们一行里没有一个人或一匹马没摔过一次或多次。最后，我们到达了卡桑斯基的教堂，这座教堂靠近一个名为特洛伊茨卡亚（Troïtzkaja）的门楼，我们遇到了另一个障碍，因为在这座教堂里，伊凡·伊万诺维奇·肖瓦洛夫的妹妹也在同一时间结婚，她的头发是女皇亲自梳的，而鲁米安佐夫小姐的头发是我梳的。在这个门口出现了一大群马车。我们必须每走一步都停下来，然后，又有马摔倒了，因为所有的马都没有装马蹄铁。我们终于到达了那所房子，心情不是很好。我们花了很长时间等待新娘和新郎，因为他们遇到了和我们一样的障碍。大公陪着新娘。然后，我们等待女皇。最后，我们坐下来吃晚饭。晚饭后，作为一种仪式，我们在前厅跳了几轮舞，然后我们被告知要把新娘和新郎带到他们的套间。为此，我们必须穿过几条寒冷的走廊，登上同样寒冷的楼梯，然后穿过由潮湿木板匆忙搭建的长长的长廊，水从木板渗出，四面蔓延。最终到达套间后，我们坐在一张摆满甜点的桌子旁，剩下的时间只够喝一杯酒祝新婚夫妇健康。然后，新娘被带到自己的房间，我们就回家了。第二天晚上，我们还得重复这样的拜访。有人敢相信吗？这种混乱不但没有损害我的健康，而且丝毫没有妨碍我的康复。第二天我比前一天好多了。

初冬，我看到大公非常不安。我不知道发生了什么事。他不再训练他的狗了。他一天来我房间20次，看上去焦虑不安、沉思不语、心不在焉。他买了德语书，他还有这样的书！一部分是路德会祈祷书，另一部分是一些公路抢劫犯的经历和对他们的审判，他们或被吊死，或被车轮碾死。他在不拉小提琴的时候，就读这些书。由于他不能让任何折磨他的事情在他的脑子里长久停留，而除了我之外，他没有其他人可以说话，我耐心地等待他向我倾诉。

最后，他告诉了我是什么使他不安，我发现事情比我预想的要严重得多。几乎整个夏天，我们在拉乔瓦逗留期间，以及在去特洛伊察修道院的路上，除了在餐桌上或在床上，我几乎从未见过他。他在我睡着后才上床睡觉，在我醒来前就起床了。他剩下的时间都用来打猎或准备打猎。乔格洛科夫以取悦大公为借口，从猎犬主管那里获得了两群狗，一群是俄国狗，配有俄国猎手另一群是法兰西狗或德意志狗。外国狗群还附带了一个法兰西训狗师、一个库尔兰（Courland）的小伙子和一个德意志人。乔格洛科夫先生指挥俄国狗，大公指挥外国狗，乔格洛科夫自己完全不管外国狗。每个人都记录各自负责的狗的详细信息，因此，大公经常去看他的狗群，或者猎手们来告诉他狗群的状况，以及狗的需求和行为。总而言之，如果我必须坦率地说，大公与这些人为伍，与他们一起喝酒打猎，并经常出现在他们中间。布提尔斯基团当时在莫斯科，在这个团里，有个叫雅考夫·巴图林（Yakoff Batourine）的中尉。他是个赌徒，负债累累，众所周知，他是个一文不名的人，但意志非常坚定。我不知道这个人是怎么认识大公的那些猎手的，但我相信他们都住在穆蒂什查村（Moutistcha）或阿列克谢夫斯基村（Alexeewsky）附近。最后，事情进一步发展，猎手告诉大公，布提尔斯基团中有一位中尉，他对殿下表现出极大的仰慕之情，并且他还说，整个团都和他有同样的感情。大公得意地听着这个表白，询问了与这个团有联系的猎手。这些猎手对上级军官极其蔑视，对下级军官则评价很高。最后，巴图林仍然要求猎手在狩猎时将他引荐给大公。对此，大公起初并不十分赞成，但最后还是同意了。事情就这样一步步发展下去。有一天，大公在打猎时，在一个僻静的地方遇到了巴图林。巴图林一看到他，就跪下来，发誓除了他以外，不承认其他主人，并将执行他的一切命令。大公告诉我，听到这个誓言，他非常惊慌，拍马走了，让巴图林跪在树林里。他说，猎手们在前面，没有听到他们说的话。他假装这就是他和那个人的全部联系，他甚至建议猎手们小心，不让他们卷入阴谋。他现在的焦虑是因为他从猎手那里得知，巴图林已经被捕并被转移到普罗布拉延斯克（Preobrajenskoe），而且一个负责审理危害国家罪行的秘密法庭成立了。殿下为猎手担心，也担心他们会出卖自己。就第一点而言，他的担心已经成为现实，几天后，猎手们被逮捕并被带到普罗布拉延斯克。我尽力减轻他的焦虑，向他表示，如果他真的没有参加他所说的以外的任何阴谋，在我看来，在最坏的情况下，他只是犯了轻率的错误，让自己和这样一个狐朋狗友混在一起。我不知道他是否告诉了我真相。我有理由相信，他弱化了这件事中可能存在的阴谋，因为即使是跟我说这件事，他也是吞吞吐吐的，似乎很不情愿谈论这件事。不过，他过度的恐惧也可能会让他说话吞吞吐吐。过了一会儿，他来告诉我，一些猎手被释放了，但有命令要把他们带到边境以外的地方，并且他们已经告诉他，他们没有提到他。这个消息使他无比高兴，他松了口气，再也没有提这件事。至于巴图林，他被判有罪。从那以后，我没有见过他的审判记录，但我了解到，他所想的无非是杀死女皇，放火烧毁宫殿，在恐惧和混乱中让大公坐上皇位。审判后，他被关在施吕瑟尔堡（Schlusselburg）要塞中度过余生。在我统治期间，他曾试图逃离这座监狱，因此被送往勘察加（Kamtchatka）。从那里，他和本茹斯基（Benjousky）一起逃走，在太平洋的台湾岛上抢劫时被杀。

12月15日，我们离开莫斯科前往圣彼得堡，日夜乘坐一辆敞开的雪橇旅行。大约在途中，我又突然牙痛。尽管如此，大公还是不同意关上雪橇的窗，他甚至不允许我把窗帘拉上一点，以避免寒冷、潮湿的风直接吹到我脸上。最后，我们到达了扎尔斯科-塞洛，女皇已经到了那里，按照她的惯例，她是在路上超过我们的。我一走出雪橇，就走进了为我们准备的套间，并派人去请女皇陛下的医生博厄夫，他是大名鼎鼎的博厄夫的侄子。我要求他拔掉过去四五个月来折磨我的那颗牙齿，在我的坚持下，他非常勉强地同意了。最后，他把我的外科医生吉恩（Gyon）请来。我坐在地上，博厄夫坐在一边，乔格洛科夫坐在另一边，吉恩拔牙；但他拔出来的那一刻，我的眼睛、鼻子和嘴巴都变成了喷泉，从我的嘴里流出了血，从我眼睛和鼻子里流出了水。博厄夫是一个判断力清晰的人，他立刻喊道："笨手笨脚！"他找来牙齿，补充说："我就担心会这样，这就是我不希望拔牙的原因。"吉恩在拔这颗下颚的牙时带走了下颚的一点肉。就在这时，女皇来到了我房间的门口，后来我被告知她甚至难过得流下了眼泪。我躺在床上，四个星期里都难受得很。尽管发生了这一切，但我们第二天要去城里，我还得忍受敞开的雪橇。直到1750年1月中旬，我才离开房间，因为我的脸颊下半部分仍然有蓝黄色的淤青，这是吉恩先生的五个手指留下的印子。1750年新年那天，我想梳头，我注意到那个给我梳头的年轻人，他是一个我训练来为我梳头的卡尔梅克人，脸上很红，眼神恍惚。我问他怎么了，然后得知他头痛得厉害，而且烧得厉害。我打发他走了，让他去睡觉，因为他确实不适合做任何事。他退下了，到了晚上，我得知他身上出了天花。这件事带给我极大恐惧，但我居然躲过一劫，我没有得天花，尽管他给我梳过头。

在狂欢节的大部分时间里，女皇一直待在扎尔斯科-塞洛。圣彼得堡几乎无人居住，因为大多数人住在那里是出于需要而非选择。在宫廷转移到莫斯科前，以及返回圣彼得堡后，所有侍臣都渴望获得一年、六个月甚至几周的休假，议员等官员也是这样。当他们担心请假失败时，他们就说自己的丈夫、妻子、父亲、兄弟、母亲、姐妹或孩子生病了，无论是真是假，或者说他们有诉讼或其他必须解决的业务。一句话，有时过了六个月甚至更长的时间，他们才会回到宫廷和城里。宫廷转移到别处时，圣彼得堡的街道上长满了草，因为城里几乎没有马车。在当前这种情况下，我们不能期待有什么人陪伴，特别是我们还处于这种被隔离的状态的时候。乔格洛科夫先生想在这段时间里逗我们开心，或者更确切地说，逗他自己和他妻子开心，邀请我们去他在宫廷的套间里玩牌，他的套间有四五个相当小的房间。他还邀请了陪侍的女士们和先生们及库尔兰女爵（Princess of Courland）。库尔兰女爵是安娜女皇的宠臣恩斯特·约翰·比伦公爵（Duke Ernest John Biren）的女儿。比伦公爵在安妮公主摄政期间被流放到了西伯利亚，后来被伊丽莎白女皇从西伯利亚召回。在西伯利亚，公爵与妻子、儿子和女儿住在一起。这个女儿既不漂亮，身材也不好，因为她有点驼背，个子很小，但她非常聪明，有一双漂亮的眼睛，并且有一种独特的阴谋天赋。她的父母不太喜欢她，事实上，她声称他们一直虐待她。有一天，她从家里逃出来，去波基恩夫人（Madame Pouchkine）家里避难。波基恩夫人是雅罗斯拉夫的瓦伊沃德（Waiwode of Yaroslav）的妻子。这位夫人很高兴有机会在宫廷中表现出自己的重要性，带她去了莫斯科，向肖瓦洛夫夫人致意，并说库尔兰女爵从父亲的家中逃走是因为受到父母的虐待，因为库尔兰女爵表示希望改信希腊正教。事实上，库尔兰女爵在宫廷里做的第一件事就是转变信仰。女皇做了她的教母，之后任命她为女侍官。乔格洛科夫先生对她特别关注，因为她的哥哥为他奠定了财富基础。库尔兰女爵的哥哥把乔格洛科夫先生从他正在接受教育的军校学员团（corps of cadets）带走，将他送到了骑兵卫队，并留下他当自己的信使。库尔兰女爵因此进入了我们的社交圈子，每天与大公、乔格洛科夫和我一起玩几个小时的特里塞特牌（trisset），起初她表现得非常谨慎。她很会钻营，她的聪明才智让人忘记了她身材上的缺陷，尤其是坐着的时候。她会根据谈话对象的性格调整自己的谈话方式，以最令人愉快的方式与他们交谈。每个人都把她看作一个有趣的孤儿，一个不太可能妨碍任何人的人。在大公眼里，她还有一个优点，并且还是一个不小的优点：她是一位异国女爵，更重要的是，她是一个德意志人，因此他总是用德语和她说话，这让她在他眼里增添了魅力。他开始非常关注她。当她独自用餐时，他让人递给她酒，将他桌上他最喜欢的菜肴给她，当他拿到一些新的掷弹兵帽或肩带时，他派人拿去给她看。库尔兰女爵当时可能只有二十四五岁，并不是养在莫斯科宫廷的唯一一个人。随后，女皇带走了副首相的两个侄女沃龙佐夫女伯爵（Countesses Voronzoff），她们是副首相的弟弟罗曼·沃龙佐夫伯爵[①]的女儿。大女儿玛丽大概14岁，女皇把她交给自己的女侍官们照顾。妹妹伊丽莎白只有11岁，交给了我。伊丽莎白是一个非常丑陋的孩子，有着橄榄色的皮肤，非常邋遢。狂欢节快结束时，女皇陛下回到城里。在四旬斋的第一周，我们开始准备履行我们的宗教职责。星期三晚上，我将去乔格洛科夫夫人的房子里沐浴，但星期二晚上，乔格洛科夫夫人来到我的房间，告诉和我在一起的大公，如果他也能沐浴，女皇陛下会很高兴。现在，大公不仅不喜欢洗澡及俄国的其他所有习俗和习惯，而且实际上极其厌恶这些习惯。因此，他不客气地宣布他不会去沐浴。她同样固执，毫不让步。她告诉他，这是不服从女皇陛下的行为。他坚持认为，不应该要求他做与他的本性抵触的事情；他认为他从未去过的浴场不适合他的体质，他不想死，生命是他最珍视的东西，女皇陛下决不能强迫他去沐浴。乔格洛科夫夫人回答说，女皇陛下知道如何惩罚他的不服从行为。他听了很生气，激动地喊道："我想看看她能做什么，我又不是孩子。"乔格洛科夫夫人威胁说，女皇会把他送到要塞。听到这话，他痛哭起来。他们继续用激情所能支配的最骇人听闻的语言回答对方，事实上，他们都表现得好像没有一点常识。最后，乔格洛科夫夫人离开了，她

---

① 即罗曼·伊利里奥诺维奇·沃龙佐夫（Roman Illarionovich Woronzoff, 1717—1783）。——译者注

说她会逐字逐句地向女皇陛下报告谈话的情况。我不知道她是怎么汇报的，但她马上带着一个完全不同的主题回来了，因为她来告诉我们，女皇陛下对我们没有孩子感到非常愤怒，她想知道我们当中谁有问题，因此她将派一位助产士来见我，并派一位医生来见大公。除此之外，她还加上了其他各种无耻的言辞，这些言辞毫无来由，最后她说女皇陛下因为大公说沐浴对他的健康有害，她已经取消我们本周的宗教职责。我必须指出，在这两次谈话中，我从未开口。首先，因为他们两个的谈话如此激烈，我找不到机会插上一句话；其次，我看到他们两个都完全失去理智。我不知道女皇对这件事有什么看法，但不知怎的，这两个话题没有下文了。

大约在四旬斋中期，女皇陛下前往戈斯蒂利察，前往拉祖莫夫斯基伯爵的住所参加他的宴会。我们与她的女侍官和我们的普通随从一起前往扎尔斯科-塞洛。天气非常好，甚至温暖起来，因此，3月17日，路上没有雪，而是有灰尘。在扎尔斯科-塞洛安顿下来后，大公和乔格洛科夫重新开始狩猎；我和女士们一有机会就步行或乘马车出去，晚上我们一起玩各种小游戏。在这里，大公表现出了对库尔兰女爵的明显偏爱，尤其是当他晚上喝酒的时候，这种偏爱每天都会发生。他总是站在她身边，除了她，他不和任何人说话。最后，当着我的面，当着每个人的面，这种偏爱以最耀眼的方式进行，以至我的虚荣心和自尊开始感到打击，因为我发现自己因为这样一个畸形的小个子女人而受到轻视。一天晚上，弗拉迪斯拉瓦夫人从桌子上站起来，对我说，看到这个驼背的小个子比我更受大公喜爱，每个人都感到恶心。"这没有办法，"我说，泪水开始涌上我的眼睛。我上床睡觉了，正准备入睡，大公也上床睡觉了。他喝醉了，不知道自己在做什么，他翻来覆去地描述他最喜爱的人的卓越品质。为了尽快制止他的唠叨，我假装睡得很熟。为了吵醒我，他说得更大声了，但发现我还在睡觉，他用拳头狠狠地打了我两三下；然后，看我睡得这么沉，他吼了几下，转过身去，也睡着了。那天晚上，我难过地哭了很久，因为他对库尔兰女爵的宠爱，因为他打了我，还因为我的处境在各方面都令人悲观厌倦。第二天早晨，大公似乎为自己昨晚的所作所为感到羞愧，没有提这件事，而我表现得好像什么也不知道。两天后，我们回到城里。四旬斋的最后一周，我们重新开始为宗教职责做准备。关于沐浴的事，大公没再说什么。

　　本周还发生了一件事，给他带来了一点麻烦。他在房间里的时候，几乎总是在捣鼓什么。一天下午，他正在操练，挥舞着为自己定做的一根巨大的车夫鞭子。他左右挥舞着鞭子，他的仆人从一个角落躲到另一个角落，生怕被打着。最后，不知怎的，他将鞭子重重地打在自己的脸颊上。伤痕一直延伸到脸的左侧，这一鞭子劲很大，他开始流血。他非常不安，担心到复活节都不能出门；他担心女皇会再次禁止他去领圣餐，因为他的脸上有血；他还担心女皇来了解事故的原因时，会因为他挥鞭子的娱乐活动指责他。他立刻跑去问我，在这种紧急情况下，他总是会跑来问我。看到他脸颊血淋淋地走进来，我惊呼："天哪！您怎么了？"他告诉了我原因。我想了想，说："好吧，也许我能帮您处理这件事。不过，您先回您的房间，如果可能的话，尽量不让任何人看到您的脸颊。我一得到我想要的东西就来找您，我相信我们会处理好的，不会有人知道。"他走了，我想起了几年前在类似困境中别人为我做的补救。我在彼得霍夫的花园里摔了一跤，把脸上的皮摔破，并流血了；我的外科医生给了我一些发油状的白铅，我用它覆盖伤口，然后像往常一样出去了，没有人发现我摔伤了。我马上派人去取了这种润肤油，收到后，我去见大公，把他的伤口掩盖得非常完美，他自己从镜子里一点都看不出来。星期四，我们与女皇一起在宫廷大教堂领了圣餐，然后返回我们的住处。乔格洛科夫有事走近大公，这时灯光照在大公的脸颊上，他看着大公说："擦一下你的脸颊，上面有一些浮油。"我立刻开玩笑似的对大公说："我是您的妻子，禁止您这样做。"大公转头对乔格洛科夫说："看看这些女人是怎么对待我们的，如果她们不喜欢，我们甚至不敢擦脸。"乔格洛科夫笑着说："好吧，女人确实任性！"事情就这样结束了，大公也很感激我给他涂了润肤油，使他免去了不愉快的后果，也感谢我的一时机智，使他摆脱了乔格洛科夫先生的怀疑。

由于复活节早晨我必须在天亮之前起床，所以我在圣星期六下午5点左右上床睡觉，打算一直睡到第二天该起床穿衣的时候。我刚上床睡觉，大公就急急忙忙跑了进来，叫我赶快起来吃些刚从荷尔斯泰因运来的新鲜牡蛎。这对他来说是一种双重享受：第一，因为他喜欢牡蛎，第二，因为牡蛎来自他的祖国荷尔斯泰因。他非常喜欢荷尔斯泰因，尽管他没有因此而更好地治理它，因为他无论是出自本意还是被迫，他对他的祖国做了可怕的事情，这将在后面提到。这时，我如果不起来，会失去他的信任，并且会有发生严重争吵的风险；因此，我起来穿好衣服，去了他的套间，尽管我因圣周的祈祷活动而非常疲惫。当我到达他的房间时，牡蛎已经摆在那里。吃了一打后，我被允许回到床上，而他继续吃。事实上，我没有吃太多让他更高兴了，这样他可以多吃，因为他太喜欢吃牡蛎了。午夜时分，我起床穿好衣服，准备参加复活节礼拜日的晨祷和弥撒；但我没有撑到仪式结束，因为我得了剧烈的胆酸症。我不记得我曾有过如此剧烈的疼痛。我回到自己的房间，除了加加林女爵，没有其他人陪我，我所有的其他随从都在教堂里。她帮我脱掉衣服上床，然后叫医生来。我吃了药，在节日的头两天一直卧床休息。

在此之前不久，维也纳宫廷大使伯尼斯伯爵（Count Bernis）、丹麦特使利纳尔伯爵和萨克森特使阿恩海姆将军（General Arnheim）抵达俄国。阿恩海姆将军带来了他的妻子，她来自霍因（Hoim）家族。伯尼斯伯爵是皮埃蒙特人（Piedmont），他聪明过人，和蔼可亲，个性欢快，受过良好的教育。尽管他已经五十多岁了，但年轻人还是喜欢与他交往，胜过与同龄人交往，这是他的性格使然。他受到普遍的爱戴和尊敬，我无数次说，如果他或像他这样的人被安排在大公身边，将会有最好的结果，因为大公和我都非常尊敬和喜欢他。事实上，大公自己也说，有这样一个人在身边，一个人会为做错事或做蠢事而感到羞耻。这是一句我永远不会忘记的极佳评价。马耳他骑士汉密尔顿伯爵（Count Hamilton）以随员身份跟在伯尼斯伯爵身边。有一天，因为伯尼斯伯爵当时身体不舒服，我向汉密尔顿伯爵询问大使伯尼斯伯爵的健康状况。然后，我对汉密尔顿伯爵说，巴蒂亚尼伯爵（Count Bathyani）在维也纳的评价一定最高，因为玛丽亚·特蕾莎刚刚任命巴蒂亚尼伯爵为自己的两个儿子约瑟夫大公（Archduke Joseph）和查理大公（Archduke Charles）的导师；她选择巴蒂亚尼伯爵担任这个职位，而不是伯尼斯伯爵。1780年，当我第一次与皇帝约瑟夫二世（Emperor Joseph II）在莫希列夫（Mohilev）会面时，皇帝陛下告诉我，他知道我说过这句话。我回答说，他一定是从汉密尔顿伯爵那里得知的，因为汉密尔顿伯爵从俄国回来后被安排在他身边。然后他说，我对巴蒂亚尼伯爵的猜测是正确的，因为他没听说过伯尼斯伯爵留下比他的导师更适合这个职位的名声。

　　丹麦国王的特使利纳尔伯爵被派往俄国的目的是处理大公的荷尔斯泰因与奥尔登堡（Oldenburg）的交换事宜。据说，他是一个消息灵通、能力出色的人。他的外表是一个非常完美的花花公子形象。他身材高大、匀称，头发金黄中略带红色，肤色像女

人一样娇嫩。据说，他非常爱惜自己的皮肤，每次睡觉前都会用
润肤油抹脸和手，晚上还戴着手套和口罩。他吹嘘自己有18个
孩子，并声称他总是给这些孩子的保姆创造能持续工作的条件。
这位白皮肤伯爵戴着丹麦白色勋章，穿着浅色的衣服，如天蓝
色、杏黄色、丁香色、肉色等，尽管在那个时候，男人很少穿这
种浅色调的衣服。首相别斯图热夫·留明伯爵和他的妻子对他盛
情款待。他们把他当作家庭成员在自己家里隆重接待了他。然
而，这并不能使他免受众人嘲笑。还有一点对他不利，人们并没
有忘记，他的兄弟受到安妮公主的热烈欢迎，而她的摄政权遭到
了众人反对。利纳尔伯爵刚到就宣布了自己的任务与目标，即就
荷尔斯泰因公国与奥尔登堡领土交换的谈判。首相将大公的荷尔
斯泰因公国大臣佩克林（Pechlin）先生召来，并向他介绍了利
纳尔伯爵的使命。佩克林先生向大公做了汇报。大公对他的祖国
荷尔斯泰因情有独钟。从我们在莫斯科逗留起，女皇陛下就收到
报告说荷尔斯泰因已无力偿债。大公向女皇要钱替荷尔斯泰因偿
债，她给了他一点，但这笔钱一直没有送到荷尔斯泰因，大公反
而用这笔钱来支付自己在俄国的花销。佩克林先生向大公汇报了
荷尔斯泰因的事务，就金钱问题而言，荷尔斯泰因已陷入绝境。
佩克林先生很容易就汇报清楚了，因为大公依靠他来管理荷尔斯
泰因的事务，自己很少或根本不花心思管理。因此，有一次，佩
克林先生非常不耐烦地用缓慢而有节制的语气对他说："殿下，
这取决于一个君主是否关注他自己国家的政府。如果他不关注，

国家就会自行治理，但自治会很糟糕。"佩克林先生是一个非常矮胖的人，戴着一顶巨大的假发，但他并不缺乏知识和能力。这个又矮又胖的身体蕴含着一种微妙而精明的精神。然而，有人指控他做事不择手段。首相非常信任他，事实上，他是首相最信任的人之一。佩克林先生向大公表示，倾听对方的计划不是谈判，谈判与接受完全是两回事，大公有权在他认为合适的时候中断谈判。最后，他们一步一步地让大公同意佩克林先生应该听取丹麦大臣的建议，于是谈判开始了。大公很难过，和我谈了这个问题。我在荷尔斯泰因家族对丹麦的古老仇恨氛围中长大，并经常听人谈论这种仇恨。我断言别斯图热夫·留明伯爵的计划肯定不利于大公和我自己的利益。当然，我听到这个计划也感到不耐烦和焦虑。我明确对大公表示我反对这个计划。然而，除了大公自己，没有人向我提到这个计划，他被建议保守秘密，尤其是在妇女面前。我相信这种谨慎主要针对我，但他们的期望落空了，因为大公总是急于告诉我一切。谈判进展得越快，他们就越努力以令他满意的方式向他提出这一计划。我常常发现他对自己将要得到的东西感到高兴，但随后又对自己将要失去的东西感到十分难过。当他们看到他犹豫不决时，他们放慢了谈判速度；当他们发明了新的诱饵，使他以赞成的眼光看待这个计划时，谈判又重新开始了。

春天伊始，我们搬到了夏园（Summer Garden），住在彼得大帝建造的小房子里，房子的套间与花园同一层。当时，这里还没有修建岩石码头和丰坦卡大桥。在这座房子里，我经历了伊丽莎白女皇统治期间最痛苦的烦恼之一。一天早上，我被告知，女皇已免除了我的贴身男仆蒂莫西·叶夫雷诺夫对我的服侍。这次解雇的借口是，叶夫雷诺夫在衣帽间里和一个给我们端咖啡的人吵了一架。大公见证了他们的部分争吵。当时，他们争吵时，大公走进房间，听到他们在相互辱骂。叶夫雷诺夫的争吵对象向乔格洛科夫抱怨，说叶夫雷诺夫不顾大公在场，对他使用了最恶毒的语言。乔格洛科夫先生立即向女皇报告，女皇下令将他们两人赶出宫廷，叶夫雷诺夫被送往喀山，随后被任命为警察局长。事实是，这两个人都非常喜欢我们，特别是叶夫雷诺夫，这只是切断我和他的联系的借口。他掌管着我的所有东西。女皇命令一个叫斯库林（Skourine）的人接替他的位置，斯库林原先是他的助手。当时，我对斯库林并不信任。

在彼得大帝的房子里住了一段时间后，我们奉命去夏宫。夏宫是用木头建造的。这里已经为我们准备好了新的套间，套间的一边面向丰坦卡河，再往前是一片泥泞的沼泽，另一边面向一个凄凉狭窄的院子。在白色星期天[①]，女皇给我发了一封信，让我邀请萨克森特使的妻子阿恩海姆夫人（Madame Arnheim）过来陪我。她是一个身形高大的女人，身材很好，二十五六岁，很瘦，一点也不漂亮，因为她身上有许多天花留下的深深的印子。

---

① 白色星期天是复活节后的第七个星期天，是为庆祝五旬节而使用的名字，以纪念圣灵降临。——译者注

可是，由于她穿着得体，从远处看，她有一副漂亮的容貌，乍一看相当漂亮。她大约在下午5点到达，从头到脚穿得像个男人，她的外套是红色的，镶有金色花边，背心是绿色的大塔（gros de Tours）①，也有金色花边的装饰。她似乎不知道该如何放置她的帽子或手，在我们看来，她看起来手足无措。因为我知道女皇不喜欢我像男人一样骑马，所以我让人做了一个英式女士马鞍，并按英式骑马服的样式，用蓝银色的布料做了骑马服，上面镶嵌着像钻石一样漂亮的水晶纽扣，我的黑帽子也镶了一圈钻石。我下楼去骑马。这时，女皇来到我们的套间，看着我们出发。由于我当时非常敏捷，并且习惯了骑马，我一到马身边就跳上了马鞍，我的衬裙敞开着，从两边洒落下来。女皇看到我以如此迅速、敏捷的姿态上了马，大声惊呼，说不可能有人做得更好了。她问我用的是什么样的马鞍，得知这是一个侧骑的马鞍后，她说："有人可能会发誓这是一个男式马鞍。"当轮到阿恩海姆夫人时，她的上马技术在女皇陛下的眼中并不是那么引人注目。她从家里带来了自己的马。这是一匹又大又重、又黑又丑的马，我们的侍臣们声称这匹马一定是她的马车的牵引马之一。她上马必须借助台阶，其过程有些繁琐，还需要几个人的帮助。登上马后，她的马突然小跑起来，这位女士大吃一惊，因为她还没坐稳，脚也没有放进马镫，所以她不得不抓住马鞍。看到她骑

---

① 一种罗纹丝绸织物，由两层或三层经线交织而成。——译者注

上马，我带头在前面骑，让其他人跟着。我追上了前面的大公，阿恩海姆夫人落在了后面。有人告诉我，女皇笑得很开心，对阿恩海姆夫人的骑马方式一点也不满意。阿恩海姆夫人先是丢了帽子，然后是马镫，接着，我猜可能是在离宫廷不远的地方，她被乘坐马车的乔格洛科夫夫人扶了起来。最后，她被带到了凯瑟琳霍夫（Catherinhoff），但这场冒险尚未结束。由于白天下雨一直下到下午3点，通往凯瑟琳霍夫家的台阶上布满了水坑。下马后，我在大厅里待了一段时间，那里聚集了许多人。然后，我希望能去我的侍女们所在的房间。我想我自己能走这些没有扶手的台阶，阿恩海姆夫人只好跟着我，我走得很快，她不得不小跑跟上。她就这样踩进了这些水坑，失足滑了一跤，直接倒在了地上，聚集在台阶周围观看的人笑了起来。她站起来，有点不知所措，归咎于她那天下午穿的新靴子。回程我们乘坐马车，途中，阿恩海姆夫人向我们详细介绍了她的骏马的优良品质，我们不得不咬着嘴唇，以免爆发出笑声。一句话，好几天来，她成为整个宫廷和城里的一个欢乐的话题。我的侍女们断言，她模仿我的尝试失败了，完全没有我身手敏捷。乔格洛科夫夫人绝不是爱笑的人，但每当提到这个话题时，她总是笑得眼泪汪汪，此后很长一段时间都是这样。

从夏宫出发，我们去了彼得霍夫，这一年，我们住在蒙普莱瑟。我们经常在乔格洛科夫夫人的住所度过下午的一部分时间，因为那里总是有人陪伴，我们过得相当开心。从彼得霍夫出发，我们去了奥拉宁鲍姆。只要天气允许,我们就在那里打猎,有时一天13个小时都骑在马上。然而,这个夏天相当潮湿。我记得有一天,当我下马后湿淋淋地回家时,我遇到了我的裁缝,他对我说:"看到您这个样子,我一点也不奇怪为什么我很难给您穿上骑马服,并且为什么我需要不断地给您做新的骑马服了。"我的骑马服就是一件丝质小背心。雨使背心裂开,太阳使背心褪色,所以我不得不经常换新的骑马服。正是在这段时间里,我为自己设计了马鞍,我可以随心所欲地坐在上面。马鞍有一个英式曲柄,但腿可以跨过去,我可以像男人一样骑马。此外,曲柄是可以分开的,马镫可以随意放下或抬起。如果有人问我是如何骑马的,他们会说:"坐在女士的马鞍上。"这是遵照女皇的意愿。我从来不会把腿跨过去,除非我确信不会有人出卖我。由于我没有夸耀自己的发明,并且我的随从们都急于取悦我,所以没有造成任何不便。大公对我如何上马毫不在意,而侍从官们则认为我跨在马背上的风险要比坐在英式马鞍上的风险小,尤其是我在一直追逐的时候。他们讨厌英式马鞍,因为他们总是担心会发生意外,这样的话他们就要承担责任。对我自己来说,我不太喜欢追逐,但我非常喜欢骑马,运动越激烈,我就越喜欢,所以如果一匹马碰巧跑了,我一定会追上它,把它带回来。在那个时期,我的口袋里总是有一本书,如果我有时间独处,我会把时间花在阅读上。

　　我注意到,在这些狩猎活动中,乔格洛科夫先生变得非常温和，尤其是对我。这使我担心他想要追求我，而他的追求在任何方面都不可能适合我。首先，我一点也不喜欢他。他皮肤白皙，有纨绔习气，身体非常结实，脑袋和身体一样笨重。大家都恨他，他一点也不讨人喜欢。他妻子的嫉妒和他自己的恶毒同样令人担忧，尤其是对像我这样的人来说。除了我自身和我的优点（如果有的话）之外，我在世上没有什么可以依靠的了。因此，我想，我很巧妙地避开了乔格洛科夫先生的所有关注，并且没有给他任何借口来指责我缺乏礼貌。这一切都被他的妻子看穿了，为此她非常感激我，随后也深深地爱上了我，部分原因将在后面看到。

我们的宫廷里有两位叫萨尔蒂科夫（Soltikoff）的侍从，他们是副将瓦西里·特奥多罗维奇·萨尔蒂科夫（Vasili Teodorovitch Soltikoff）及其妻子玛丽·阿列克谢耶芙娜（Mary Alexceëvna）的儿子。玛丽·阿列克谢耶芙娜是加利津家族的女爵，由于在女皇登上皇位的过程中为女皇提供了信息，在非常时刻证明了罕见的忠诚和依恋，女皇非常尊敬她。这两个儿子中小的叫谢尔久斯，曾与女皇的一位贵妇马特廖娜·巴甫洛夫娜·巴尔克（Matrena Pavlovna Balk）结婚过一段时间。大的叫彼得，是个十足的傻瓜。他有着我见过的最愚蠢的相貌，眼睛圆瞪，鼻子扁平，嘴半张着。此外，他是一个臭名昭著的故事传播者，因此在乔格洛科夫家很受欢迎，弗拉迪斯拉瓦夫人由于与这个蠢货的母亲熟识，向乔格洛科夫建议让他娶库尔兰女爵。因此，他开始追求库尔兰女爵，向她求婚并得到了她的同意，而他的父母则请求女皇的同意。直到一切都解决了，也就是说，直到我们回到城里，大公才知道这一切。他非常生气，对库尔兰女爵也非常生气。我不知道她给了他什么借口，可是，尽管他不同意她的婚姻，她还是在很长一段时间保持着他的一部分感情，并在一定程度上影响了他。至于我，这段婚姻让我非常高兴，我为婚礼绣了一件漂亮的礼服。这些宫廷婚礼需要女皇的同意，并且往往要直到几年后才举行，因为女皇陛下自己确定了日期后，常常过了很长一段时间后忘记了日期，而别人提起来时，就会不时地往后推。这个婚礼就属于这种情况。我们在秋天回到城里，我很满意地见到库尔兰女爵和萨尔蒂科夫先生感谢女皇陛下对他们的结合表示同意。毕竟，萨尔蒂科夫家族是帝国最古老、最高贵的家族之一。这个家族甚至通过安娜女皇的母亲与皇室有关系，安娜女皇也来自萨尔蒂科夫家族，但与萨尔蒂科夫先生属不同的分支；而被安娜女皇封为库尔兰公爵的比伦先生是库尔兰的一个农民的儿子，当时这个农民耕种着一位绅士的庄园的土地。这个农民姓比伦，但他的儿子在俄国享有的恩宠促使法兰西的比伦家族在枢机主教弗勒里（Cardinal Fleury）[1]的劝说下承认了他来自自己的家族。当时，弗勒里急于赢得俄国宫廷的支持，因此支持库尔兰公爵比伦的主张和虚荣心。

---

[1]　即安德烈-赫丘勒·德·弗勒里（André-Hercule de Fleury, 1653—1743），法国枢机主教，曾担任路易十五的首席大臣。——译者注

我们一进城就发现，城里除了有每周两天的法兰西戏剧之外，还有每周两次的化装舞会。大公在自己的套间里又增加了每周一次的音乐会，星期天通常有一次朝会。其中一场化装舞会是专为朝会而设的，也是为女皇认为应该接纳进来的那些人而设的；另一场化装舞会是给所有碰巧在城里有头衔的人而设的，从上校到卫兵军官都可以来。有时，所有贵族和最有影响力的商人也被接纳进来。朝会舞会一般有160人至200人，所谓的公众舞会则多达800人。

1744年，当我们在莫斯科时，女皇把朝会化装舞会安排得别出心裁，她让所有男人打扮得像女人一样，所有女人打扮得像男人一样，都不戴面具。这就是一场转换性别的朝会。男人们穿着巨大的鲸骨衬裙，配上女人的长袍，戴上宫廷头饰，而女人们则穿着男人的宫廷服装。男人们不喜欢这种性别的颠倒，他们中的大部分人在这种情况下心情非常糟糕，因为他们觉得自己在这种装扮下很丑。女人们则看起来像矮胖的小男孩，而其中年龄较大的有着粗短的腿，男装遮盖不住。唯一一个看起来好而且完全像个男人的女人是女皇本人。由于她个子很高，神情威严，所以男装非常适合她。她有一双我见过的最漂亮的腿，她的脚匀称得令人钦佩。她的舞跳得十分完美，她做的每件事都有一种特殊的优雅，无论她打扮成男人还是女人。人们总是不由自主地看着她，稍微转过身就会后悔，因为没有人可以取代她。在其中一场舞会上，我一边看她，一边跳小步舞。她跳完舞后，向我走来。我大着胆子说，对于女性来说，她不是一个男人是非常幸运的，如果给此刻的她画一幅肖像，这幅画本身就足以让许多人头脑发热。她听了我的恭维非常高兴，并以同样的方式优雅地回答我说："如果她是个男人，她会把苹果给我。"我弯腰吻了吻她的手，感谢这意想不到的恭维。她拥抱了我，每个人都好奇地想知道我们之间发生了什么。我毫不隐瞒地告诉了乔格洛科夫先生，他又低声转告了两三个人，于是这句话就一个接一个地传开了，大约一刻钟后，大家都知道了。

宫廷人员在莫斯科的最后一次逗留期间，议员兼军校学员团的校长优素福亲王（Prince Youssoupoff）担任圣彼得堡市的总指挥官，在宫廷人员离开圣彼得堡期间，他一直留在那里。为了娱乐他和他身边的大人物，他让自己的学员们轮流上演最好的悲剧，比如苏马洛科夫①当时创作的俄国戏剧，以及伏尔泰的法兰西戏剧。伏尔泰的戏剧都演滥了。从莫斯科回来后，女皇下令让这些年轻人在宫廷上演苏马洛科夫的戏剧。她很高兴看到这些表演，很快就可以注意到，她对这些表演似乎比预期的更感兴趣。剧院原先设在宫殿的一个大厅里，现在被转移到她自己的私人套间里。她喜欢给演员们化装，为他们做华丽的衣服，并给他们戴上珠宝。特别值得注意的是，剧院的主角是一个相当英俊的十八九岁的年轻人，当然他的穿着也最华丽。在剧院外，人们还

① 即亚历山大·彼得罗维奇·苏马洛科夫（Alexander Petrovich Sumarokov, 1717—1777）。——译者注

看到他戴着钻石扣、戒指、手表，穿着非常昂贵的蕾丝和亚麻衣服。最后，他离开了军校学员团，女皇的宠臣、猎犬主管拉祖莫夫斯基伯爵立即将他选为自己的副官，并授予他上尉军衔。侍臣们立刻以惯常的方式作出了自己的推理，指出拉祖莫夫斯基伯爵升贝克托夫（Beketoff）为副官的动机是为了抵消内宫侍臣肖瓦洛夫先生得到的恩宠，因为肖瓦洛夫先生与拉祖莫夫斯基家族关系不好。最后，根据同样的推理，他们得出结论，这个年轻人正深受女皇的青睐。据进一步了解，拉祖莫夫斯基伯爵为他的新副官安排了一位信差，名叫约翰·佩尔菲利耶维奇·叶拉金（John Perfilievitch Yelagine）。这位信差娶了女皇的前女侍官，正是这位女侍官为这个新副官提供了刚才提到的亚麻衣服和蕾丝。并且由于她并不富有，人们可以很容易猜到这笔开支不是来自她自己的腰包。没有人比我的女侍官加加林女爵更关注这个越来越受欢迎的年轻人了，她已不再年轻，急于找一个合适的伴侣。她有自己的财产，但长得并不漂亮；然而，她既聪明又有心计。这是她第二次选择一个后来得到女皇青睐的人。第一个是肖瓦洛夫先生，第二个就是现在说的这个贝克托夫。有许多年轻漂亮的女性与加加林女爵有联系，此外，她来自一个大家族。她们都认为肖瓦洛夫先生是导致女皇陛下不断斥责加加林女爵穿着的秘密原因，女皇禁止她和其他年轻女士穿一种或另一种衣服。为了报复这一切，加加林女爵和宫廷里所有最漂亮的女人都说了许多对肖瓦洛夫先生不利的话，她们现在都恨他，尽管以前他一直是最受欢迎的人。他通过自己最亲密的朋友向她们表示关心，对她们说些好听的话，试图安抚她们，但这被视为一种额外的冒犯，他遭到了所有人的排斥和冷遇。所有这些女士都像躲瘟疫一样躲避他。

与此同时，大公给了我一只小英格兰巴贝犬，这是我向他讨要的。我手下有一个人负责加热炉子，名叫伊凡·乌查科夫（Ivan Ouchakoff），我的随从用他的名字给我的小猎犬取名，叫它伊凡·伊万诺维奇。这只巴贝犬是一个非常滑稽的小动物，它像人一样用后腿走路，显得非常顽皮，所以我们每天都给它穿上不同的衣服，它穿的衣服越多，就越顽皮。它和我们一起坐在桌旁，身上裹着餐巾，很有礼貌地用盘子吃饭。然后它转过头，向站在他身后的人吠叫要水喝。有时，它会站在桌子上拿一些适合自己的东西，比如一个小馅饼、一块饼干或诸如此类的东西，这让周围的人都笑了起来。它个子小，只能这么吃东西，但它没有给任何人带来不便，因为它没有滥用给它的自由，并且也非常干净。这只巴贝犬使我们整个冬天都很快乐。第二年夏天，我们带它去了奥拉宁鲍姆，侍从萨尔蒂科夫和他的妻子也一起去了，她和我们小宫廷的其他女士除了为它缝制衣服和逗它玩之外，什么也不做。我们为它做各种衣服和头饰，并为它的穿着相互争论。最后，萨尔蒂科夫夫人非常喜欢这只狗，狗也非常喜欢她，以至当她离开时，它不愿离开她，而她也不愿意离开小狗。她恳求我让它和她一起回去，我把它当作礼物送给了她。她把它搂在怀里，把它径直带到她婆婆的座位上。当时，她婆婆病了，看到她带着狗来，注意到她让它玩的滑稽动作，就问起它的名字，得知这只狗叫伊凡·伊万诺维奇时，她不禁当着许多从彼得霍夫来看她的宫廷成员的面表示惊讶。三四天后，全城都流传着一个奇妙的故事，大意是所有对肖瓦洛夫先生怀有敌意的年轻女士都有一只白色的巴贝犬，她们嘲笑女皇的宠臣，给她们的巴贝犬起名叫伊凡·伊万诺维奇，这些巴贝犬穿着浅色的衣服，就像肖瓦洛夫喜欢穿的那样。事情发展到如此地步，以至女皇向年轻女士的父母表示，认为他们允许这样的事情发生是不礼貌的。这只白色的巴贝犬立刻改了名，但它仍然像以前一样受到爱抚，并一直留在萨尔蒂科夫家族，直到它死去。它的主人们都很珍视它，尽管他们为此受到了帝国的谴责。事实上，整个故事都是诽谤。这只狗是唯一一只这样命名的狗，并且在取名的时候并没有联想到肖瓦洛夫先生。至于不喜欢肖瓦洛夫家族的乔格洛科夫夫人，她假装没有注意到狗的名字，尽管她经常听到它的名字。她自己给了这只狗很多小馅饼，同时看着它嬉戏，大笑起来。

在这年冬天的最后几个月里，在无数的舞会和宫廷化装舞会上，我们的两位前内宫侍臣亚历山大·维莱比斯和扎查尔·切尔尼切夫再次出现，他们被任命为陆军上校。由于他们对我很忠诚，我很高兴见到和接待他们；而就他们而言，他们没有错过任何机会向我证明他们深情的忠诚。那时我非常喜欢跳舞。在公共舞会上，我通常会换三次衣服；我的服装很受好评，如果我穿的化装服碰巧得到了普遍的认可，我肯定再也不会穿它了，因为这是我的一条规则，一旦这套化装服产生了巨大效果，第二次必然不会产生这样的效果了。在没有公众参加的宫廷舞会上，我尽可能穿着简朴，对此女皇很高兴，她不喜欢在这些场合过于奢华。然而，当女士们被命令穿着男装出现时，我穿得很华丽，衣服的每一个缝都绣得很精致，或者绣上高雅的图案，这一点没有受到批评，甚至还让女皇很高兴，我不太清楚其原因是什么。必须承认的是，在那个时期，在这个宫廷里，卖弄风情被推到了极致。这是一场在华丽和优雅的服饰上不断争取卓越的竞争。我记得，在一次假面舞会上，每个人都在准备新的、最华丽的衣服。在这方面，我不想让别人黯然失色，于是我想到了相反的方向。我穿上了一件白色的大塔紧身胸衣（当时我的身材很好），在一个很小的内衣圈上套了一条同样材质的衬裙。当时，我的头发又长又粗，很漂亮，我的头发梳在脑后，用一条白丝带系在一起，扎成马尾。一朵带叶子的玫瑰花苞是我头上唯一的装饰，另一朵玫瑰花插在我的胸衣里，这些花是如此完美地模仿自然，几乎让人无法将它们与现实区别开来。我的脖子上围着一条非常白的纱罗飞边，袖口和围裙都是同样的材质，这使我的服装更加完美。我穿上这样的衣服去参加舞会，一进去，我就清楚地看到所有眼睛都盯着我。我没有停下，穿过走廊，进入走廊对面的套间。在这里，我遇到了女皇，她立刻喊道："天哪，多么简朴！什么，连一块饰颜痣都没有！"我笑了，说我不想增加我装饰的重量。她从口袋里拿出一盒饰颜痣，选择了一块中等大小的，贴在我脸上。离开她后，我急忙去了画廊，在那里我向我更亲密的朋友展示我的饰颜痣，我也展示给女皇宠信的人看。这天，我情绪高涨，比平时跳了更久的舞。在我的一生中，我从来没有像这次一样受到过如此高度的赞扬。据说，我像白天的太阳一样耀眼，光彩夺目。事实上，我从未认为自己如此美丽，但我很讨人喜欢。我认为，我的优势正是这一点。回来后，我对我以简克繁的计划非常满意，因为其他所有人的服装都是罕见的华丽。

　　1750年就在这样的娱乐活动中结束了。阿恩海姆夫人的舞技比她的骑马技术好。我记得有一次，我们比试谁会第一个累倒，结果是她先跳累了。她不得不坐下来，承认她再也撑不住了，而我还在继续跳。

瑞典王储阿道夫·弗雷德里克

安托万·佩内（Antoine Pesne, 1683—1757）绘

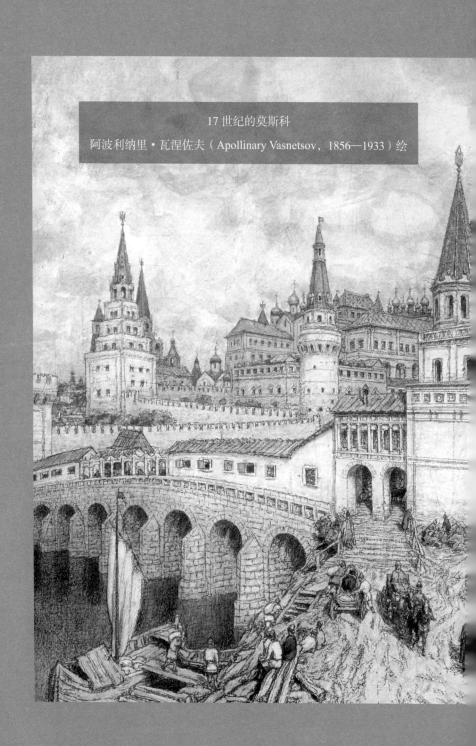

17 世纪的莫斯科

阿波利纳里·瓦涅佐夫（Apollinary Vasnetsov，1856—1933）绘

叶卡捷琳娜一世

让-马克·纳捷（Jean-Marc Nattier，1685—1766）绘

彼得二世

绘者信息不详

安娜女皇与宫廷小丑

瓦列里·雅各比（Valery Jacobi，1843—1902）绘

彼得大公之母安娜·彼得罗芙娜

路易·卡拉瓦克绘

彼得大公之父卡尔·弗雷德里克

绘者信息不详

叶卡捷琳娜之母乔安娜

安托万·佩内绘

叶卡捷琳娜之父克里斯蒂安·奥古斯都

安托万·佩内绘

1745 年抵达俄国不久的叶卡捷琳娜二世
路易·卡拉瓦克绘

1745 年与彼得大公结婚前后的叶卡捷琳娜二世

格奥尔格·克里斯托弗·格罗斯（Georg Christoph Grooth，1716—1749）绘

伊丽莎白女皇正在骑马，旁边是她的侍从

格奥尔格·克里斯托弗·格罗斯绘

彼得大公、叶卡捷琳娜二世与他们的儿子保罗

安娜·露西娜·德·戈斯克（Anna Rosina de Gasc，1713—1783）绘

1753 年的圣彼得堡

绘者信息不详

帕宁伯爵

费奥多尔·罗科托夫（Fyodor Rokotov，1736—1808）绘

格里戈里·奥尔洛夫

费奥多尔·罗科托夫（Fyodor Rokotov，1736—1808）绘

格罗斯–杰格斯多夫战役

亚历山大·德·科策布（Alexander von Kotzebue，1815—1889）绘

佐尔多夫战役

沃依切赫·科萨克（Wojciech Kossak，1856—1942）绘

波尼亚托夫斯基。老约翰·巴普提斯特·冯·兰丕
（Johann Baptist von Lampi the Elder，1751—1830）绘

PART II

第二部分

从 1751 年到 1758 年底

FROM 1751 TO THE END OF 1758

1751年初，大公和我一样对维也纳宫廷大使伯尼斯伯爵非常尊敬和爱戴，决定就他在荷尔斯泰因的事务、荷尔斯泰因背负的债务及丹麦启动的谈判请教伯尼斯伯爵。此前，大公已同意倾听丹麦的领土交换计划。他希望我也向伯爵提及这个问题。我说我一定会的，因为这是他的愿望。因此，在下一次化装舞会上，当栏杆内的人正在跳舞时，我走近站在栏杆附近的伯尼斯伯爵。我告诉他，大公已命我就荷尔斯泰因的事务与他交谈。伯爵饶有兴趣、全神贯注地听我说话。我坦率地告诉他，我年轻，没有顾问，对事务可能没有正确的理解，也没有积累有益的经验，所以我的想法是我个人的。我得知的信息可能非常不全面，但在我看来，首先，荷尔斯泰因的事情并不像一些人试图描绘的那样绝望；此外，关于领土交换本身，我完全可以理解，这对俄国可能比对大公本人更有利。毫无疑问，作为皇位继承人的大公应该珍视帝国的利益；如果为了这些利益，有必要放弃荷尔斯泰因，以结束与丹麦的无休止的讨论，那么在放弃荷尔斯泰因之前，唯一的问题就是选择一个让步的有利时机。在我看来，无论是从大公的利益，还是个人信誉来看，目前的情况似乎不是一个有利时机。当然，也许有一天，情况会使这个交换对大公更重要、更可信，也许对俄罗斯帝国本身也更有利。可是，目前整个事件有一种明显的阴谋诡计的意味，如果阴谋成功了，大公就会给人留下软弱的印象，并因此终生遭到公众的指指点点。可以说，大公开始管理荷尔斯泰因的时间并不长，他非常喜欢荷尔斯泰因，然而，尽管如此，他还是被说服，在不知道原因的情况下，用荷尔斯泰因交换奥尔登堡的领土，而他完全不熟悉奥尔登堡，并且奥尔登堡离俄国更远；此外，基尔港如果掌握在大公手中，可能对俄国的航行非常重要。伯尼斯伯爵考虑了我的所有理由，最后说："作为大使，我没有收到关于此事的指示，但作为伯尼斯伯爵，我认为您是对的。"大公后来告诉我，大使对他说："在这件事上，我只能对您说，我认为您的妻子是对的，您最好听她的。"因此，大公对这个问题的态度冷淡了许多，这一点很可能被注意到了，因为他们跟他提起这个问题的次数也少了许多。

复活节后，我们像往常一样，去彼得霍夫的夏宫住了一段时间。我们在那里逗留的时间一年比一年缩短了。这年发生了一件事，为侍臣们提供了闲聊的谈资，这是由肖瓦洛夫先生的阴谋引起的。我在上文提到的贝克托夫上校，在他受女皇恩宠的期间不知该做什么。他受到的恩宠与日俱增，人们每天都在等待，看两个人中谁会让位给另一个人，也就是说，是贝克托夫让位给约翰·肖瓦洛夫，还是约翰·肖瓦洛夫让位给贝克托夫。正如前面我所说的，因为贝克托夫不知道该如何自娱自乐，他想到了让女皇合唱团的歌唱男孩在他自己的住所表演。他对其中的一些人特别关注，因为他们的声音很美；由于他和他的朋友叶拉金都是诗人，他们创作了孩子们唱的歌曲。对他们的行为，有人给出了一个令人厌恶的解释，因为众所周知，女皇最憎恶的莫过于这种性质的恶行。贝克托夫怀着纯真的目的，经常和这些孩子一起在花园里散步，这被认为是一种罪行。女皇去了扎尔斯科-塞洛几天，然后回到彼得霍夫。贝克托夫先生被命令留在彼得霍夫，理由是他身体不适。事实上，他确实和叶拉金待在彼得霍夫，其间发了一场严重的高烧，差点丢了命。在他精神错乱时，他的胡言乱语中只提到女皇，他完全被她吸引住了。他康复了，但大失脸面，离开了宫廷，之后被安置在军队。他在军队中一无所成，他太娘娘腔了，不适合军队。

与此同时，我们前往奥拉宁鲍姆，在那里，我们每天都去打猎。9月，秋天到来之前，我们回到了城市。女皇让莱昂·纳里奇金（Leon Narichkine）先生在我们的小宫廷里担任内宫侍臣。他立即带着母亲、哥哥、哥哥的妻子和三个姐妹从莫斯科赶来。他是我所认识的最奇特的人之一，从来没有人像他那样让我发笑。他有小丑的天赋，如果不是出身高贵，他本来可以靠非凡的幽默才能维持生计，并且他还很英俊。他理解能力强，听到了什么事，事情都按照他自己的方式在他的脑海中安排好了。他可以就他选择的任何艺术或科学话题发表长篇大论。他会使用该学科的所有专业术语与你交谈一刻钟或更长时间不停歇；最后，无论是他自己还是其他任何人，都无法理解随口而出的长篇大论，当然，整个过程将以一阵大笑结束。例如，他在谈到历史时说，他不喜欢有历史事件的历史（history in which there were histories）^①，要使一部历史书成为一部好的历史书，它必须没有历史事件，否则，历史就变成了一场胡言乱语。

但他在政治话题上无人能及。当他开始谈论政治时，无论多么严肃的人都无法抵抗他的魅力。他经常说，写得好的剧本大部分都很乏味。

他刚在宫廷任职，女皇就命令他的大姐嫁给塞尼亚万（Seniavine）先生，为此，塞尼亚万被安排在我们的宫廷里担任内宫侍臣。对这位年轻女士来说，这是一个晴天霹雳，她极为反感地同意了这桩婚事。公众对这桩婚事也非常不满，把这个安排归咎于女皇的宠臣肖瓦洛夫先生。肖瓦洛夫先生在受宠之前，对这位年轻女士非常偏爱。为此，他们为她安排了这桩婚事，以便他再也见不到她。这是一种非常残酷的迫害。最后，她结婚了，日渐消瘦，后来死了。

9月底，我们回到了冬宫。这时，宫廷的家具非常匮乏，我们在冬宫的镜子、床、椅子、桌子和橱柜也被送到了夏宫，又从夏宫跟到了彼得霍夫，甚至跟我们到了莫斯科。在各段旅程中，有相当一部分家具被磕破或摔裂，我们就用着这些破损的家具。因此，这些家具很不好用，而要获得新家具则需获得女皇的明确命令。她的个性如果不是无法接近的话，几乎总是很难接近，因此我决定用我自己的钱，一件件地购买橱柜和其他必要的家具，并

---

① "创造历史事件的历史"是一个常见的俄语短语，意思是"用丑闻和夸张来渲染它"。——英译者注

为冬宫和夏宫的住处购置家具。因此，当我从一所房子搬到另一所房子时，我能用到我想要的一切家具，没有造成使用的不便，也免去了搬动的不便。大公对这种安排很满意，他在自己的套间里也做了类似的安排。至于属于大公的奥拉宁鲍姆住所，我们在我的私人套间里拥有所需的一切，费用由我承担。我自己花钱购买所有家具，以避免所有争议和麻烦，因为殿下虽然在他自己身上非常奢侈，但在任何与我有关的事情上完全不是这样。总的来说，他一点也不慷慨。但因为我是在自己的套间里用自己的钱包装饰他的房子，他对此很满意。

　　这年夏天，乔格洛科夫夫人对我怀有一种特殊而真实的感情，当我们回到首都时，她离不开我，当我不在她身边的时候，她感到非常不安。这种感情的起因是我没有回应她丈夫对我的追求，这在她这个妻子眼里被视为我的一个特殊优点。当我们回到冬宫时，乔格洛科夫夫人几乎每天晚上都邀请我去她的房间。那里的人不多，但总是比我房间里的人多。我独自坐在那里看书，只有大公进来时我才放下书。他在房间快速地踱来踱去，谈论一些他感兴趣但在我眼中毫无价值的事情。这种踱步会持续一到两个小时，每天重复几次。我不得不和他一起走，直到筋疲力尽，但还得专心倾听并回应他，尽管他的大部分话语都没有头绪，因为他经常说得天马行空。我记得，在整个冬天，他都在跟我谈论他准备在奥拉宁鲍姆附近开展的一个修建项目，以嘉布遣会（Capuchins）修道院的形式建造一座游乐场，他和我及他的所有随从都要打扮成嘉布遣会修士。他认为嘉布遣会修士的衣服既迷人又方便。每个人都要有一头驴子，然后牵着驴子去打水和带食物去所谓的修道院。一想到这项发明将产生令人钦佩和有趣的效果，他常常要笑出眼泪。他让我用铅笔画出这项珍贵工作的计划草图，每天我都要添加或删除一些东西。尽管我坚决听从他的幽默安排，耐心忍受一切，但我坦率地承认，我常常被这些拜访、踱步和谈话弄得筋疲力尽，因为这些对我来说是前所未有的乏味无趣。他走后，即使最乏味的书都成了一种令人愉快的消遣。

秋末，朝会舞会和公众舞会重新开始，对华丽和精致化装礼服的狂热也重新开始。扎查尔·切尔尼切夫伯爵返回了圣彼得堡。由于他是我的老相识，我一直对他很好。下面我来解释一下我为什么喜欢他对我的关注。他首先告诉我，我长得更漂亮了。这是我有生以来第一次有人对我说这种话。我没有不把它当回事，并且我轻易地相信他说的是实话。每次舞会上都有这样的新评论。一天，加加林女爵从他那里给我带来了一个器具，当我打开这个器具时，我发现它已经被打开过然后又粘起来了。里面是一句格言，照例是印刷出来的，但格言由几行诗组成，非常温柔，充满感情。晚饭后，我让人给我带来几个器具。我在寻找一句可以作为回复的格言，同时又不会招致怀疑。我找到后，放进一个像橘子一样的器具里，交给了加加林女爵，她把这个器具交给了切尔尼切夫伯爵。第二天早上，她从他那里给我带来另一个器具。但这次我发现格言是他自己写的，我回复了。就这样，我们开始定期的、充满感情的通信。在下一次化装舞会上，当我和他跳舞时，他说他有千万件事要告诉我，他不能相信纸，也不能放进器具里，加加林女爵可能会在口袋里弄坏或在路上丢失，他恳求我允许他在我的房间里或我认为合适的任何地方听他讲话。我告诉他，这是完全不可能的，他不能进我的房间，我也不能离开房间。他告诉我，如果有必要，他会伪装成仆人。但我直截了当地拒绝了，所以这件事只不过是通过器具进行的秘密通信。最后，加加林女爵开始怀疑通信的性质，斥责我利用她，她将不再传递这样的信件。

1752 年

1751年就在这些事件中结束了，1752年开始了。狂欢节结束后，切尔尼切夫伯爵离开宫廷，回到了他的团。在他离开的前几天，我要求放血，放血这天是星期六。接下来的星期三，乔格洛科夫先生邀请我去他位于涅瓦河（Neva）口的岛屿。他在那里有一所房子，房子中间有一间客厅，两边有一些房间。在这所房子附近，他准备了滑坡。到达后，我在那里看到了罗曼·沃龙佐夫伯爵，他一看到我就说："我正好有一个东西给您，我有一个为滑坡准备的极好的小雪橇。"因为他以前常带我去，我接受了他的提议。他立刻让人把雪橇拿来。雪橇里有一张小椅，我坐在上面。他站在我身后，我们开始往下滑，但在斜坡的一半处，伯爵失去对雪橇的控制，雪橇翻了。我跌倒了，伯爵十分笨重，倒在我身上，或者更确切地说，倒在了我的左臂上，而大约四五天前，我的左臂放过血。我们站起来，朝着一辆宫廷雪橇走去，那辆雪橇正等着把那些下来的人送回到出发的地方，以便让任何想滑的人都可以重新再滑一次。当我和加加林女爵坐在雪橇上时，我感到一种温暖的东西蔓延到了我的左臂，我不知道是什么，加加林女爵和伊凡·切尔尼切夫亲王（Prince Ivan Czernicheff）当时也和我在一起，伊凡·切尔尼切夫亲王和沃龙佐夫伯爵一起站在雪橇后面。我把右手伸进我的皮衣袖子里，想看看是怎么回事。我把手抽出来，发现上面都是血。我告诉沃龙佐夫伯爵和加加林女爵，我想我的静脉又破了。他们让雪橇加速，我们没有再去滑坡，而是去了房子。在那里，我们只找到一个男管家。我脱下皮衣，男管家给了我一些醋，切尔尼切夫伯爵充任外科医生。
我们都同意对这次冒险只字不提。我的手臂一恢复正常，我们就
回到滑坡上。接下来整个晚上我都在跳舞，然后吃晚饭，我们很
晚才回家，没人知道我发生了什么事。然而，我手部的皮肤在近
一个月的时间里都没有愈合，但后来渐渐好了。

在四旬斋期间，我与乔格洛科夫夫人发生了一场激烈的争
吵，原因如下：我的母亲在巴黎待了一段时间。伊凡·费多罗维
奇·格莱波夫将军（General Ivan Fedorovitch Gleboff）的长子从
巴黎回来后，从她那里给我带来了两块非常奢华、非常漂亮的布
料。在更衣室里，斯库林打开这些布料给我看，当着他的面，我
脱口说，太美了，我想把这些布料送给女皇。然后我就在寻找一
个机会跟女皇陛下提这两样东西。我很少见到女皇陛下，即使见
到，也大多是在公开场合。我没跟乔格洛科夫夫人说过这个打
算，我准备亲自送出这些礼物。我禁止斯库林向任何人提及我在
他面前说的那些话。然而，斯库林立即去找乔格洛科夫夫人，把
我说的话告诉了她。几天后，乔格洛科夫夫人来到我的房间，告
诉我，女皇对我的东西表示感谢；她保留了其中一块，归还了另
一块。听到这件事，我大吃一惊。我问她："这是怎么回事，乔
格洛科夫夫人？"她说她已经把这些东西带给了女皇，因为她听
说我打算把它们送给女皇陛下。那一刻，我感到无比懊恼，比我
记忆中的任何时候都更加懊恼。我气急了，几乎说不出话来。然
后，我说，我原想自己面见女皇，亲自把这些东西送给女皇，她

在我不知情的情况下把它们拿走，并以这种方式送给女皇陛下，剥夺了我的这种乐趣。我提醒她，她不应该知道我的意图，因为我从来没有对她说过我的打算，或者，如果她知道了，那只是一个背信弃义的仆人的话，这个仆人背叛了自己的女主人，而且是每天都对他施以恩惠的女主人。乔格洛科夫夫人总是有自己的理由，她回答说，她坚持认为我不应该亲自跟女皇谈任何事情；她向我表明了女皇陛下对这些礼物的处理命令，我的仆人有义务向她报告我所说的一切，因此，斯库林在我不知情的情况下，把我准备要给女皇的东西带到女皇陛下手中，他只是履行了他的职责，她也只是履行了她的职责，整个事情都很正常。我只能让她继续说下去，因为愤怒让我说不出话来。最后她走了。然后，我走进一个小前厅，斯库林早上通常都待在那里，我的衣服也放在那里。我看到他在那里，使尽浑身力气挥拳重重地打在了他的耳朵上。我告诉他，他是个叛徒，是最忘恩负义的人，因为他竟敢告诉乔格洛科夫夫人我禁止他说的话；我这么厚待他，而他却背叛了我，哪怕是这种无害的话；从那一天起，我再也不会给他任何东西，而会让他被解雇，并被痛打一顿。我问他这样做对他有什么好处，我告诉他我能永远保持我现在的位置，而每个人都憎恨的乔格洛科夫夫妇最终会被女皇解雇，因为女皇迟早会发现他们的极度愚蠢，发现他们完全不适合现在的高位，因为他们是通过恶人的诡计才登上这个位置的；如果他愿意，他可以去向他们和盘托出我所说的一切，他这样做不会伤害我，而他很快就会看到自己会落到什么下场。斯库林倒在我脚前痛哭，带着一种真诚的悔恨求我原谅。我被打动了，叫他将来用行动告诉我，我应该对他采取什么样的态度，我会听其言观其行，再决定怎么对待他。他是一个聪明人，一点也不缺德，并且从不对我食言。相反，在我最困难的时候，他有力地向我证明了他的热情和忠诚。我向每一个我能倾诉的人抱怨乔格洛科夫夫人对我耍的花招，以便这件事能传到女皇的耳朵里。当女皇看到我时，她感谢我的礼物，我从第三方得知，她不赞成乔格洛科夫夫人的行为方式。事情就这样结束了。

复活节后，我们去了夏宫。我注意到，一段时间以来，侍从谢尔盖·萨尔蒂科夫（Serge Soltikoff）^①在宫廷里出现得比平时更频繁了。他总是和莱昂·纳里奇金一起来。莱昂·纳里奇金以自己的独特方式逗乐了每个人，前面我已经介绍了他的几个特点。加加林女爵非常厌恶谢尔盖·萨尔蒂科夫，而我非常喜欢加加林女爵，甚至对她十分信任。莱昂·纳里奇金被认为是一个做事不计后果但非常独特的人。萨尔蒂科夫尽可能地争取乔格洛科夫夫妇的青睐。由于这对夫妇既不和蔼可亲，也不聪明有趣，他一定有什么秘密的目的。乔格洛科夫夫人当时怀孕了，经常不舒服。由于她说我在夏天和冬天都使她十分开心，她经常请我去看

---

① 即前文提到的谢尔久斯·萨尔蒂科夫，谢尔盖是谢尔久斯的昵称。——译者注

她。只要大公这里没有音乐会，或者宫廷里没有戏剧演出，萨尔蒂科夫、莱昂·纳里奇金、加加林女爵和其他一些人通常都在她的套间里。音乐会对乔格洛科夫先生来说非常乏味，虽然他总是协助举行这些音乐会，但萨尔蒂科夫发现了一种让乔格洛科夫先生忙碌的独特方式。我无法想象他是如何在一个如此迟钝、完全缺乏天赋和想象力的人身上激起一种热情的，那就是创作甚至没有常识的歌词。但在发现了这一点之后，每当有人想摆脱乔格洛科夫先生时，只需请他创作一首新歌词。然后，他就会当真，走到房间的一个角落里坐下来，通常是靠近炉子的地方，开始写起歌词来——这是一件可以占用整个晚上的事情。大家会说这首歌写得非常好，因此他不断被鼓励去创作新歌词。莱昂·纳里奇金过去常常为这些歌词配乐，并与他一起唱。在这一切进行的过程中，我们毫无拘束地交谈。我曾经有一大本关于这些歌词的书，但我不知道这本书后来去哪里了。

在其中一场音乐会上，谢尔盖·萨尔蒂科夫让我明白，他孜孜不倦地关注的对象是谁。一开始我没有回应他。当他再次谈起这个话题时，我问他想要我做什么。于是，他描绘了一幅充满魅力和激情的图画，描绘了他向往的幸福。我对他说："但你的妻子，你两年前为了爱情而娶了她，你本来非常喜欢她，她也非常喜欢你。她会怎么说？"他回答说，闪光的不全是金子，他为一时的迷恋付出了高昂的代价。我尽我所能让他改变主意，我真的希望能成功，因为我同情他。不幸的是，我也把他的倾诉听进去了。他长得很英俊，在整个宫廷里无人能及，更别提我们的小宫廷了。他不缺头脑，也不缺这个广阔世界应有的教养和风度，特别是宫廷风度。他26岁。总而言之，他的出生和他具备的许多其他品质使他成为一位杰出的绅士。他设法掩盖了他的缺点，其中最大的缺点是爱耍阴谋和缺乏原则，但这些都没有展现在我眼前。在整个春天和一部分秋天我都与他保持距离。我几乎每天都见到他，我对他的态度一直没有改变。我对他的态度和对所有其他人一样，除了在宫廷里见他，我从不在别的地方见他。一天，为了摆脱他，我决定告诉他，他的注意力放错了对象。我补充道："你怎么知道我的心不在别处？"然而，这非但没有使他气馁，反而使他的追求更加热烈了。在这个过程中，他没有想到自己是他妻子亲爱的丈夫，因为众所周知，他一点也不体贴，甚至对他爱慕的对象也是如此；他一直在恋爱，事实上，可以说他会向每一个女人献殷勤，除了他的妻子，只有她一个人被排除在他的关注之外。

在这一切发生的过程中，乔格洛科夫邀请我们去他的岛上参加一个狩猎活动，我们乘小船去了那里，我们的马则提前送达。我们一到，我就立刻骑上马，然后我们去寻找那些狗。萨尔蒂科夫乘其他人追赶野兔的机会，走近我，谈论他最喜欢的话题。我比平时更专心地听着。他向我描述他安排的计划，在他的描绘中，这个计划会以一种神秘的方式将其中的人笼罩在幸福之中。我一句话也没说。他利用我沉默的间隙，极力让我相信他深深地爱着我，他请求我允许他至少能拥有我不会对他完全漠不关心的希望。我告诉他，他可以抱着他的希望自娱自乐，因为我无法阻止他的想法。最后，他把自己和宫廷上的其他人做了比较，并让我承认他比他们更受欢迎。由此他得出结论说我更应该选择他。我对这一切嗤之以鼻，但我承认他让我觉得愉快。在一个半小时的谈话结束时，我希望他离开我，因为这么长时间的谈话可能会引起怀疑。他说除非我告诉他我同意他追求我，否则他不会离开。我回答说："是的，是的，但是走开。"他说："那就定了。"然后拍了一下他的马。我在他后面喊："不！不！"但他重复道："是的！是的！"于是，我们分开了。我们回到岛上的房子吃晚饭。在吃饭的时候，海上突然刮起了一阵大风，海水涨得很高，甚至漫到了房子的台阶上。事实上，整个岛屿都在几英尺深的水下。我们不得不一直待到风暴减弱。直到凌晨两三点，海水才退去。在这段时间里，萨尔蒂科夫告诉我，那天连上天都在帮助他，让他能在我身边待更长的时间，还有许多其他的事情也起了同样的效果。他觉得自己已经很幸福了。至于我，我一点也不觉得幸福。我心头如压着一千块大石头，忐忑不安，整个人心不在焉。我曾说服自己，我可以很容易地控制他的激情和我自己的激情，但我发现这两项任务即使不是不可能的，也是很困难的。

两天后，萨尔蒂科夫告诉我，大公的法兰西男仆布雷桑（Bressan）告诉他，殿下在他的房间里说："谢尔久斯·萨尔蒂科夫和我的妻子欺骗了乔格洛科夫，让他相信他们希望他相信的一切，然后嘲笑他。"说实话，这是事实，大公已经觉察到了。我回答说，我建议他将来更谨慎一些。几天后，我患了严重的喉咙痛，持续了三个多星期，还发了高烧。在此期间，女皇把即将与洛巴诺夫亲王（Prince Lobanoff）结婚的库拉金女爵（Princess Kourakine）送到我这里，让我给她梳头。为此，她不得不坐在我的床上，身上还穿着宫廷礼服和带箍的衬裙。我挣扎着起来给她梳头，但乔格洛科夫夫人看到我起来太吃力了，便让她下床，自己给她梳头。从那以后我再也没见过库拉金女爵。

这段时间，大公正在和玛莎·伊萨耶夫娜·沙菲罗夫小姐（Mademoiselle Martha Isaevna Schafiroff）谈情说爱。她和她的姐姐安娜·伊萨耶夫娜（Anna Isaevna）是女皇最近安排在我这里的。谢尔盖·萨尔蒂科夫工于心计，他逐渐赢得这些姑娘的好感，以便了解大公可能对她们说的任何与他有关的话。这些年轻的女士很穷，很傻，很自私。事实上，她们很快就对萨尔蒂科夫表现出高度信任。

在这个过程中，我们去了奥拉宁鲍姆，在那里我又一次天天骑马。除了星期天，我每天都穿着男装。乔格洛科夫和他的妻子变得像羔羊一样温柔。在乔格洛科夫夫人看来，我有了一个新的优点——我常常抚摸和呵护她带在身边的一个孩子，这是她的孩子。我给他做衣服，给他各种各样的玩具和衣服。此时，这位母亲非常喜欢这个孩子，但他后来成了替罪羊。因为玩弄恶作剧，他被判在一个要塞里监禁15年。萨尔蒂科夫成了乔格洛科夫夫妇的朋友、知己和顾问。毫无疑问，任何一个有理智的人都不会愿意承担这样一项艰巨的任务，那就是听两个傲慢自大的傻瓜整天胡说八道，除非他带着某些宏大的目的。因此，关于这个目的可能是什么，有许多猜测和假设。这些猜测和假设传到了彼得霍夫和女皇的耳朵里。在这段时间里，当女皇陛下想要责骂任何人时，她不是就她本该抱怨的事情进行责骂，而是抓住一些借口，对一些大家都没想到她会反对的事情进行指责，而这样的事情经常发生。这是一个侍臣的评论，而我是从扎查尔·切尔尼切夫口中听到这个评论的。在奥拉宁鲍姆，我们随从中的每一个人，无论男女，都同意这年夏天穿同一颜色的衣服：衣服的主体是灰色的，其余是蓝色的，领子是黑色天鹅绒的，没有装饰。这种统一服装在许多方面都很方便。我一直穿着这种款式的礼服，尤其是我在彼得霍夫穿着骑马服像男人一样骑马的时候。有一天在朝会上，女皇对乔格洛科夫夫人说，这种骑马的方式妨碍我生孩子，我的衣服一点也不合适，她骑马时会换衣服。乔格洛科夫夫人回答说，生孩子与此事无关；孩子不会无缘无故地到来，尽管殿下自1745年起就结了婚，但让我们生孩子的因素一直不存在。于是，女皇陛下斥责了乔格洛科夫夫人，并告诉她，她是在责怪女皇，因为女皇在这件事上没有教育有关各方。总的来说，女皇很不高兴，说她的丈夫只是个睡帽，居然任由一群肮脏的小东西给自己穿着打扮。这些话在24小时内传到了他们的心腹耳中。至于她口中的小东西，他们擦了擦鼻子，然后再就此事举行了一个特别会议。会议决定，为了严格遵照女皇陛下的意愿，既然谢尔久斯·萨尔蒂科夫和莱昂·纳里奇金已经给乔格洛科夫先生蒙羞，虽然可能他自己根本不知道，两人应以亲属生病为借口，先回家待三个星期或一个月，以便让目前的谣言消失。这个决定被严格执行了，第二天他们离开了，在自己的房子里待了一个月。至于我，则立即改变了我的着装风格；此外，另一个统一服装的想法现在已经派不上用场了。关于统一着装的第一个想法是为我们的彼得霍夫朝会着装而设计礼服。礼服主体是白色的，其余是绿色的，整件衣服都用银色蕾丝装饰。萨尔蒂科夫肤色黝黑，他常说，他穿着这件白色和银色相间的衣服，看上去像牛奶中的一只苍蝇。我继续像以前一样频繁地与乔格洛科夫一家交往，尽管现在这种交往已经招致厌烦。这对夫妇对他们的圈子缺乏主要吸引力充满了遗憾，在这一点上，我绝对没有反驳他们。萨尔蒂科夫的病延长了他缺席宫廷的时间，在此期间，女皇命令我们从奥拉宁鲍姆赶去和她在喀琅施塔得会合，她将视察那里的工程进度。这项工程是为了让水进入彼得大帝的运河，这是彼得大帝时就已经开始的工程。此时，这项工程完成了。她比我们先到喀琅施塔得。第二天晚上，风雨交加，由于她一到就命令我们前往，她想我们一定是被暴风雨困住了，整夜都非常焦虑。从她的窗口可以看到一艘在海上艰难航行的船，她想它可能就是我们乘坐的那艘。她求助于她一直放在床边的圣物，把它带到窗口，一直拿着它朝着与被风暴卷走的船相反的方向移动。她一再喊道，我们肯定会在海上迷失，这都是她的错，因为不久前，她给我们发了一封谴责信，指责我们没有表现出更迅速的服从，现在她认为我们一定是在接我们的船一到时就立即出发了。但事实上，船直到风暴过后才到达奥拉宁鲍姆，所以我们直到第二天下午才上船。我们在喀琅施塔得停留了三天，在此期间举行了庄严的运河放水仪式，海水第一次流入运河。晚饭后有一个盛大的舞会。女皇希望留在喀琅施塔得再看运河排水仪式，但她在第三天就离开了，没有看到。从那时起，运河的水从未干涸，直到我在位期间，我下令建造的蒸汽磨坊将运河的水清空。否则，河水根本不可能清空，因为运河的底部低于海面，但当时无人察觉这个问题。

从喀琅施塔得回来后，大家返回各自的住处，女皇去了彼得霍夫，我们去了奥拉宁鲍姆。乔格洛科夫先生要求请一个月的假，前往他的一处庄园，获得了许可。他不在的时候，乔格洛科夫夫人为不折不扣地执行女皇的命令给自己带来了很大的麻烦。起初，她经常与大公的卧室男仆布雷桑会面。布雷桑在奥拉宁鲍姆发现了一个叫格罗特夫人（Madame Groot）的漂亮女人，她是一位画家的遗孀。他们花了几天时间说服她，我不知道他们向她保证了什么，然后告诉她他们想要她做什么，以及她能提供什么东西给他们。最后，布雷桑负责将这位年轻漂亮的寡妇介绍给大公认识。我清楚地知道乔格洛科夫夫人深陷阴谋当中，但我不知道是什么阴谋。最后，谢尔盖·萨尔蒂科夫从自愿流放中回来，告诉了我事情的大概经过。在经历了许多麻烦之后，乔格洛科夫夫人终于得到了她想要的结果。当她确信这一点时，她告诉女皇，一切都按照女皇的意愿进行。她希望自己遭遇的麻烦能得到很大的回报，但在这一点上，她失望了，因为女皇没有给她任何回报。然而，她坚持认为帝国欠她的。在这件事发生之后，我们立即返回城里。

就在此时，我说服大公中断与丹麦的谈判。我提醒他伯尼斯伯爵的建议，而此时伯尼斯伯爵已经动身去维也纳了。大公听了我的话，命令谈判在没有任何结论的情况下结束，于是谈判结束了。在夏宫短暂停留后，我们回到了冬宫。

在我看来，谢尔盖·萨尔蒂科夫对我的关注开始减少了，他开始缺席我们的宫廷，有时表现得怪诞、傲慢和放荡。我对此很恼火，就这个问题和他谈了谈。他随意给了我一个借口，并声称我不理解他行为的内在用意。他说得没错，我确实觉得他的行为很奇怪。我们被告知要为去莫斯科的旅程做好准备，就立刻去准备了。我们于1752年12月14日离开圣彼得堡。萨尔蒂科夫留在了圣彼得堡，一连几周都没有跟着我们。离开圣彼得堡时，我有了怀孕的迹象。我们日夜兼程赶路。在到达莫斯科之前的最后旅程中，这些迹象随着剧烈的痉挛消失了。我们一到，我就发现了这个变化，我对自己的流产感到满意。乔格洛科夫夫人也留在圣彼得堡，因为她刚刚生下最后一个孩子，那是一个女孩。这是她的第七个孩子。她恢复后赶来莫斯科加入我们当中。

1753 年

在莫斯科，我们住在一座房子的侧翼。侧翼是用木头建造的，当年秋天刚建成。房子建得并不结实，水顺着墙板流了下来，所有套间都非常潮湿。侧翼包括两排套间，每个套间都有五六个大房间，其中面向街道的一排套间是我的，另一排套间是大公的。我的卧室女侍官及她们的仆人，都住在计划用作我的厕所的房间里，因此，有十七个女孩和妇女住在一个房间里。这个房间有三扇大窗户，但除了经过我的卧室，没有其他出口，她们因各种目的必须从我的卧室经过，这对她们和我来说都不是一件愉快的事。我们不得不忍受这一切不便，我从未见过这样的安排。此外，他们吃饭的房间是我的一个前厅。我到达时病了。为了弥补这一不便，我在卧室里放了几个很大的屏风，这些屏风把卧室分成了三块。但这几乎没有什么用处，因为门不停地开开关关，这是无法避免的。最后，在第十天，女皇来看我，她看到我的房间不断有人来回走动，她走进另一个房间，对我的侍女们说："我会为你们另外开一个出口，而不是从大公夫人的卧室进出。"但她做了什么呢？她命令将这个房间一分为二，并将原来的一扇窗户拆掉用作通道。此前十七个人住一间房就已经很拥挤了。现在为了获得通道，房间缩小了；窗户朝着街道开着，建了一段台阶通向窗户，因此我的侍女们不得不沿街道进出。她们的窗户下放着她们的生活用品。去吃饭时，她们必须穿过街道。一句话，这种安排毫无意义，我不知道这十七个人挤在一起是怎么没有染上腐臭的热病的。她们的房间离我的卧室很近，因此，我的卧室里到处都是各种各样的害虫，我睡不着。最后，乔格洛科夫夫人产后恢复了健康，抵达莫斯科；几天后，谢尔盖·萨尔蒂科夫也抵达莫斯科。由于莫斯科面积很大，人口分散，他利用这一点作为他减少朝会的理由，无论这个理由是真实情况还是借口。说实话，我对此感到悲伤；然而，他给了我一些貌似有理的理由，我一见到他，和他说话，我的烦恼就消失了。我们同意，为了减少他的敌人数量，我应该设法让人向别斯图热夫·留明伯爵传话，让别斯图热夫·留明伯爵觉得我不再像以前那样讨厌他。带着这个目的，我委托了一个叫布雷姆塞（Bremse）的人，他曾受雇于佩克林先生的荷尔斯泰因总理府（Holstein Chancery）。布雷姆塞不在宫廷时，经常去首相别斯图热夫·留明伯爵的住处。布雷姆塞迫不及待地接受了委托，并告诉我，首相很高兴，并回复说我可以随时命令他，如果他对我有用，他请求我向他指出一些安全的渠道，我们可以通过这些渠道相互沟通。我意识到他态度的漂移，我告诉布雷姆塞我会考虑。我向萨尔蒂科夫转告了别斯图热夫·留明伯爵的话，我们立即决定，他应以拜访的名义去找首相谈话，因为他刚刚抵达莫斯科。这位老人热情地接待了他；把他拉到一边，告诉他我们宫廷内部的情况以及乔格洛科夫夫妇的愚蠢。他还说："我知道，尽管你是他们的亲密朋友，但你和我一样了解他们，因为你是一个有脑子的年轻人。"然后，他谈到我，谈到我的处境，就好像他曾住在我的房间里似的。他又说："为了感谢大公夫人对我的好意，我要为她做点事，我想她会为此感谢我。我会让弗拉迪斯拉瓦夫人像羊羔一样温柔，这样大公夫人就可以随心所欲地和她相处了。她会看到我不是一个心怀恶意的妖魔，就如她以前眼中的我那样。"最后，谢尔盖·萨尔蒂科夫回来了，完全被别斯图热夫·留明伯爵的承诺和魅力迷住了。伯爵给了他一些建议，这些建议很有用，也很明智。这一切使伯爵与我们变得非常亲密起来，并且没有引起任何人的丝毫怀疑。

与此同时，乔格洛科夫夫人从未忘记她最喜欢的、看管帝国接班人的任务。有一天，她把我拉到一边说："听我说，我必须真诚地跟您谈话。"我警惕起来，我的警惕不是没有理由的。她以她一贯的长长的开场白开始，她说到自己对丈夫的依恋及她的谨慎行为，她还说到确保相互爱恋和促进婚姻关系的必要条件和非必要条件。然后，她接着说，偶尔会出现一种情况，为了更高的利益，需要对规则进行例外处理。我让她继续说下去，因为我不知道她想说什么，我也非常惊讶，不确定她是不是在给我设圈套，还是在真诚地说话。我在思考时，她对我说："您马上就会看到我是否爱我的国家，我是否真诚。我毫不怀疑，您对某个人特别偏爱。您只要回答我，是谢尔久斯·萨尔蒂科夫，还是莱昂·纳里奇金。如果我没弄错的话，是纳里奇金。"我大声说："不，不，绝对不是。""那么，"她说，"如果不是纳里奇金，那就是萨尔蒂科夫。"对此，我没有回答。她接着说："您要知道，我不会给您制造麻烦。"我装作单纯的样子，她为此还责备了我好几次，无论是在城里还是在乡下，因为复活节后我们去了乡下。

就在那时，或者大约在那个时候，女皇把利伯里察（Liberitza）的土地给了大公，还有距离莫斯科14俄里到15俄里的其他几处土地。但在我们去殿下的这些新地产上居住的时候，庆祝女皇加冕的周年纪念日在莫斯科举行了。纪念日是4月25日。有人向我们宣布，她已下令严格按照加冕当天的仪式举行纪念仪式。我们很想知道是怎样的仪式。前一天晚上，她去克里姆林宫休息。我们则待在斯洛博达，住在木头建造的宫殿里，并接到命令去大教堂做弥撒。第二天早上9点，我们坐着马车从宫殿出发，我们的仆人则步行。我们穿过了整个莫斯科，一步一步地穿过这座城市，走了7俄里到达大教堂，在大教堂前下车。过了一会儿，女皇带着随从来了，头上戴着小皇冠，身上披着的皇家斗篷像往常一样由她的侍从们托着。她坐在教堂里的专座上，到目前为止，这一切还没有什么不寻常的地方，也没有什么仪式是在她统治的其他时期里没有的。教堂里的湿冷程度是我以前从未感受过的。我穿着宫廷礼服，光着脖子，冻得脸色发青。女皇曾传话让我穿上一件貂皮披肩，但我此时没有。她叫人把她自己的披肩拿来，他们拿来了，她披在脖子上。我在盒子里看到另一件，以为她会把它递给我，但我错了，她把盒子递了回去。我认为这是一个非常明显的不满迹象。乔格洛科夫夫人看到我在发抖，就从一个人那里给我弄了一块丝巾，我把丝巾围在脖子上。

弥撒和布道结束后，女皇离开了教堂，我们正准备跟着她，这时她派人传话给我们，说我们可以回家了。我们这才知道她将独自坐在王位上用餐，这样一来，仪式将像她加冕那天那样举行，因为当时她独自用餐。我们未获准与她共进午餐。像我们来时一样，我们的仆人徒步返回，来回走了14俄里，穿过了整个莫斯科城，我们冻得麻木，几近饿死。如果女皇在弥撒时对我们脾气很坏，那么这种令人不快的缺乏关心的表现更是让我们心情糟糕。在其他重大节日上，当她坐在皇位上用餐时，我们还能获准与她一起用餐，这一次她公开拒绝了我们。我和大公单独坐在马车里，我把我的想法告诉了他，他说他将会就此表示不满的。到家时，我又冷又累，已经半死不活了，我向乔格洛科夫夫人抱怨说我感冒了。第二天，我们的木头宫殿里举行了一场舞会，我说我病了，没有出席。大公确实就这件事向肖瓦洛夫一家提出了一些抱怨，他们给了他某种答复，他对这个答复感到满意，没有再多说什么。

　　大约在这个时候，我们得知扎查尔·切尔尼切夫和尼古拉斯·莱昂蒂夫上校（Colonel Nicholas Leontieff）在罗曼·沃龙佐夫家玩时发生了争吵。他们用剑打斗起来，扎查尔·切尔尼切夫头部受了重伤，情况非常严重，以至不能将他从沃龙佐夫伯爵家搬回去。他一直待在沃龙佐夫伯爵家，伤得很重，有人在他的头上开了个洞。我为他感到难过，因为我非常喜欢他。女皇下令逮捕莱昂蒂夫。由于打斗双方的关系网广泛，整个城市由此陷入骚动。莱昂蒂夫是鲁米安佐夫伯爵夫人的女婿，是帕宁家族和库拉金家族的近亲。切尔尼切夫也有亲戚、朋友和保护者。事件发生在罗曼·沃龙佐夫伯爵的家里，受伤的人仍在那里。最后，当危险过去后，这件事被掩盖过去，事情就不了了之了。

　　5月，我再次有怀孕的迹象。我们去了利伯里察，这是大公的一个庄园，离莫斯科12俄里到14俄里。庄园里的石头房子是门奇科夫亲王很久以前建造的，现在正在坍塌，所以我们不能住在里面。我们只好在院子里搭起了帐篷，每天早上两三点钟，离我们帐篷两三步的地方就传来斧头劈砍的声音和建房子的声音，因为他们正在赶时间在房子的侧翼用木料建造一排房子，以便我们在夏天剩下的时间里有地方住。我们其余的时间都在打猎、散步或驾车出行。我不再骑在马背上，而是坐在一辆敞篷车里。快到圣彼得节时，我们回到莫斯科。我开始嗜睡，每天都睡到中午，然后好不容易及时醒来吃午饭。圣彼得节庆典照常举行，我出席弥撒、午餐、舞会和晚宴。第二天早上，我感到腰痛。乔格洛科夫夫人召来了一位助产士，她预测我会流产。第二天晚上我真的流产了，这时我可能怀孕两三个月了。十三天来，我一直处于极大的生命危险之中，因为有人怀疑，流产后的一部分胎儿遗骸留在了我的肚子里。他们将这个情况对我保密。最后，在第十三天，危险自己消失了，没有给我带来痛苦，我甚至没有挣扎。由于这次事故，我不得不在房间里待六个星期。在这段时间里，房间热得让人无法忍受。我流产那天，女皇来看我，似乎对我的状态感到担忧。待在房间的六个星期里，我无聊至极。我唯一的社交对象是乔格洛科夫夫人，她很少来。我身边还有一个卡尔梅克小女孩，我喜欢她漂亮、讨人喜欢的样子。我经常因疲惫而哭泣。至于大公，他大部分时间都在自己的房间里。他有一个叫卡诺维奇（Karnovitch）的乌克兰贴身男仆，这个贴身男仆是一个傻瓜，也是一个酒鬼，每天使尽浑身解数逗他开心。他给大公弄来玩具和酒，甚至在乔格洛科夫先生不知情的情况下，给大公买他能买到的烈酒。事实上，乔格洛科夫先生被每个人欺骗和愚弄了。可是，在与卧室仆人（其中有几位年轻的卡尔梅克人）的夜间秘密狂欢中，大公常常发现自己的命令没有人听，也得不到应有的服侍，因为他们喝醉了，不知道自己做了什么，并忘记了自己和主人在一起，而主人就是大公。然后，殿下就会用他的手杖或剑背打他们，尽管如此，还是没有人听从他的命令。他不止一次地求助于我，抱怨他的仆人，恳求我让他们听他的指令。在这种情况下，我常常会去他的房间，狠狠地训斥他们，提醒他们注意自己的职责，他们会立即回到自己的岗位。这使大公经常对我和布雷桑说，他无法想象我是如何管理这些人的。至于他自己，虽然他痛骂他们，但他不能使他们听话，而我一句话就能让他们做我想做的事。一天，当我为此走进殿下的套间时，我看到一只大老鼠，他把它和所有刑具一起挂在一个用隔板围成的柜子中间。我问他这是什么意思。他告诉我，这只老鼠犯了罪，根据戒严法，他将对它执行死刑，因为它爬上了他房间里桌子上用纸板做的堡垒城墙，吃掉了两个在堡垒值班的木偶哨兵。他的猎手抓住了这只老鼠，他根据戒严法对罪犯进行了审判，然后就如我看到的那样，他吊死了这只老鼠，并将它挂在那里示众三天，以儆效尤。我忍不住对这件极其愚蠢的事情放声大笑，但这让他非常不快。看到他对这件事的重视，我止住了笑，为自己作为一个女人不知道戒严法向他道歉，但他仍然因我的笑而对我很生气。然而，要为这只老鼠辩护的话，至少可以说，它是在没有经过审问或为自己辩护的情况下被绞死的。

在莫斯科的宫廷逗留期间，碰巧有一名宫廷门房疯了，并且疯得厉害。女皇命令她的主治医生博厄夫负责照看他。这位门房被安置在博厄夫的宫廷房间附近的房间里。除此之外，这年还有其他几个人疯了。发疯的比例引起了女皇的注意，她将这些人带到宫廷，并安排在博厄夫的房间附近住下，这样就在宫廷里形成了一个疯人院。我记得他们中的主要人物是塞门诺夫斯基（Semenofsky）、护卫队少校切达杰夫（Tchedajeff）；一个姓林特鲁姆（Lintrum）的中校；一个姓乔格洛科夫（Tchoglokoff）的少校；沃斯克列森斯基修道院的一个修道士，他用剃刀将自己阉了；还有其他几个人。切达杰夫的疯狂在于他相信纳狄尔沙（Nadir-Schah）（也就是波斯的篡位者和暴君塔玛斯·库利汗）是上帝。当医生无法治愈他的妄想时，他们把他交给了祭司。这些祭司说服女皇为他施以驱魔仪式。女皇亲自参加了仪式，但从表面上看，切达杰夫仍然像以前一样疯狂。然而，有人怀疑他是否真的疯了，因为除了信仰纳狄尔沙之外，他在其他任何方面都很理性，他的朋友们甚至就他们的婚外情咨询他的意见，他给了他们非常明智的建议。那些不相信他疯了的人认为，他装疯卖傻是因为他陷入了麻烦，他通过这个诡计使自己解脱出来。在女皇统治初期，他曾担任税务主管，被指控勒索，并将面临审判，在恐惧中，他产生了这种幻想，使他摆脱了困境。

1753年8月中旬，我们回到了乡下。女皇去沃斯克列森斯基修道院举办9月5日的女皇宴会。在那里，教堂被闪电击中。幸运的是，女皇陛下当时在大教堂旁边的一个小礼拜堂里，她是通过被吓坏的侍臣得知这一消息的。然而，没有人受伤或死于雷击。不久，她回到莫斯科，我们也从利伯里察回到莫斯科。回到城里后，我们看到库尔兰女爵亲吻了女皇的手，公开要求女皇允许她嫁给乔治·霍万斯基亲王。库尔兰女爵曾与第一个订婚对象彼得·萨尔蒂科夫（Peter Soltikoff）吵架，彼得·萨尔蒂科夫不久就娶了桑佐夫女爵（Princess Sonzoff）。这年的11月1日下午3点，我待在乔格洛科夫夫人的房间里，她的丈夫、谢尔盖·萨尔蒂科夫、莱昂·纳里奇金和其他几位宫廷侍臣离开我们，前往侍从肖瓦洛夫的套间祝贺他的生日，因为那天正好是他的生日。乔格洛科夫夫人、加加林女爵和我正在一起聊天时，听到附近一个小礼拜堂里传来一些声音，随后，两位先生跑了进来，告诉我们他们无法穿过城堡的大厅，因为城堡着火了。我立即回到自己的房间，当我穿过前厅时，我看到大厅角落的栏杆着火了。这里离我们所住的侧翼大约20步。当我走进我的套间时,我发现里面已经挤满了士兵和仆人,他们正在搬家具,尽可能地带走一切。乔格洛科夫夫人跟着我,因为我们无事可做,只好等到着火了才离开。在门口,我们发现了礼拜堂主管牧师阿拉加(Araga)的马车,他是来参加大公举办的音乐会的,此前我已经把事故通知了他。我们上了马车,由于此前下了大雨,街上都是泥。在街上,我们看到火烧起来的样子,以及人们把家具从房子的每一个角落搬出去的场景。我还看到了一个奇怪的景象,那就是数量惊人的老鼠成群结队地从楼梯上下来,看起来不慌不忙。由于缺乏水泵,这座巨大的木结构建筑已无法挽救。此外,还有几个人被困在着火的楼梯下面。城堡几乎处于周围建筑的中心,而周围建筑占地面积约为两三平方俄里。大火散发的热量让我们受不了,只好把马车赶到几百步外。最后,乔格洛科夫先生和大公来告诉我们,女皇要去波克罗夫斯基的房子,并命令我们去乔格洛科夫先生的房子。他的房子就在斯洛博达大街的右拐角。我们立刻前往那里。乔格洛科夫先生的房子中央有一个大厅,大厅两侧各有四个卧室。几乎找不到比这里更不舒服的地方了,风从四面八方吹来,窗户和门都半腐烂了,地上的木板裂开了三四英寸;此外,到处是虫子。这里住着乔格洛科夫先生的孩子和仆人。我们进去的时候,他们被送到别处,我们就住在这座几乎家徒四壁的可怕的房子里。

我们在这里住下来的第二天,我看到了卡尔梅克人的鼻子能装下什么东西。我醒来的时候，我留在身边的那个卡尔梅克小女孩指着自己的鼻子说："我这儿有个坚果。"我摸了摸她的鼻子，但什么也没发现。然而，整个上午，她一遍又一遍地重复说她的鼻子里有个坚果。她是一个四五岁的孩子。人们不知道她的鼻子里有坚果是什么意思。大约中午的时候，她跑步的时候跌倒了，撞在桌子上。她哭了，一边哭，一边掏出手帕擦鼻子，结果坚果掉了下来。我亲眼看到了这一幕，然后就明白了一个坚果是如何被放在一个卡尔梅克人的巨大脸颊之间的鼻子中空处的。这样的坚果不可能放进任何一个欧洲人的鼻子里而不被察觉。

我们的衣服和其他所有东西都被留在燃烧的宫殿前的泥泞中，在夜里和第二天被带到我们这里。我最关心的是我的书。此时，我刚刚读完《贝勒字典》（*Bayle's Dictionary*）的第四卷，我已经花了两年时间阅读这本书了，每六个月读完一卷。从这一点可以看出我过去的生活有多孤独。最后，我的书给我带来了。我的衣服还有肖瓦洛夫伯爵夫人等人的衣服，也找到了。弗拉迪斯拉瓦夫人好奇地向我展示了肖瓦洛夫伯爵夫人的衬裙。这些衬裙的背面有皮革衬里，因为她无法止住经血，这是她第一次生产以来一直困扰她的疾病。她所有的衬裙都充满了这种气味，我急忙把这些衣服还给了它们的主人。在这场大火中，女皇失去了从自己巨大的衣橱里带到莫斯科的所有东西。她告诉我，她丢失了4000件衣服，在所有这些衣服中，她唯一惋惜的是那件用我从母亲那里收到的布料做成的衣服。这次她还丢失了其他几件贵重物品，其中包括一个表面覆盖着石雕的盆。这是鲁米安佐夫伯爵在君士坦丁堡（Constantinople）购买的，为此他支付了8000杜卡[①]。所有这些都被放在着火的大厅上方的衣橱里。这个大厅是通往宫廷大殿的前厅。早上10点，负责点炉子的人来给门厅供暖。把木头放进炉子后，他们像往常那样点燃木材。燃起来后，房间里充满了烟。他们认为这些烟是从炉子上方一些看不见的洞里溢出来的，就开始用黏土覆盖砖块的空隙。烟越来越大，他们试图寻找炉子上的缝隙，但没有找到。他们意识到烟的出口肯定是在套间的隔墙里，而这些隔墙是木头做的。他们取来水，把炉子里的火扑灭了，但烟还是越来越浓，并且涌入了前厅。前厅有一个骑兵卫队的哨兵。哨兵害怕窒息，又不敢离开岗位，于是打碎了一块玻璃，大叫起来，但没有人来帮助他，也没有人听到他的声音，于是他从窗口开枪示警。宫殿对面的护卫大队听到了示警。他们跑过来，一进门，就发现前厅充满了浓烟，于是让哨兵撤了出来。点炉子的人被逮捕。他们想扑灭大火，或者至少在不引发任何警报的情况下防止烟雾扩散，他们为此忙碌了5个小时。

这场火灾引出了乔格洛科夫先生的一项发现。大公的套间里

[①] 杜卡（ducats），13世纪到19世纪欧洲的贸易货币。杜卡金币含约3.5克98.6%纯度的黄金。1284年，杜卡起源于威尼斯，几个世纪中得到了广泛的国际认可。——译者注

有几个很大的橱柜。在搬运过程中，一些橱柜要么打开了，要么扣不牢，露出了里面装的东西。谁会想到呢，抽屉里装了大量葡萄酒和烈酒。他们为殿下提供了一个地窖。乔格洛科夫就这件事和我谈过，我告诉他，我对这个情况一无所知。这是事实，我对此一无所知，但我经常（事实上几乎每天）看到大公醉酒。

　　火灾发生后，我们在乔格洛科夫的家里待了近六个星期。住在这里的时候，我们常常要从萨尔蒂科夫桥（Soltikoff Bridge）附近花园里的一座房子前经过。这座房子是女皇的，被称为"主教的房子"，因为这是她从主教那里买来的。在没有告知乔格洛科夫夫妇的情况下，我们请求女皇陛下允许我们住进去，因为我们觉得，并且我们也获悉，这座房子比我们居住的地方更适合居住。然后，我们接到命令，让我们去主教的房子安顿下来。这是一座非常古老的木屋，从房子里看不见风景，但房子建在石头拱顶上面，因此比我们刚刚离开的那个房子更高，因为那个房子只有一层。这个房子的壁炉太旧了，点燃时，人们可以透过壁炉的裂缝看到火，因为裂缝太多，所以房间里充满了烟雾，把我们熏得头昏脑涨，眼睛刺痛。事实上，我们在这所房子里冒着被烧死的危险。这座房子只有一个木楼梯，窗户很高。我们住在这里的时候，这里确实发生了两三次火灾，但我们成功地扑灭了火。我在这里得了严重的喉咙痛，还发了高烧。我生病的那天，德·布雷萨特（de Breithardt）先生已代表奥地利宫廷返回俄国。在离开之前，他与我们共进晚餐。他发现我眼睛红肿，以为我哭过了。他也没猜错，厌倦、不舒服，以及我的处境给我的身体和精神带来的不适，让我患上了严重的抑郁症。有时，我和乔格洛科夫夫人一起等人来，而一整天压根就没人来。在等待的时候，她一刻不停地说："看看他们是如何抛弃我们的。"她的丈夫在外面吃饭，带着大家一起去。尽管谢尔盖·萨尔蒂科夫向我们保证会从这次晚宴上溜走，但他带着乔格洛科夫先生回来了。这一切使我心情非常不好。最后，几天后，我们被允许去利伯里察。在这里，我们感觉自己是在天堂，房子很新，装修得还不错。我们每天晚上都跳舞，并且我们的整个宫廷都集中在那里。在其中一个舞会上，我们看到大公对乔格洛科夫先生耳语了很长时间，乔格洛科夫先生随后显得恼怒、心不在焉，比平常更闷闷不乐、更愁眉苦脸。谢尔盖·萨尔蒂科夫看出来了，他发现乔格洛科夫对他非常冷淡，便走到玛莎·沙菲罗夫小姐身边坐下，试图找出大公和乔格洛科夫先生之间这种不同寻常的亲密举动的含义。玛莎·沙菲罗夫小姐告诉他，她不知道，但大公曾多次对她说："谢尔盖·萨尔蒂科夫和我的妻子以一种前所未闻的方式欺骗了乔格洛科夫。乔格洛科夫爱上了大公夫人，但她无法忍受他。萨尔蒂科夫是乔格洛科夫的知己，让乔格洛科夫相信萨尔蒂科夫是为他待在我妻子身边的，而不是为他自己待在她身边。她可以忍受萨尔蒂科夫，因为他很有趣。她利用萨尔蒂科夫随意摆布乔格洛科夫，事实上，她嘲笑他们两个。我必须点醒那个可怜的乔格洛科夫，他激起了我的怜悯。我必须把真相告诉他，然后他就会知道谁是他真正的朋友——我的妻子还是我。"萨尔蒂科夫意识到这段话的危险及他所处的微妙地位，他立刻把这段话复述给我听，然后走到乔格洛科夫身边坐下，问他怎么了。乔格洛科夫起初不愿做任何解释，只是叹了口气；然后，他开始为难以找到忠实的朋友而悲叹。最后，萨尔蒂科夫使出浑身解数从他口中了解到他刚刚和大公的谈话。如果不是亲耳听说，肯定没人知道他们之间发生了什么。大公一开始就向乔格洛科夫展示了友谊，说只有在紧要关头才能区分真假朋友。为了表明大公自己友谊的真诚，他要给乔格洛科夫一个非常有力的证据，证明自己的坦诚。毫无疑问，大公知道乔格洛科夫爱上了我，但并没有把我对乔格洛科夫的好感归咎于乔格洛科夫，因为没有人能控制自己的心。可是，无论如何，他应该告诉乔格洛科夫，乔格洛科夫选错了知己，天真地认为谢尔盖·萨尔蒂科夫是朋友，并且萨尔蒂科夫待在我身边是为了乔格洛科夫的利益，但实际上萨尔蒂科夫只是为了自己。大公怀疑萨尔蒂科夫是乔格洛科夫的情敌，而我对他们两个都嗤之以鼻。如果乔格洛科夫先生听从大公的建议，信任他，就会明白大公是他唯一真正的朋友。乔格洛科夫先生非常感谢大公的友谊，也向大公献上了自己的友谊。但事实上，乔格洛科夫先生认为其他一切都只是大公自己的空想和幻觉。

总之，可以很容易地看出，无论是从萨尔蒂科夫的地位还是性格来看，乔格洛科夫先生都不太希望这个知己不值得信任，也不能够发挥作用。乔格洛科夫先生把这件事说出来后，萨尔蒂科夫就很容易使他恢复了平静，因为萨尔蒂科夫不习惯对一个如此缺乏判断力的人说的话给予太多重视或太多关注，而乔格洛科夫先生通常被认为是一个缺乏判断力的人。当我得知这一切时，我必须承认，我对大公非常愤怒。为了防止他回到这个话题上来，我告诉他，我并不知道他和乔格洛科夫之间发生了什么。他脸红了，什么也没说，生气地走了。事情就这样结束了。

我们离开主教的房子回到莫斯科后，去了一个叫女皇避暑别墅的套间。那里没有被烧毁，并且女皇已经用6周的时间建造了新的套间。为此，他们从佩罗瓦的府邸、亨德里科夫伯爵的府邸和格鲁吉亚诸亲王（Princes of Georgia）的府邸运来房子的大梁。最后，大约在新年伊始，女皇住了进来。

1754 年

1754年元旦，女皇住在女皇避暑别墅的宫殿里，大公和我获准陪着坐在皇座上的女皇一起用餐。在餐桌上，女皇陛下看起来非常活泼健谈。皇座周围摆着桌子，坐了几百个高爵位的人。用餐时，女皇问那个瘦削丑陋、脖子很长的女人是谁，她边说边指着那个女人坐着的地方。有人告诉她是玛莎·沙菲罗夫小姐。她突然大笑起来，转向我说，玛莎·沙菲罗夫小姐让她想起了一句俄国谚语："长脖子只适合吊死。"听到女皇的讽刺，我忍不住笑了。因为侍臣们的口口相传，所以当我从桌子上站起来时，我发现有几个人已经知道了。我不知道大公是否听到了这件事，但无论如何他没有提起这件事。我也小心翼翼，不和他提这件事。

没有哪年比1753年到1754年这一年发生的火灾更多了。我曾多次从夏宫套间的窗户看到莫斯科不同地区同时发生两起、三起、四起，甚至五起火灾。在狂欢节期间，女皇下令在她的套间里举行几场大型正式的舞会和化装舞会。在其中一场舞会上，我看到女皇与马蒂奥奇金将军（General Matiouchkine）的妻子进行了长时间的交谈。这位女士不愿意她的儿子娶加加林女爵，但女皇说服了她。加加林女爵此时已经足足三十岁了，获准嫁给德米特里·马蒂奥奇金（Dmitri Matiouchkine）先生。她对此非常高兴，我也是。这是一场两厢情愿的婚姻。此时的马蒂奥奇金很帅。乔格洛科夫夫人没有和我们一起去我们的夏季套间。她打着不同的借口，和她的孩子们留在自己的房子里，而她的房子离夏宫很近。但事实是，尽管她是一位贤惠有爱心的妻子，但她对彼得·列普宁亲王（Prince Peter Repnine）怀有感情，对她的丈夫则怀着明显的反感。她认为没有知己就会不幸福，而在她看来我是最值得信赖的人。她给我看了她从情人那里收到的所有信件。我忠实地保守她的秘密，不向任何人透露分毫。她和亲王秘密会面，尽管如此，她的丈夫还是有些怀疑。一个叫卡米宁（Kaminine）的骑兵军官发觉了他们的秘密。这个人是嫉妒和猜疑的化身，这是他的天性。他是乔格洛科夫的老朋友。乔格洛科夫把这件事告诉了谢尔盖·萨尔蒂科夫，萨尔蒂科夫竭力使他平静下来。我小心谨慎，没有把我所知道的一切告诉萨尔蒂科夫，生怕他会鲁莽行事。最后，这位丈夫也向我透露了一点消息。我假装完全不知道，做出一副惊讶的样子，然后什么也没说。

2月，我有一些怀孕的迹象。复活节礼拜日，在弥撒期间，乔格洛科夫患了干胆酸，他们给他试了各种治疗方法，但他的病情继续恶化。复活节期间，大公和我们宫廷的侍臣们出去骑马。谢尔盖·萨尔蒂科夫也在其中。我待在家里，因为他们害怕让我在目前的情况下出去，特别是我曾两次流产。我一个人待在房间里，这时乔格洛科夫先生派人请我去看看他。我去了，发现他躺在床上。他不停地抱怨自己的妻子：他告诉我她去见列普宁亲王；他步行去了她的房子；在狂欢节期间，宫廷舞会日那天，他打扮成小丑去了她的房子；卡米宁跟踪了他。总之，他把只有上帝知道的所有细节告诉了我。

在他最激动的时候，他的妻子来了。于是，他当着我的面开始责备她。指责她在他生病时抛弃了他。他们相互猜疑，并且都心胸狭窄。我几乎吓死了，唯恐他的妻子从他说的关于她的秘密会面的大量细节判断是我背叛了她。他的妻子告诉他，如果她因为他对她做的事而惩罚他，这并不奇怪；无论是他还是其他任何人，都不能因到现在为止她在任何方面都没有履行对他的职责而责备她。她最后说，应该被抱怨的是他。两人都不断向我求援，为他们所说的话作证。我保持沉默，生怕得罪任何一个，或者把自己卷进去。我的脸因担忧而发烫。整个过程，只有我和他们在一起。当争吵达到高潮时，弗拉迪斯拉瓦夫人进来告诉我，女皇刚刚进了我的房间。我立刻跑回去。乔格洛科夫夫人也同时离开了，但她没有跟着我，而是在走廊里停了下来。走廊里有一个通往花园的楼梯，后来有人告诉我，她坐在那里。至于我自己，则上气不接下气地跑回房间，发现女皇已经在那里了。她看到我上气不接下气，脸都红了，就问我去哪儿了。我告诉她，我刚从乔格洛科夫先生的套间里出来，他病了，我跑回来是为了尽快回来，因为我被告知她已经屈尊来到我的房间。她不再问我任何问题，但在我看来她在回想我所说的话，似乎觉得很奇怪。尽管如此，她还是继续和我说话。她没有问大公在哪里，因为她知道他出去了。在她统治的整个时期，大公和我都不敢在没有得到她允许的情况下出城或离开房子。弗拉迪斯拉瓦夫人在房间里，女皇和她说了几句话，然后跟我说话，都是一些无关紧要的事情。最后，她待了近半个小时。离开前，她说，由于我怀孕了，她将不让我在4月21日和25日露面。我很惊讶乔格洛科夫夫人没有跟上来。女皇走后，我问弗拉迪斯拉瓦夫人她怎么样了。她告诉我，乔格洛科夫夫人坐在楼梯上，哭了起来。大公回来后，我向谢尔盖·萨尔蒂科夫讲述了他们不在时发生的事情：乔格洛科夫叫我去他那里，我对这对夫妇说的话及女皇看到我时的震惊。他回答说："如果是这样的话，我认为女皇一定是来看你在丈夫不在的情况下做了什么。为了让人看到你在自己的套间和乔格洛科夫家里都是完全孤独的，我马上就走，带我所有的人去伊凡·肖瓦洛夫家，就好像我们眼睛糊了泥巴，什么也没有看见。"事实上，大公回来后，萨尔蒂科夫和所有刚才与殿下一起骑马的人都去找伊凡·肖瓦洛夫。肖瓦洛夫在宫廷里有套间，当他们到达那里时，肖瓦洛夫问了他们关于他们刚才骑马的问题。萨尔蒂科夫后来告诉我，从这些问题来看，他认为自己的推断是正确的。

从这一天起，乔格洛科夫的病情越来越严重。4月21日我生日那天，医生宣布他已康复无望。女皇得知后，下令将他带回他自己的家中（这是她惯常的做法），以免他在宫廷里死去，因为她害怕死人。得知他的病情后，我非常悲痛。在经历了多年的麻烦和痛苦之后，我们已经成功使他不仅不那么脾气暴躁和爱玩弄阴谋，而且当我们研究了他的性格后，获得了随心所欲地摆布他的能力，他变得温顺了，而他却在这个时候死了。至于他的妻子，她此时真诚地爱着我，从一个严厉而恶毒的阿格斯变成了一个坚定而亲密的朋友。乔格洛科夫被挪到自己的房子后，一直撑到4月25日下午才去世，那天也是女皇加冕的纪念日。我立即得知了这件事，因为我不断派人去询问病情。我真的为他难过，哭了很久。在这位丈夫生病的最后几天，他的妻子也只能卧床休息，他住在房子的一边，她住在另一边。谢尔盖·萨尔蒂科夫和莱昂·纳里奇金在她丈夫去世的那一刻碰巧在她的房间里，窗户开着，一只鸟飞进房间，落在天花板的飞檐上，就在乔格洛科夫夫人的床对面。见状，她说："我确信我的丈夫刚断气了，快去问问他怎么样了。"得知他真的死了，她说那只鸟是她丈夫的灵魂。他们试图向她证明这只鸟是一只普通的鸟，但后来这只鸟不见了。他们说它已经飞走了，但由于没有人看到这只鸟，她仍然相信这是她丈夫的灵魂来找她。

　　葬礼一结束，乔格洛科夫夫人就想来我的房间。女皇看见她走过雅乌萨桥（Yaousa Bridge），派人传话给她，她应该暂停在我身边陪侍，回她自己家里。女皇陛下认为，作为一个寡妇，她不应该这么快就出门。同一天，女皇任命亚历山大·伊万诺维奇·肖瓦洛夫先生代替已故的乔格洛科夫先生履行在大公宫廷里的职责。肖瓦洛夫先生本不是凭自己的能力得到这个位置的，现在成为宫廷、城市和整个帝国的恐怖之源。他原是当时被称为"秘密法庭"的国家特别法庭的庭长。据说，这个职位使他染上一种抽搐的习惯，每当他受到喜悦、愤怒、恐惧或焦虑的情绪影响时，他的整个右脸，从眼睛到下巴，都会抽搐。令人惊讶的是，这样一个有着如此可怖表情的人竟然会被安排在大公身边，让他经常出现在一个怀孕的年轻女子面前。如果我生下的孩子也有同样的抽搐动作，我想女皇会非常恼火，而这样的情况有可能发生，因为我经常看到他，并且不是出自我自己的意愿。在他出现的大部分时间里，我不由自主地反感。可以想象，他的个人外表、人际关系和职位都不会使他给我们带来社交乐趣。但这只是他们为我们（特别是我）准备的"美好时光"的开始。第二天早上，我被告知女皇将再次把鲁米安佐夫伯爵夫人安排在我身边。我知道她是谢尔盖·萨尔蒂科夫的死敌，对加加林女爵也毫无好感，并且她在女皇面前极力中伤我的母亲。当我得知这个安排时，我失去了所有耐心。我痛哭起来，并告诉肖瓦洛夫伯爵说，如果将鲁米安佐夫伯爵夫人安排在我身边，我会认为这是一个巨大的不幸。这位女士已经中伤了我的母亲，让女皇对我母亲形成不好的看法，现在她也会这么对我。她以前陪侍在我们的套间里时，就是一个让人惧怕的人，如果他不想办法阻止这种情况的发生，那么这种安排会带来诸多痛苦。他答应会尽他所能，并让我平静下来。因为考虑到我现在的情况，他害怕这种激动的情绪会带来可怕的后果，于是立刻去见女皇，回来后他告诉我，但愿不会将鲁米安佐夫伯爵夫人安排在我身边。事实是，我没有听到更多关于这件事的后续。当前我们只需做好动身去圣彼得堡的准备，无须考虑其他。他们安排我们在路上走29天，也就是说，我们每天只能在一个驿站停留。我极其担心，唯恐他们将谢尔盖·萨尔蒂科夫和莱昂·纳里奇金留在莫斯科，但不知道出于什么原因，他们居然同意将这两个人的名字写在我们随从的名单上。

最后，在10日或11日，我们从莫斯科的宫殿出发。我和亚历山大·肖瓦洛夫伯爵的妻子坐在一辆马车里，她是人们所能想象到的最讨人厌的女人。弗拉迪斯拉瓦夫人、助产士和我们一起出发，他们说在我怀孕期间助产士应时刻待在我的身边。我坐在马车里，累得要死，路上一直哭。最后，加加林女爵趁接近我的机会告诉我说她正在努力让弗拉迪斯拉瓦夫人对我好一点，因为加加林女爵和其他人一样，担心我的抑郁症可能会伤害我和我的孩子。加加林女爵不喜欢肖瓦洛夫伯爵夫人，因为肖瓦洛夫伯爵夫人的女儿嫁给了戈洛夫金（Golofkine），戈洛夫金是加加林女爵的表亲，而肖瓦洛夫伯爵夫人的女儿不受戈洛夫金的亲戚们待见。她说，因为肖瓦洛夫夫妇一直在我身边，出于对他们的忌惮，萨尔蒂科夫不敢靠近我。事实上，加加林女爵确实成功地让弗拉迪斯拉瓦夫人变得讲情理了，并愿意稍微减轻一直以来施加在我身上的让人烦心的限制，正是这些限制导致了我无法控制的抑郁症，我所想要的只是短暂的私人谈话。加加林女爵终于做到了。经过29天沉闷的旅程，我们到达圣彼得堡和夏宫。大公立即重新举行音乐会，这有时给了我进行私人谈话的机会，但我的抑郁症已经变得很严重，以至每时每刻，每说一句话，我的眼睛都充满了泪水，我的心也充满了恐惧。一句话，我时刻担心一切都朝着除掉谢尔盖·萨尔蒂科夫的方向发展。

我们去了彼得霍夫。我经常散步，但尽管如此，我的忧郁挥之不去。8月，我们回到城里，住在夏宫。我得知他们为我准备的套间靠近女皇的套间，其实是女皇套间的一部分。这对我来说是一个致命的打击。亚历山大·肖瓦洛夫带我去看我的套间，我发现我的套间有两个房间，都很阴暗，并且跟夏宫的所有套间一样只有一个卫生间；房间的窗帘是丑陋的深红色锦缎，房间里几乎没有任何家具，也没有任何便利设施。我明白了，我将被孤立在那里，没有任何人陪伴，陷入悲惨的境地。我把我的看法告诉了萨尔蒂科夫和加加林女爵，虽然他们都不喜欢对方，却因和我的友谊联结在一起。他们和我的看法一样，但无能为力。星期三我就要住进这个套间，而这个套间离大公的套间很远。星期二晚上我上床睡觉，夜里因阵痛醒来了。我叫来弗拉迪斯拉瓦夫人，她立刻去找助产士。弗拉迪斯拉瓦夫人说我马上要分娩了。大公睡在自己房间里，被吵醒了，亚历山大·肖瓦洛夫伯爵也被吵醒了。肖瓦洛夫伯爵派人给女皇报告消息，女皇不久就来了。这时大约是凌晨两点。我非常虚弱。最后，第二天，也就是9月20日快到中午的时候，我生下一个儿子。他们一给婴儿穿好衣服，女皇就召来了她的忏悔牧师。牧师给孩子取名保罗，然后女皇立即命令助产士把孩子抱起来，跟她走。我躺在产床上。这时，产床被放在一扇门的对面，我可以透过这扇门看到光；我身后有两扇大窗户关不上，床的左右两侧有两扇门，其中一扇通向我的更衣室，另一扇通向弗拉迪斯拉瓦夫人睡觉的房间。女皇一走，大公也走了，肖瓦洛夫夫妇也走了。直到下午3点，我就这样一个人躺在产床上。我分娩的时候出了一身汗，因此我恳求弗拉迪斯拉瓦夫人给我换一身亚麻衣服，并把我放回我自己的床上，但她告诉我说她不敢。她多次派人去找助产士，但助产士没有来。我想喝点水，但还是得到了同样的回答。3个小时后，肖瓦洛夫伯爵夫人终于来了，穿得非常考究。当她看到我还躺在原来的地方时非常生气，说这样我会死掉。毫无疑问，她的话对我来说是一种安慰。我从分娩时就一直在流泪，在经历痛苦的难产后，又因被遗弃而难过。我躺在没有关上的门窗之间，没有人敢把我抬到离我不到两步远的床上，而我没有力气爬过去。肖瓦洛夫夫人马上走了，我想她是去接助产士了，因为助产士大约半小时后来了，告诉我们女皇时刻和孩子在一起，一刻也不让她离开。至于我，没有人想到我。这种健忘或疏忽让我十分难过。我极度口渴。最后，他们把我抬到我的床上，我一整天都没有看见一个人，也没有人派人来问候我。至于大公，除了喝光他能找到的所有东西，他什么也不干，而女皇只关注孩子。整座城市，整个帝国，都因孩子的出生沉浸在巨大的喜悦中。第二天，我开始感到剧烈的风湿性疼痛，从臀部蔓延到大腿和左腿。这种疼痛使我无法入睡，并引发高烧。尽管如此，第二天仍然没有人关注我。没有人来看我，也没有人派人来问候我。大公确实走进我的房间一会儿，然后就走了，说他没有时间，不能待在我这里。我一整天都躺在床上哭泣和呻吟。除了弗拉迪斯拉瓦夫人，我的房间没有其他人，她发自内心地为我感到难过，但对此无能为力。此外，我从不喜欢被人怜悯，也不喜欢抱怨，我太骄傲了，无法忍受别人觉得我不幸福。到目前为止，我都尽量避免表现出我不幸福。可能亚历山大·肖瓦洛夫伯爵和他的妻子来看过我，但他们如此平淡乏味，令人厌烦，因此他们不来更让我高兴。第三天，女皇那边派人来找弗拉迪斯拉瓦夫人，询问在我的生产那天女皇陛下穿的蓝色绸缎小披肩是否落在我房间里了。弗拉迪斯拉瓦夫人在我的房间里到处找，最后在更衣室的一个角落里找到了，因为自从我分娩以来，很少有人进入更衣室。找到后，她立即把它送走了。这件披肩引发了下面这件奇怪的事。女皇没有固定的作息，无论是睡觉、起床、吃午饭、吃晚饭或换衣服。在这三天中的一天，她晚饭后躺在一张放了床垫和枕头的沙发上，然后她觉得很冷，就让人去取这件小披肩。大家到处找，但找不到，因为这件披肩被落在了我的房间。女皇随后让人去她床上的枕头下找，相信在那里可以找到。克劳斯夫人的妹妹是女皇宠爱的侍女，她伸手到女皇的长枕下找，她的手抽出来后说那里没有披肩，但有一包头发之类的东西，她不知道是什么。女皇立即从沙发上站了起来并走过去，令人把床褥和枕头拿开。让他们大吃一惊的是，她们发现了一个纸包，里面有一束缠绕在草药根上的头发。女皇陛下的侍女和女皇本人都说这肯定是某种巫术。于是，每个人都开始猜测是谁这么大胆把这个纸包放在女皇的枕头下。一个女皇陛下最宠爱的人受到了怀疑。她叫安娜·德米特里夫娜·杜马切娃（Anna

Dmitrevna Doumacheva）。不久前她成了寡妇，然后再嫁给侍奉女皇的卧室男仆。肖瓦洛夫一家不喜欢这个妨碍他们的女人，也嫉妒她从年轻时起就因得到女皇信任而受到尊重。她能使用一些小技巧来削弱他们的影响力。于是，肖瓦洛夫一家和他们的党羽想方设法陷害她，女皇轻易就相信了他们的陷害伎俩，因为女皇相信巫术。因此，女皇命令亚历山大·肖瓦洛夫伯爵逮捕杜马切娃、她的丈夫和她的两个儿子。杜马切娃的一个儿子是护卫队军官，另一个儿子是女皇陛下的卧室贴身随从。杜马切娃的丈夫被捕两天后，要求用剃须刀刮胡子，然后用剃须刀割断了自己的喉咙。至于杜马切娃和她的两个孩子，他们被逮捕很久后，她承认，为了延长女皇的恩宠，她利用了巫术，在圣星期四[①]那天，她把几粒烧焦的盐放进一杯匈牙利葡萄酒中，然后拿给女皇喝。最后，这名妇女和她的两个儿子被放逐到莫斯科。后来，有传言说，女皇在我去她那里之前头晕了一阵，就因为喝了这个女人给她的酒。然而，可以肯定的是，这个女人放进酒里的盐粒绝对是两三粒，肯定不会伤害女皇。在这件事中，除了那个女人的鲁莽和迷信，没有什么可谴责的。

　　大公终于厌倦了没有我的女侍官陪伴的夜晚，他来到我的房间并提议在这里过夜。当时，他正在追求我女侍官中最丑的伊丽莎白·沃龙佐夫（Elizabeth Voronzoff）。我儿子在出生的第六天

---

① 复活节前的星期四，纪念耶稣基督被捕并被钉死十字架之前与使徒共进最后的晚餐这一事件。——译者注

接受了洗礼。他患了鹅口疮，都快死了。我只能偷偷打听他的任何情况，因为打听他的情况会被认为是怀疑女皇的照顾，会受到粗暴的对待。此外，女皇还把他带进了自己的房间，每当他哭的时候，她会亲自跑到他身边。由于过分小心的照顾，她们几乎把他闷死。他被关在一个非常温暖的房间里，裹着法兰绒，躺在一个铺着黑狐狸毛皮的摇篮里，身上盖了一张被子，里面有填料，上面还盖了玫瑰色的天鹅绒毯，毯子衬有黑色的狐狸皮。后来，我多次亲眼看到他以这种方式躺着，脸上、身上全是汗，因此，当他长大一点时，一丝风吹来都会使他感到寒冷，让他病倒。此外，照顾他的是一帮缺乏判断力和常识的老年妇女，她们的照顾对他的身体和品德的伤害远远大于好处。

在他受洗的那天，仪式结束后，女皇来到我的房间，并用一个金托盘带了一道诏书给我，说我可从她的财库里取10万卢布。她还给了我一个小珠宝盒，她走后我才打开。这笔钱来得很及时，因为我手头一分钱都没有，并且负债累累。至于珠宝盒，当打开它的时候，我并没有觉得十分稀奇，里面只有一条很差的项链，配着一副耳环和两个很简陋的戒指，这样的首饰我都羞于赏给我的侍女。整套首饰中，没有一件价值100卢布的珠宝，并且设计和做工也乏善可陈。我锁上珠宝盒，什么也没说。似乎有人感到了这个礼物的微薄，因为亚历山大·肖瓦洛夫伯爵奉命询问我是否喜欢这个珠宝盒。我回答说，无论女皇给我什么，在我眼里都有不可估量的价值。听了这番恭维，他很高兴地走了。但当他看到我从来没有戴过这条漂亮的项链，尤其是那副普通的耳环时，他又提起这个问题，让我戴上这些珠宝。在女皇的宴会上，我说我习惯于戴我拥有的最漂亮的东西，而这条项链和耳环不属于这一类。

我拿到女皇给我的钱四五天后，她的财库秘书切卡索夫男爵派人来求我，看在上帝的份上，再把钱借给女皇财库，因为女皇找他要钱，而财库一分钱也没有了。我把钱给了他，他在1月还给了我。大公听说女皇送给我礼物后，非常激动，因为女皇没有给他任何东西。他激动地向亚历山大·肖瓦洛夫伯爵表示抱怨。肖瓦洛夫伯爵将他的抱怨告诉了女皇，女皇立即向大公发了一道类似的诏书，给了他同样一笔钱。切卡索夫男爵向我借钱就是为了满足大公的要求。事实上，肖瓦洛夫一家非常胆小，正是由于这种弱点，他们很容易被利用，但这一特征当时还没有被发现。

在我儿子的洗礼之后，宫廷举办了宴会、舞会、灯火晚会和焰火表演。至于我，一直躺在床上，病得很厉害，并且感到极度疲倦。最后，他们在我分娩的第十七天向我同时宣布了两条消息。首先，谢尔盖·萨尔蒂科夫被选中去瑞典宣布我儿子出生的消息；其次，加加林女爵的婚礼定在下一周。简而言之，我几乎立即失去我身边最喜欢的两个人。我躺在床上的时间更多了，陷入无尽的悲伤。为了继续躺在床上，我假装大腿疼痛加剧，从而无法起床，但事实是，我既不能也看不到任何人，感觉十分痛苦。

在我卧床期间，大公也遭受了极大的痛苦。他从亚历山大·肖瓦洛夫伯爵那里得知，几年前女皇曾命令他原先的一个叫巴斯蒂安（Bastien）的猎手娶我原来的侍女申克小姐。巴斯蒂安告发说，他从某个人那里听说，布雷桑想给大公喝点什么东西。这个巴斯蒂安是一个大流氓和酒鬼，时常和殿下喝酒，并与布雷桑争吵过。他认为布雷桑比自己更得大公的宠信，所以想给布雷桑制造点麻烦。大公很喜欢他们两个。巴斯蒂安被送去要塞，布雷桑本来也可能会被送去，但他获得豁免，只不过受了惊吓。巴斯蒂安被驱逐出境，和他的妻子一起被送到了荷尔斯泰因，而布雷桑保留了自己的职位，因为他是一名普通密探。由于女皇通常在签署文件时拖拖拉拉，谢尔盖·萨尔蒂科夫的出使有些延迟，但也终于离开了。与此同时，加加林女爵在选定的时间结婚了。

当我40天的卧床结束后，在我们做礼拜的时候，女皇第二次来到我的房间。我从床上起身迎接她，但她看到我十分虚弱和疲惫，便让我在她的忏悔牧师读祈祷文时坐着。我的孩子被带进了房间，这是他出生后我第一次见到他。我觉得他很漂亮，看到他我精神好了一点，但祈祷一结束，女皇就把他带走了，然后她也离开了。我卧床6个星期后，女皇陛下指定11月1日为我接受惯例祝贺的日子。为此，我隔壁的房间布置得非常华丽，我坐在绣有银线的玫瑰色丝绒沙发上，每个人都来吻我的手。女皇也来了，然后从我的套间直接去了冬宫，两三天后我们接到命令跟去冬宫。我们住在我母亲以前住过的套间里，这些套间占了雅古吉斯基房子的一部分和拉戈辛斯基房子的一半，拉戈辛斯基房子的另一半由外交部占据。此时正在对冬宫大广场附近的部分进行施工。

　　我从夏宫搬到冬宫，下定决心，只要我觉得自己还没有恢复到足以克服抑郁症的程度，就不离开我的房间。在这一时期，我阅读了德意志的历史和伏尔泰的《通史》（*Universal History*）①。读完这些之后，我在这个冬天读了我所能找到的所有俄国作品，其他还有巴罗纽斯②两部翻译成俄语的鸿篇巨制；接下来我读了孟德斯鸠③的《论法的精神》（*Esprit des Lois*），之后我读了塔西佗④的《编年史》（*The Annals*）。这些书在我的大脑中引发了一场奇异的革命，也许，我在这一时期的忧郁对这场头脑革命起了很大的作用。我对事物的看法变得更悲观了，并开始在我周围发生的事情中寻找更深层、更有意义的动机。为了能在圣诞节出去，我打起全副精神。事实上，我出席了宗教仪式。但在教堂里，我身体发抖，浑身疼痛，所以我一回到家就脱掉衣服上床睡觉。我的床只是一张垫子，我把它放在一扇堵住的

---

① 全称《一篇关于世界历史、国家风俗和精神的论文：从查理曼的统治到路易十四世时代》（*An Essay on Universal History, The Manners, and Spirit of Nations: from the Reign of Charlemaign to the Age of Lewis XIV*），中文译本简称《风俗论》。——译者注

② 即恺撒·巴罗纽斯（Caesar Baronius，1538—1607），意大利枢机主教、天主教会历史学家，其最著名的作品是《传道年鉴》（*Annales Ecclesiastici*）。——译者注

③ 孟德斯鸠（Montesquieu，1689—1755），法国文学家、历史学家和政治哲学家。——译者注

④ 塔西佗（Tacitus，56—120），罗马历史学家和政治家。——译者注

门前，在门后挂了一块衬有羊毛布的帘子，帘子前面还有一块大屏风，我以为这样就没有风会吹进来，但我相信这是导致这年冬天折磨我的所有感冒的原因。圣诞节后的第二天，剧烈的高烧使我神志不清。房间又小又窄，当躺在床上眯着眼睛休息时，除了床尾的炉子上画工十分蹩脚的瓷砖画外，我什么都看不到。至于我的卧室，我根本没进去过，因为卧室很冷，东面和北面都是窗户，可以眺望涅瓦河。第二个让我不想进入卧室的原因是它离大公的套间很近。在整个白天和晚上的一部分时间里，大公的套间传来一种像警卫室一样的噪音和喧闹声。除此之外，由于他和他所有的同伴都大量吸烟，令人不快的烟味从那边透过来。因此，整个冬天我都待在这个狭窄的房间里。这个房间有两扇窗户，中间隔着一个窗户墩。总的来说，我待的这个区域大约有七八俄尺①长，四俄尺宽，还有三扇门。

---

① 当时俄国的长度单位，一俄尺约为71厘米。——译者注

1755 年

1755年就这样开始了。从圣诞节到四旬斋，除了在城市和宫廷的庆祝活动，人们无事可干。这些活动都是为庆祝我儿子的出生而举行的。每个人都竞相举办最精彩的晚宴、大型正式的舞会、化装舞会、灯火晚会和焰火表演。在生病的借口下，我没有出席任何庆祝活动。

四旬斋结束时，谢尔盖·萨尔蒂科夫从瑞典返回。在他出使瑞典的这段时间里，首相别斯图热夫·留明伯爵将他收到的所有跟谢尔盖·萨尔蒂科夫有关的消息，以及当时的俄国驻瑞典宫廷特使帕宁伯爵发回的公文，都寄给了我。这些信是通过弗拉迪斯拉瓦夫人转给我的，而她则是从她的继子、首相的首席书记官（chief clerk）那里得到的，我用同样的方式把这些信送回去。我从同一渠道进一步了解到，萨尔蒂科夫回国后，应立即前往汉堡任俄国常驻汉堡大使，接替亚历山大·加利津亲王（Prince Alexander Galitzine），亚历山大·加利津亲王则被任命为军官。这种新的安排并没有减轻我的悲伤。

谢尔盖·萨尔蒂科夫一到，就通过莱昂·纳里奇金请求我告诉他可否来看我。我告诉了弗拉迪斯拉瓦夫人，她同意我们见面。他将先去她的房间，然后再来我的房间。我一直等到凌晨3点，极度焦虑，担心是什么妨碍了他的到来。第二天，我得知他被罗曼·沃龙佐夫伯爵拉去一个共济会集会的地方，他说他无法在不引起怀疑的情况下脱身。但仔细询问了莱昂·纳里奇金后，我清楚地明白，他之所以不能前来，是因他对这次会面并不在意，也缺乏兴趣，完全不顾我长期以来因对他的依恋而遭受的痛苦。莱昂·纳里奇金尽管是他的朋友，也没有为他的爽约提供什么辩护。说实话，我非常恼火，给他写了一封信，在信中我强烈抱怨他的冷漠。他回信了，然后来看了我。他轻易就安抚了我，因为我很乐意接受他的道歉。他建议我公开露面，我听从了他的建议，在2月10日露面了。这天是大公的生日，也是忏悔星期二①。我为这个场合准备了一件蓝色天鹅绒绣金线的华丽连衣裙。独自一人的时候，我思考了很多。现在我决定，就我自己而言，我会让那些给我带来如此多烦恼的人知道，他们不会冒犯了我而不受惩罚，也别指望虐待了我后还能得到我的爱和认可。因此，我没有错过任何机会向肖瓦洛夫一家证明我对他们的感情。我以极度鄙视的态度对待他们，向其他人指出他们愚蠢、邪恶的本性，无论我在哪里，我都会把他们变成笑柄，并且总能找到一些挖苦他们的话，这些话后来传遍了全城，以他们为代价发泄人们的恶意。总之，我用所能想到的一切方式向他们报仇，并且在他们的眼皮下，我总是能分辨出他们不喜欢的人。因为有很多人恨他们，所以我从来不会找不到挖苦的话题。我一直很喜欢拉祖莫夫斯基家的几位伯爵（Counts Rasoumowsky），此时他们比以往任何时候都更受我的青睐。我对每一个人都倍加礼貌和关心，但肖瓦洛夫

---

① 基督教四旬斋首日圣灰星期三（Ash Wednesday）的前一天，按照传统人们会吃薄饼。——译者注

一家除外。总之，我精神振奋，昂首挺胸，站在那里，更像一个大党派的领袖，而不是一个谦卑和受压迫的人。肖瓦洛夫一家不知道该怎么对待我。他们接受劝告，诉诸侍臣的诡计和阴谋。此时，俄国宫廷出现了一个叫布罗克多夫（Brockdorf）的人，他是一位来自荷尔斯泰因的侍臣，在前一次访问中被当时得势的布鲁默和伯克霍尔茨送回荷尔斯泰因，因为他被视作一个阴谋家、一个品行非常坏的人。这个人的出现对肖瓦洛夫一家来说非常及时。因为作为大公的侍从，他有接近大公的天然机会，此外，大公因自己荷尔斯泰因公爵的身份对每个从荷尔斯泰因来的傻瓜都怀有好感。布罗克多夫是通过这样的方式结识彼得·肖瓦洛夫伯爵的：在他寄宿的旅馆里，他结识了一个人，这个人除了去拜访三个年轻漂亮的姓雷芬斯坦（Reifenstein）的德意志女孩外，从未离开圣彼得堡的旅馆。这三个女孩中的一个领着彼得·肖瓦洛夫伯爵给她的年金。住在旅馆的这个人叫布劳恩（Braun），代理各种事务。他将布罗克多夫带到这些德意志女孩家里，在那里布罗克多夫结识了彼得·肖瓦洛夫伯爵。彼得·肖瓦洛夫伯爵向布罗克多夫表达了对大公强烈的敬爱之情，并且以同样强烈的感情表达了对我的抱怨。布罗克多夫先生把这一切转告了大公，一有机会他们就鼓动大公，直到大公决定让他妻子恢复他们口中的理智。有一天晚饭后，殿下带着让我恢复理智的想法来到我的房间，对我说我最近过于傲慢，但他会让我恢复理智。我问他我的傲慢体现在哪里。他回答说我站得太直了。我问，为了取悦他，我是否必须像奴隶一样在大领主面前点头哈腰。他生气了，说，他知道如何让我恢复理智。我问他准备怎么做。于是，他把背靠在墙上，把剑拔出一半给我看。我问他这是什么意思，因为如果他想和我打架，那我必须也有一把剑。他把半拔的剑放回鞘中，告诉我，我变得非常恶毒了。"体现在什么方面？"我问。他结结巴巴地回答说："什么方面？对待肖瓦洛夫一家方面。"对此，我回答说，我只能以牙还牙，他最好不要插手他不知道也不理解的事情。听我这么说，他惊呼道："看看不信任真正的朋友意味着什么，有人会因此受苦。信任我对你有好处。""但我该告诉您些什么呢？"我说。然后，他开始用一种漫无边际的方式说话，我发觉跟他讲道理毫无意义，就由他继续说，不再争辩，然后抓住一个有利的时机劝他去睡觉，因为我清楚地看到，酒精已经影响了他的理智，使他天生就没有多少的理智也丧失了。他听从我的建议，回去了。从这时开始，他身上总有一股烟酒的味道，所有靠近他的人都无法忍受。同一天晚上，当我玩牌时，亚历山大·肖瓦洛夫伯爵代表女皇向我表示，她已经禁止女士们在衣服上使用公告指出的某些装饰品。为了向他展示他们的殿下对我的教育效果，我当面嘲笑他，并告诉他，他大可不必费心向我通报女皇的命令，因为我从未穿戴过任何令女皇陛下不快的饰物；此外，我认为我的优点不在于容貌的美丽，也不在于装饰的华丽，因为当美貌消失时，再多的装饰都是荒谬的，除了性格之外，没有什么是永恒的。他听我说完，像往常一样眨着右眼，然后做了个鬼脸就走了。我把和我在一起的人的注意力吸引到这个怪癖上，我模仿他的鬼脸，每个人都笑了。几天后，大公告诉我，他想向女皇要钱以解决他在荷尔斯泰因的事务。那里的状况一天比一天糟糕，布罗克多夫建议他向女皇要钱。我非常清楚地看到，他们只是在向他抛出诱饵，让他以为肖瓦洛夫一家的干扰帮助他得到这笔钱。我问，如果没有这笔钱，是否就没有其他方法了。他说他会给我看从荷尔斯泰因发给他的陈述。在仔细阅读了他摆在我面前的文件后，我说，在我看来，他可以不用乞求自己的姨妈，并且他的姨妈可能会拒绝他，因为她在6个月前给了他10万卢布。然而，他坚持自己的观点，我也坚持我的观点。在很长一段时间里，他满怀希望，但最终一无所获。

复活节后，我们去了奥拉宁鲍姆。出发前，女皇允许我第三次见我的儿子。要见到他，我必须穿过女皇陛下的所有套间才能到达他的房间。正如我已经提到的那样，我在那里发现他闷热难耐。到达奥拉宁鲍姆后，我们发现了一个奇怪的现象。虽然殿下的荷尔斯泰因臣民不断向他宣扬荷尔斯泰因负债累累，每个人都建议他减少不必要的随从，他却偷偷地私下安排，然后大家突然看到他的一个大胆决定，把整支分遣队都调了过来。这又是那个卑鄙的布罗克多夫的怂恿，他对大公的统治热情极力奉承。他对肖瓦洛夫一家说，通过纵容大公的这一嗜好，他们将永远获得大公的青睐，然后将大公完全掌握在手中，以后无论他们做什么，都可以确保得到大公的认可。女皇憎恨荷尔斯泰因和那里的一切，她和彼得大帝及俄国民众的看法一致，认为类似的军事怪癖毁了大公的父亲卡尔·弗雷德里克公爵。大公带了一支分遣队这件事似乎被隐瞒得太深，以至在她看来只是一件小事，不值得一提；此外，肖瓦洛夫伯爵的出现足以阻止这件事产生任何后果。在基尔上船后，分遣队在喀琅施塔得登陆，然后向奥拉宁鲍姆进发。在乔格洛科夫的时代，除了在自己的房间里偷偷穿过荷尔斯泰因的制服外，大公从来没有在别处穿过。现在可以这么说，除了在宫廷朝会日，他没有穿过别的衣服，尽管他只是普雷布拉延斯基团的中校。在布罗克多夫的建议下，大公不让我知道他带了这支分遣队。当我意识到这支队伍的存在时，我为俄国人及女皇会对这样的行为产生什么不良看法感到不寒而栗，我太了解女皇的看法了。亚历山大·肖瓦洛夫先生在奥拉宁鲍姆的阳台前看到这支队伍时，一直眨着眼睛，而我就站在他身边。在他心里，他不赞成他自己和他的同伙已经容忍的事情。奥拉宁鲍姆城堡的护卫队隶属于因古尔曼尼团（Regiment of Inguermanie），该团与阿斯特拉罕团交替护卫奥拉宁鲍姆城堡。我被告知，看到荷尔斯泰因军队经过时，他们喃喃地说："那些该死的德意志人都应该卖给普鲁士国王，他们带进俄国的叛徒太多了。"一般来说，公众对这支队伍感到震惊，他们越是严肃地耸肩，就越是认为这简直荒唐可笑。实际上，大公的这个行为十分幼稚，非常轻率。

至于我，则沉默了。不过，当有人向我提起这件事时，我说出了自己的看法，表明我绝不赞成这个做法，因为这从任何角度来看都会损害大公的利益。事实上，从这个做法中得不出其他结论。这件事给他带来的快乐并不能弥补给他带来的舆论伤害。但大公全身心投入这支部队中，他在预先准备好的营地里安营扎寨，并在那里一直操练。最后，这支部队需要供养，但这是预先没有想到的，宫廷元帅对这样的要求没有准备。然而，部队供养的问题很紧迫，军队与宫廷元帅进行了一番辩论。最后，宫廷元帅屈服了，宫廷的仆人和在城堡守卫的因古尔曼尼团的士兵负责从城堡的厨房向营地运送新到达的食物。营地离房子有一段距离，无论是仆人，还是士兵，都没有从这些额外的服务中得到任何好处，人们可能很容易想象如此可笑的安排的效果。士兵们说："他们让我们成为那些该死的德意志人的走狗。"仆人说："我们不得不伺候一群小丑。"

当看到和听说正在发生的事情时，我决定尽可能远离这种会招来是非的幼稚游戏。我们宫廷的侍臣们都已经结婚了，他们的妻子也一起来了，因此我们是相当大的一帮人，但没有人，包括侍臣，愿意与这个荷尔斯泰因营地有任何关系，大公也从未离开过营地。因此，在这些侍臣的陪同下，我尽可能多地外出，但总是去与营地相反的方向，我们从来没有接近过营地。

正是在这个时候，我想在奥拉宁鲍姆建一个花园。我知道大公不会给我一寸土地建花园，我请求加利津亲王出售或割让给我大约100平方法尺[①]的荒地。这块地位于奥拉宁鲍姆附近，早就废弃了。这块土地由他家族的八人或十人共有，但由于没有什么产出，他们愿意把这块地给我。然后我开始规划和种植，因为这是我进行建设性活动的首个想法，我花了很多精力规划。我的老外科医生吉恩看见我在忙着规划，就对我说："做这些有什么好处呢？现在，请记住我的话，我预言，您总有一天会放弃这一切。"他的预言被证实了。但当时我需要一些娱乐，这种想象力的训练就是其中之一。起初，我雇了一位叫兰贝蒂（Lamberti）的奥拉宁鲍姆的园丁来负责花园的种植。在女皇还是公主时，他曾在她位于扎尔斯科-塞洛的庄园工作，从那里他被调到奥拉宁鲍姆。他喜欢预言，他预言女皇会登上皇位，这已经实现。只要我愿意听，他就反复告诉我，我将成为俄国女皇；我将能看到我的儿子、孙子和曾孙；我将在八十多岁[②]高龄时去世。他甚至在我登基前六年就确定了我登基的年份。他是一个非常奇特的人，以一种毋庸置疑的方式说话。他说女皇对他不好，因为他向她预言的事情都发生了，并且因为害怕他，把他从扎尔斯科-塞洛调到了奥拉宁鲍姆。

我想大概是在惠特桑蒂德（Whitsuntide）的时候，我们被从奥拉宁鲍姆召回了城市。大约在同一时间，英国大使威廉姆斯

---

① 平方法尺（toises），法国大革命前在法兰西使用的面积单位，1平方法尺相当于3.799平方米。——译者注

② 实际上，叶卡捷琳娜大帝去世时67岁。——译者注

骑士^①来到俄国。他的随从里有一个波兰人波尼亚托夫斯基伯爵（Count Poniatowsky），他的父亲跟随卡尔十二世去了瑞典。在首都短暂停留后，我们返回奥拉宁鲍姆，女皇命令我们在这里操办圣彼得节。她没有亲自来，因为我儿子的生日是同一天，她不想庆祝我儿子保罗的第一个生日。她待在彼得霍夫，坐在那里的一扇窗户前，似乎坐了一整天，因为所有经过彼得霍夫来到奥拉宁鲍姆的人都说他们在那个窗口见过她。奥拉宁鲍姆聚集了一大帮人。舞会在我的花园入口处的大厅举行，然后我们在那里吃了晚饭。外国大使和外国大臣也来了。我记得英国大使威廉姆斯骑士在晚餐时坐在我旁边，我们愉快地交谈。由于他充满活力，见多识广，与他交谈十分轻松。后来，我才知道，他在这次晚会上和我一样高兴，并且对我的评价很高。事实上，当我碰巧与那些在思想上、性格上适合我的人在一起时，总会出现这种情况，因为当时，我没有引起太多的嫉妒，人们通常都愿意称赞我。我被视为有思想的女人。还有很多人与我越来熟悉，他们信任我，依赖我，征求我的意见，并发现他们遵循我的建议会取得更好的效果。大公早就给我起名叫足智多谋夫人（Madame la Ressource），不管他是多么生气，如果他发现自己在任何事情上不知所措，他会以他一贯的风格跑来找我，征求我的意见，然后很快地离开。我还记得，在奥拉宁鲍姆的圣彼得节上，我看着

① 即查尔斯·汉伯里·威廉姆斯爵士（Sir Charles Hanbury Williams）。——译者注

波尼亚托夫斯基伯爵跳舞，和威廉姆斯骑士谈起了波尼亚托夫斯基伯爵的父亲，以及这位父亲对彼得大帝所做的恶事，英国大使对波尼亚托夫斯基伯爵评价很高，并证实了我已经知道的情况，即波尼亚托夫斯基伯爵的父亲和母亲的家族沙尔托里斯基家族（Czartoriskys）当时是波兰的俄国党，波尼亚托夫斯基伯爵被交给威廉姆斯骑士照料，并被送到这里，让他在这里培养对俄国的感情，他们相信他会在俄国取得成功。那时波尼亚托夫斯基伯爵大概二十二三岁。我回答说，总的来说，我认为俄国是外国人取得成功的绊脚石，那些在俄国取得成功的人在欧洲其他地区一样会取得成功。我一直认为有一条规则绝不会错，即没有任何地方的人能比俄国人更迅速地发现外来者的弱点、荒谬之处和缺陷。一个外来者别想指望有什么东西会逃过俄国人的眼睛，因为没有一个俄国人真的喜欢外国人。

　　大约在这个时候，我了解到，无论是在瑞典还是在德累斯顿，谢尔久斯·萨尔蒂科夫的行为都很不检点。此外，他向他遇到的所有女人求爱。起初，我不相信这些消息，但最后消息来自许多方面，甚至他的朋友也无法为他开脱。这年我比以往任何时候都更喜欢安妮·纳里奇金（Anne Narichkine），这她要归功于她的小叔子莱昂·纳里奇金。他总是和我们在一起，每天没完没了地胡说八道。他有时会对我们说："我有一个'比茹'（bijou），我想把它送给你们两个中表现最好的一个，你们会因此非常感激我。"我们让他继续说下去，压根不去问这个比茹到底是什么。

　　秋天，荷尔斯泰因的部队经海路回去，我们出发去夏宫。这时，莱昂·纳里奇金发了高烧。他给我发了几封信，我一下看出这些信不是他自己写的。我回了信。在这些信中，他向我要糖果之类的小东西，然后回信表示感谢。这些信写得很得体，并且非常生动，他说这些信是他让秘书写的。我终于知道，这位秘书是波尼亚托夫斯基伯爵，此人一直和他在一起，并与他的家人关系密切。大约在初冬，我们从夏宫搬到了女皇刚刚建造的新冬宫。新冬宫是以木头建成的，占据了奇奇林家族（Tchitcherines）宅邸现在所在的位置。新冬宫的一大块地一直延伸到马蒂奥奇金伯爵夫人（Countess Matiouchkine）的房子，当时这个房子属于纳乌莫夫（Naoumoff）。我的女侍官住在这个房子里，我的窗户则面向这个房子。当我走进为我们准备的套间时，我被房间的宽敞和奢华深深镇住了。他们为我准备了四个大前厅和两个卧室，还有一个小内间，为大公也准备了同样数量的房间。房间也安排得很好，我不会因为离大公的套间太近而受到干扰。对我来说，这是再好不过了。亚历山大·肖瓦洛夫伯爵注意到了我满意的神情，他立即告诉女皇说我对房间的数量和大小非常满意。事后，他带着一种满意的心情将他对女皇的汇报告诉了我，他的微笑和眨眼表明了他的得意之情。

　　在这一时期，以及此后很长一段时间，大公在城里的主要玩物是大量的士兵小玩偶，由木头、铅、髓和蜡制成。他把这些东西放在一些非常小的桌子上，这些桌子占据了整个房间，几乎没留足够的空间给人从桌子间穿过。沿着这些桌子，他钉了几根细细的铜带，铜带上系着细绳，当他拉这些细绳时，铜带发出了一种声音，据他说，这种声音就像是步枪射击的声音。他定期观察宫廷的庆祝活动，让他的玩偶军队也发出同样的射击声；此外，他每天都会让警卫换班，也就是说，从每一张桌子上挑出视作值班的娃娃。他穿戴全副军装、靴子、马刺、颈甲和围巾，跟玩偶一起操练。他那些获准参加这一宝贵操练活动的家佣也不得不以类似的风格出现。

这年冬天，我以为自己又怀孕了。我放血了。我得了感冒，或者更确切地说，我觉得我的两边脸都发烧了。但被折磨几天后，我上下颌的两端长出了四颗智齿（double teeth）。由于我们的套间非常宽敞，大公每周都举行一场舞会和一场音乐会。出席这些舞会和音乐会的只有我们宫廷的女侍官和内宫侍臣，还有侍臣们的妻子。那些帮助举办舞会的人认为这些舞会很有趣，但人从来都不多。纳里奇金一家的陪伴比其他人更让人愉快。我说的纳里奇金一家包括莱昂的姐妹西尼亚文夫人（Madame Siniavine）和伊斯梅洛夫夫人，以及他的嫂子，我前面已经谈到过她。莱昂比以往任何时候都更荒诞不经，被每个人当作一个无足轻重的人，事实上他也确实是这种人。他现在习惯于在大公的套间和我的套间之间不停地跑来跑去，从不在任何地方停留很久。如要进入我的房间，他常常像猫一样在我们门前喵喵叫，当我回应他时，他就会进来。12月17日，晚上6点到7点之间，他以这种方式出现在我的门口，我让他进来。他首先向我转达了他嫂子的问候，说她身体不好，并补充道："但您应该去看她。"我回答说："我很乐意这样做，但你知道，我不能未经允许就出去，他们也不会允许我去她家。""哦！我带您去。"他说。"你疯了吗？"我回答，"我怎么能和你一起去呢？你会被送到要塞，天知道我会遇到什么麻烦。""噢！但没人会知道的，我们会采取适当的预防措施。""什么措施？""是这样，我一两个小时后来接您，大公将在这个时候吃晚饭（很久以前，我一直以不想吃晚饭为借口，习惯待在自己的房间里）。他将在桌子旁待相当长的时间，把自己弄得醉醺醺的，然后上床睡觉（自从我产后卧床以来，他通常睡在自己的房间里）。为了安全，您可以穿上男人的衣服，我们一起去安娜·尼基奇娜·纳里奇金（Anna Nikitichna Narichkine）家。"我有点动摇了，因为我经常在房间里看书，没有任何人陪伴。这个计划非常疯狂，起码我一开始觉得是这样。最后，经过再三讨论，我从中看到了获得片刻放松和娱乐的可能。他走了，我叫来一个服侍我的卡尔梅克发型师，让他给我拿来一件男装，以及所有跟它配套的穿着，因为我想把它作为礼物送给别人。这个年轻人的嘴很紧，让他说话比让别人闭嘴更难。他迅速执行了任务，给我带来了我想要的一切。我假装头痛，很早就上床睡觉了。弗拉迪斯拉瓦夫人给我脱了衣服，退了下去，然后我起身，从头到脚把自己打扮成一个男人，尽我所能把头发整理好。我早就有自己整理头发的习惯，并且整理得还不错。在指定的时间，纳里奇金出现了。他穿过大公的套间，在我的门前"喵"地叫了一声。我打开门，我们穿过一个小前厅，进入大厅，趁着没人注意的机会钻进他的马车，然后像两个傻瓜一样为我们的冒险行为笑了起来。莱昂和他的哥哥、嫂子住在同一所房子里。

到了那里，我们见到了安娜·尼基奇娜·纳里奇金，她没有起疑心。我们还见到了波尼亚托夫斯基伯爵。莱昂说，他希望他的朋友能受到很好的接待。整个晚上我们都过得非常愉快。在那里待了一个半小时后，我离开了，没有发生意外，也没有遇到任何人。第二天，也就是女皇的生日，早上在朝会上，晚上在舞会上，我们看着对方的脸，差点对昨晚的愚蠢行为大笑起来。几天后，莱昂准备了一次回访，这次回访将在我的套间进行。和以前一样，他非常熟练地把他的同伴带到我的房间，没有引起任何怀疑。1756年就这样开始了。我们在这些偷偷摸摸的探访中感受到了一种奇怪的乐趣。每个星期我们见一两次面，偶尔甚至三次，有时在一方住所，有时在另一方住所；如果我们中的任何人不巧生病了，就由未生病的人前去探访。有时我们在剧院会面，但不说话，只是通过事先商定的某些标志约定会面，尽管我们可能身处不同的包厢里，也许我们中的一些人在观众池里，然而通过标志，每个人都知道该去哪里。我们之间从未出过错，除了有两次我不得不步行回家，但那也不过是几步路而已。

1756 年

在这一时期，俄国正准备与普鲁士王国开战。根据女皇与奥地利王室签订的条约，俄国必须提供一支3万人的军队。这是首相别斯图热夫·留明伯爵的观点，但奥地利希望俄国派出全部军队。为了这个目标，奥地利大使埃斯特哈西伯爵（Count Esterhazy）只要看到一个机会，就会使出所有外交技巧，并且经常同时通过几个不同的渠道发力。反对别斯图热夫·留明伯爵的政党包括副首相沃龙佐夫伯爵和肖瓦洛夫一家。当时英国与普鲁士王国结盟，法兰西王国与奥地利结盟。女皇开始经常生病。起初人们不知道她出了什么事。肖瓦洛夫一家经常显现出非常不安的样子，忙于搞阴谋诡计，他们不时对大公表现出非常关注的样子。侍臣们窃窃私语说，女皇陛下的这些不适比大家知道的要严重得多。一些人称为歇斯底里的情绪波动，其他人则称为晕厥、抽搐或神经不适。从1755年至1756年的整个冬天，这种情况一直持续。最后，在春天，我们得知阿普拉克辛元帅（Marshal Apraxine）即将离开，指挥即将进入普鲁士的军队。他的夫人在她最小的女儿的陪同下来向我们告别。我向她提到了我对女皇健康状况的担忧，并表示，我对她丈夫的离开感到非常遗憾。当时我认为，我不应该太依赖肖瓦洛夫一家，因为我把他们视为我个人的敌人，他们对我非常不好，因为我更喜欢他们的敌人，尤其是拉祖莫夫斯基伯爵。她把这一切都告诉了她的丈夫，他对我对他的感情非常满意。别斯图热夫·留明伯爵也是如此，他不喜欢肖瓦洛夫一家，与拉祖莫夫斯基夫妇有联系，他的儿子娶了他们的侄女。由于阿普拉克辛元帅的女儿与彼得·肖瓦洛夫伯爵私通，阿普拉克辛元帅可能是所有相关人士之间的最佳调解人，莱昂声称两人的私通是在她父母知情的情况下进行的。除此之外，我还清楚地看到，肖瓦洛夫一家比以往任何时候都更频繁地利用布罗克多夫先生，目的是让大公尽可能地疏远我。尽管如此，大公还是对我有一种不由自主的信任。这种信任的程度还不小，而他自己根本没有意识到。当时大公和沃龙佐夫伯爵夫人吵了一架，爱上了拉祖莫夫斯基夫妇的侄女特普洛夫夫人（Madame Teploff）。当他想见这位女士时，他向我咨询如何装饰他的房间来取悦她。我去了他的房间，注意到他在房间里塞满了步枪、手榴弹帽、肩带等，使这里看起来像军火库的一部分。我让他做自己想做的事，然后就走了。除了这位女士，他还养了一个叫莱昂诺拉（Leonora）的德意志小歌女，她经常在晚上来找他，和他一起吃晚饭。引起大公与沃龙佐夫伯爵夫人争吵的人是库尔兰女爵。事实上，我不太清楚库尔兰女爵当时是如何在宫廷中扮演一个特殊角色的。首先，她那时将近30岁，身材矮小，样貌丑陋，还驼背，这在前面我已经说过了。因设法保护了女皇的忏悔牧师和女皇卧室的几位老夫人，所以她所做的每一件事都得到了女皇的原谅，她仍然是女皇的女侍官。所有这些都是在一位施密特夫人（Madame Schmidt）的掌控下进行的。施密特夫人是一位宫廷号手的妻子，是个芬兰人，身材魁梧，知道如何服从，但仍保留着她以前那种粗俗的举止。然而，她在宫廷中有了一些影

响力，受女皇的德意志和瑞典老侍女的直接保护，因此也受到了
宫廷元帅西弗斯的保护。西弗斯也是芬兰人，正如我已经提到
的，他娶了克劳斯夫人的一个女儿，而克劳斯夫人的妹妹是女皇
特别喜爱的侍女。因此，施密特夫人在女侍官的住所内很有影响
力，她精力充沛，智慧不高，但她从不在宫廷出现。在公开场
合，库尔兰女爵是他们的头号人物，施密特夫人将人们在宫廷中
的行为都告诉了库尔兰女爵。在她们自己的房子里，她们都住在
一排房间里，一端是施密特夫人的房间，另一端是库尔兰女爵的
房间。一个房间里住两个、三个或四个人，每个人的床的四周都
围了起来，这些房间一共只有两个出口，进出这些房间都要经过
彼此的房间。乍一看，这一安排似乎使侍女们的住所进出困难，
因为只有经过施密特夫人或库尔兰女爵的房间才能回到自己的房
间。但施密特夫人经常因为这些年轻女士的亲戚送给她的大餐和
其他美食而消化不良，因此唯一可行的出口是库尔兰女爵的房
间。有传言说，任何一个想进出房间的人都需要以某种形式支付
通行费。无论如何，可以肯定的是，多年来，库尔兰女爵建立起
了与女侍官们的联系，又把联系斩断了。她以自己认为合适的理
由，答应或拒绝女皇的女侍官进出。我从许多人的口中听到了这
个收费的传言，其中包括莱昂·纳里奇金和布图林伯爵（Count
Boutourline），他们声称自己没用钱支付通行费。

大公和特普洛夫夫人的恋情一直持续到我们去了乡下。在这
里，他们的恋情被迫中断了，因为殿下无法忍受城里的夏天。由

于看不见他，特普洛夫夫人要求他必须每周至少给她写一两封信，为了说服他这样做，她给他写了一封四页的信。收到信后，他怒气冲冲地走进我的房间，手里拿着信，用相当恼怒的语气对我说："真想不到！她给我写了一封整整四页的信，并希望我能读一读，更重要的是，还要我回信。我必须去阅兵（他又把他的部队从荷尔斯泰因带来了），然后吃饭，然后打猎，然后参加歌剧的排练，还有军校学员的芭蕾舞会！我要直截了当地告诉她，我没有时间，如果她生气，我等着冬天回去和她吵一架。"我告诉他那肯定是最好的办法。我认为，这就是他的特点，因此这样做没什么不合适。下面我要解释军校学员为什么会出现在奥拉宁鲍姆。1756年春，肖瓦洛夫一家认为，为了将大公从他对荷尔斯泰因军队的沉迷中解救出来，说服女皇让殿下指挥陆军学员团（当时唯一的学员团）将是一个很好的策略。仅次于大公的军官是A.P.梅尔古诺夫（A.P. Melgounoff），他是伊凡·伊万诺维奇·肖瓦洛夫的密友和心腹。此人娶了女皇最喜欢的德意志侍女。就这样，肖瓦洛夫一家在大公的房间里安排了一位最亲密的朋友，并有机会随时与大公交谈。他们以组建奥拉宁鲍姆的歌剧芭蕾舞团为借口，带了几百名军校学员过来，还带了梅尔古诺夫先生及与他关系最亲密的军官。肖瓦洛夫的密探太多了。在与学员一起来到奥拉宁鲍姆的大师中有他们的骑术老师齐默尔曼（Zimmerman），他被视为当时俄国最好的骑手。由于去年秋天我误以为的怀孕迹象已经消失了，我想我应该向齐默尔曼学习一些骑马技巧。我和大公谈了这个问题，大公毫不犹豫地答应了。在过去的很长一段时间里，乔格洛科夫夫妇引入的所有旧规则都被亚历山大·肖瓦洛夫遗忘或忽视，或者他完全就对这些规则一无所知。此外，他被认为是一个不怎么考虑或根本不考虑别人的人。我们嘲笑他、他的妻子、他们的女儿和女婿，并且是当面嘲笑他们。他们给了我们嘲笑的理由，因为从来没有一张脸比他们的脸更刻薄、卑鄙。我曾给肖瓦洛夫夫人起过"盐柱"的绰号，她又瘦又矮，身体僵硬。她的吝啬甚至表现在她的衣服上。她的衬裙总是太窄，宽度比要求的要小，比其他女士的要小。她的女儿戈洛夫金伯爵夫人也穿着这样的衣服。尽管这些人很富有，并且在各方面都过得很富裕，但她们的头饰和褶边都很小气，显得她们很吝啬。但她们天生喜欢一切微小的东西，这是她们思想的自然反应。

当我开始系统地学习骑术课程时，我再次对这项运动产生了强烈的兴趣。我每天早上6点起床，穿上男士骑马服，然后去我的花园。在那里，我有一个露天的地方可以当作我的训练场地。我进步如此之快，以至齐默尔曼经常含着眼泪跑过来，以一种无法控制的热情吻我的脚。其他时候，他会惊呼："我这辈子从来没有一个学生能在这么短的时间内展现出这么好的成绩，或者取得这么快的进步。"在这些课上，除了我的老外科医生吉恩、一个侍女和一些佣人之外，没有人在场。由于我非常重视这些课程，除了星期天，我每天早上都有规律地学习。齐默尔曼根据骑术学校的规定，给了我一枚银马刺作为对我勤奋学习的奖励。三个星期后，我完成了骑术学校的所有毕业要求。到了秋天，齐默尔曼买了一匹跳马，之后他还打算给我一副马镫。但在就安排让我骑这匹马的前一天，我们接到命令，要回城里。因此，上马仪式被推迟到第二年春天。

这年夏天，波尼亚托夫斯基伯爵回波兰进行了一次旅行，然后带着作为波兰大臣的证件返回俄国。在离开之前，他来到奥拉宁鲍姆，向我们告别。他由霍恩伯爵（Count Horn）陪同。瑞典国王以通知国王的母亲（也是我的外祖母）去世为借口，将霍恩伯爵派到俄国，以使他免受法兰西党（也称为"带檐帽党"）对俄国党或"无檐帽党"的迫害。1756年，政治迫害在瑞典变得十分激烈，这年几乎所有的俄国党领袖都被砍头了。霍恩伯爵亲自告诉我，如果没有来俄国，他肯定会被砍头。

波尼亚托夫斯基伯爵和霍恩伯爵在奥拉宁鲍姆停留了两天。第一天，大公热情招待了他们，但第二天，他发现他们碍事，因为他想起他的一个猎手这天结婚，他希望能出席婚礼并喝酒。他发现客人还待在他那里，就撇下他们走了，我只好去招待他们。

晚饭后，我带着我们留下来的为数不多的客人参观了房子的内部。一到我的内间，我养在那儿的一只意大利小灰狗跑过来迎接我们，开始对霍恩伯爵大声吠叫，但当看到波尼亚托夫斯基伯爵时，它似乎欣喜若狂。由于内间非常小，见到这一情景的人不多，除了莱昂·纳里奇金、他的嫂子和我之外，没有人注意到这一点。但这并没有逃过霍恩伯爵的注意，当我穿过套间回到大厅时，霍恩伯爵抓住波尼亚托夫斯基的外套，对他说："我的朋友，没有什么比一只意大利小灰狗更可怕的了。我对我爱的女士们做的第一件事就是给她们一只这样的小狗，通过这种方式，我总能发现是否有比我更受宠爱的人。这个方法从来没有失误过。你看，这条狗对我咆哮着，好像要吃掉我，因为我是一个陌生人，而当见到您时，它却非常高兴，因为这肯定不是它第一次在那里见到您。"波尼亚托夫斯基伯爵认为他说的话非常荒谬，但也无法说服他。霍恩伯爵只是回答说："不用担心，您在和一个谨言慎行的人打交道。"第二天早晨，他们离开了。霍恩伯爵曾经说过，当他坠入爱河时，总是一次爱上三个女人。我们在圣彼得堡就看到了一个这样的例子，他在那里同时向三位年轻女士求爱。波尼亚托夫斯基伯爵两天后前往波兰。在他离开期间，威廉姆斯骑士通过莱昂·纳里奇金向我传达了一个信息，即首相别斯图热夫·留明伯爵正在密谋反对任命波尼亚托夫斯基伯爵为波兰大使，并通过他努力劝阻当时波兰的大臣也是波兰国王的宠臣布鲁尔伯爵（Count Bruhl）解除对波尼亚托夫斯基伯爵的任命。威廉姆斯骑士补充说，他会注意不去履行这项任务，尽管他没有拒绝，因为他担心如果拒绝的话，这项任务可能会交给其他人，而其他人可能会更积极地履行这项职责，从而伤害他的朋友，因为他的朋友最希望回到俄国。威廉姆斯骑士怀疑，由于别斯图热夫·留明伯爵长期以来一直让萨克森大使们和波兰大使们听命于他，他可能希望提名一位自己特别信任的人担任波兰驻俄国大使。然而，波尼亚托夫斯基伯爵获得了任命，并于冬季作为波兰特使返回俄国，而萨克森大使馆仍在别斯图热夫·留明伯爵的直接指导之下。

在我们离开奥拉宁鲍姆之前的一段时间，加利津亲王和夫人在贝茨基（Betzky）先生的陪同下抵达奥拉宁鲍姆。他们打算出国旅行，因为身体不好，尤其是贝茨基。贝茨基需要转移注意力，以缓解因黑森-霍姆堡亲王夫人（Princess of Hesse Homburg）去世而陷入的深深的忧郁。黑森-霍姆堡亲王夫人出生时是特鲁贝茨科伊女爵，是加利津亲王夫人的母亲，加利津亲王夫人是黑森亲王夫人（Princess of Hesse）第一次结婚时跟瓦拉契亚的霍斯波达尔（Hospodar of Wallachia）的坎特米尔亲王（Prince Kantemir）生的女儿。由于加利津亲王夫人和贝茨基是我的老相识，我竭尽全力在奥拉宁鲍姆好好地招待他们。带他们参观了房子后，我和加利津亲王夫人上了一辆敞篷车，我亲自驾着马在奥拉宁鲍姆附近兜了一圈。在路上，我发现亲王夫人是一个非常古怪、狭隘的人，她让我明白，她认为我对她怀有某种不好的印象。我向她保证，情况绝非如此，我不知道有什么事情会导致她对我心生不快，因为我从未与她有过任何分歧。于是，她告诉我，在我看来，她担心波尼亚托夫斯基伯爵可能会在我面前中伤她。我记起来我应该听过这样的话。我回答说，她肯定是多虑了。在我看来，她所说的那个人还没有能力在我面前中伤她。

他已经走了一段时间，我只看过他几眼，他对我不过是个陌生人，我无法理解是什么让她产生了这样的想法。回家后，我派人去叫莱昂·纳里奇金，并把这段谈话告诉了他。在我看来，这段谈话既愚蠢又无礼。他告诉我，去年冬天，加利津公主千方百计地吸引波尼亚托夫斯基伯爵到她家里来，他出于礼貌和尊重，对她给予了一些关注。她向他提出了各种进一步的要求，人们很容易相信他对此反应不大，因为她又老又丑又愚蠢，并且几近疯狂。看到自己无法激起他的兴趣，她起了疑心，因为她发现他总是和莱昂·纳里奇金在一起，并总去莱昂·纳里奇金的嫂子家里。

加利津亲王夫人在奥拉宁鲍姆短暂停留期间，我与大公就我的女侍官问题发生了一场可怕的争吵。我注意到，这些女侍官一直是大公的知己或情妇，有好几次玩忽职守，甚至不尊重和服从我。一天下午，我走进她们的房间，责备她们的行为，提醒她们身上的责任、她们应如何服务我。我告诉她们，如果她们继续这样下去，我将向女皇投诉她们。她们中有些人惊慌失措，有些人表示愤怒，有些人则哭了，但我一走，她们就立刻跑到大公那里，把我对她们说的话告诉了他。殿下大发雷霆，立即跑进我的房间，大声说和我在一起毫无生趣，我一天比一天傲慢；我要求女侍官们给予殷勤服侍和服从，这使她们的生活痛苦不堪；我让她们整天哭泣，她们是有地位的女士，而我把她们当作仆人；如果我向女皇投诉她们，他也会向女皇投诉我的骄傲、傲慢和坏脾气，天知道还有什么。我被他的话激怒了，便回答说，他可以随便说我什么，如果把这件事摆在他姨妈面前，她将会判断把那些行为不端的女子从我的工作岗位上解雇是否可行，因为她们的流言蜚语导致了她的外甥和外甥媳妇之间的不和。如果她想让我们继续和睦相处，让她一劳永逸地摆脱我们的争吵带给她的困扰，她就没有任何其他办法。因此，解雇这些女侍官肯定是她将采取的措施。听到这一点，他降低了语气，以为（因为他非常多疑）我比他所知道的更了解女皇对这些女人的意图，而她们确实可能会因为这件事而被解雇。于是，他说："那么，请告诉我，你知道这件事吗，有人向她提起过她们吗？"我回答说，如果事情捅到女皇面前，我毫不怀疑她会以非常简单的方式处理这些事情。听了这话，他开始在我的房间里大步走来走去，逐渐让自己冷静下来，之后他走了，只是有些生气。同一天晚上，我把这段谈话一字不差地讲给其中一个女侍官听，她在我看来比其他人更懂事，并描述了她们轻率的闲聊造成的情景。这场谈话使她们收敛起来，避免将事态发展到极端，因为她们可能会成为受害者。

秋天，我们回到城里，不久之后，威廉姆斯骑士请假离开俄国回英国。他在俄国的目标失败了。拜见女皇后的第二天，他就提出了一项英俄同盟条约。别斯图热夫·留明伯爵奉命负责这项条约的签署。事实上，条约就是他签署的，大使几乎无法抑制成功的喜悦，但第二天，别斯图热夫·留明伯爵以备忘录形式通知他，俄国加入了法兰西和奥地利在凡尔赛签署的公约。这对英国大使来说是一个晴天霹雳，他被首相玩弄和欺骗了，起码看起来是这样。但别斯图热夫·留明伯爵自己也不能随心所欲了，他的对手开始占上风。他的对手们勾心斗角，或者说其他人勾心斗角，把他的对手们争取到其他人非常感兴趣的法奥党（Franco-Austrian party）一边。肖瓦洛夫一家，特别是伊凡·伊万诺维奇，对法兰西和所有跟法兰西有关的东西都有热情。在这方面，他们得到副首相沃龙佐夫的支持，而沃龙佐夫得到路易十五的支持。作为对沃龙佐夫的回报，路易十五为他在圣彼得堡刚刚建造的宅邸提供了家具。这些家具是路易十五的情妇蓬帕杜夫人（Madame Pompadour）的，她已经厌倦了这些旧家具，遂以高价卖给了她的国王情人。可是，除了对这些好处有所考虑之外，副首相还有另一个动机：他希望打压他的对手别斯图热夫·留明伯爵的威望，并为彼得·肖瓦洛夫赢得一席之地。此外，他还打算垄断俄国的烟草贸易，以便在法兰西销售烟草。

1757 年

1756年底，波尼亚托夫斯基伯爵作为波兰国王的大使返回俄国。1757年初，我们生活的基调与上年冬天一样：同样的舞会，同样的音乐会，同样的小圈子。我们回到城市，在城里我可以更仔细地观察事态，不久，我发现布罗克多夫先生凭借他的阴谋，在大公的青睐下势力迅速扩大。他得到了大量荷尔斯泰因军官的支持，他鼓励殿下这年冬天留在圣彼得堡。荷尔斯泰因军官的人数至少有20人，他们一直待在大公的圈子里，这个数字还不包括在大公房间里当信使的几名荷尔斯泰因士兵，即他的卧室男仆。事实上，所有这些都是为布罗克多夫先生和他的同伙服务的密探。这年冬天，我选择了一个有利的时机，认真地与大公交谈，并告诉他我对他周围的人的看法，以及我所看到的阴谋。其中一个阴谋出现了，并且被我注意到了。有一天，大公亲自来到我的内间，告诉我，有人向他表示，他必须向荷尔斯泰因发出密令，逮捕一位叫埃伦德谢姆（Elendsheim）的人。无论是从职位来看，还是个人来看，埃伦德谢姆都是荷尔斯泰因的翘楚之一。他出身于资产阶级，但他是由于学识和能力而晋升到现在的职位的。我问大公对他提出了什么控诉，他做了什么导致被逮捕。他回答说："做了什么？你看，他们告诉我，他被怀疑犯有腐败罪。"我问谁是原告。在这一点上，他认为自己说的很有道理，"哦，至于原告，没有，因为这个国家的每个人都很敬畏他。正是出于这个原因，我应该逮捕他，因为一旦逮捕了他，我敢肯定，会有足够多的原告"。这个回答让我不寒而栗，我回答说：

"但这样的话，世界上不会有一个无辜的人。只要有某个嫉妒的人随意散布任何模棱两可的谣言，然后任何人，不管是什么人，都会被逮捕，只要指控和罪行可在事后收集。用一句歌词来说的话，他们建议您采取的行动'就像野蛮人一样，我的朋友'而不考虑您的声誉或您的正义感。请允许我问一下，是谁给了您这么糟糕的建议？"大公被问得愣住了，他说："你总是想比别人知道得更多。"我回答说，我不是为了知道什么才说这番话，而是因为我讨厌不公正，不能相信他只是出于放肆而有意犯下这样的错误。听了这话，他开始在房间里快速踱来踱去，然后离开了，脸上与其说是不高兴，不如说是生气。过了一会儿，他回来了，说："到我的房间来，布罗克多夫会跟你谈谈埃伦德谢姆的事，你会看到并确信我必须逮捕他。"我回答说："很好，既然您想这么做，我跟您过去，听听他说什么。"我跟过去了。我们一进去，大公就对布罗克多夫说："你跟大公夫人说说。"布罗克多夫有点困惑，向大公鞠了一躬，说："既然殿下命令我，我就跟大公夫人殿下汇报一下。"他停了一下，然后说："这是一件需要保密和谨慎处理的事情。"我听着。"整个荷尔斯泰因都充斥着关于埃伦德谢姆的腐败和勒索的谣言。的确，他没有原告，因为人们害怕他，但当他被捕时，将不难获得所希望的原告数量。"我询问了这些腐败和勒索的一些细节，并了解到，关于埃伦德谢姆挪用公款的问题根本不存在，因为大公在荷尔斯泰因没有钱；可是，他被认为腐败的原因是，作为司法行政的负责人，无论何时审理任何案件，总有一些辩护人或其他人抱怨他不公正，并指责对方通过贿赂法官而赢得了官司。但布罗克多夫先生的口才和技巧对我不起作用，他没能说服我。我仍然在大公面前坚持，他们说服他下令逮捕一名没有正式投诉或指控的人，是在迫使殿下犯下公众极力反对的不公正行为。我对布罗克多夫先生说，那样的话，大公随时都可能把他关起来，并说罪行和指控会在事后收集；并且不难想象，在诉讼中输掉的人总是抱怨自己受到了冤枉。我还补充说，大公比任何其他人都更应该提防这种不公正的行为，因为经验已经让他付出了代价，知道迫害和党争的危害有多大，就在两三年前，在我的调停下，殿下下令释放被关押了6年还是8年的霍尔默（Holmer）先生。他们关押他是为了迫使他讲述在大公未成年期间，在监护人瑞典王储管理下的事务，因为他曾依附于瑞典王储，并跟随亲王来到瑞典。直到大公签署并发送了一份批准书，正式解除了霍尔默先生在大公未成年时期所承担的一切责任，他才从瑞典回来。然而，尽管如此，大公还是被诱使逮捕了霍尔默先生，并任命了一个调查委员会，调查在瑞典王储管理下荷尔斯泰因发生的事情。这个委员会一开始非常积极地采取行动，并为所有告密者提供了一个明确的舞台，然后却什么也没发现。委员会后来因为缺乏后续支持而陷入了停顿状态。然而，在这段时间里，霍尔默先生一直被关在密闭的牢房里，不能见妻子、孩子、朋友和其他有关系的人。直到最后，整个荷尔斯泰因都极力反对这件事中的不公正和滥用权力的行为。事实上，这件事是令人愤慨的，如果不是我建议大公下令释放霍尔默先生、解散委员会，这件棘手的事不会这么快结束，因为委员会对大公的世袭公国业已枯竭的财政来说，已经花费过大。但我引用这个引人注目的例子丝毫不起作用，大公听我说话的时候，我想他肯定一直在想别的事情，而布罗克多夫先生邪恶无情，心胸狭隘，固执得像块木头，他想不出更多逮捕埃伦德谢姆的理由，就让我继续讲下去。我离开后，他告诉大公，我所敦促的一切都是出于统治的渴望；我不赞成自己没有参与提出的每一项措施；我对政务一无所知；女人总是喜欢插手一切事务，并且她们会破坏她们插手的事务；所有的有力措施尤其超出了女人的能力范围。简而言之，他成功地推翻了我的建议，大公在他的劝说下，起草并签署了逮捕埃伦德谢姆的命令，并立即将其发送出去。大公有一个叫泽茨（Zeitz）的秘书，是我的助产士的女婿，他支持佩克林（Pechlin）的利益，将这一切告诉了我。佩克林党总体上不赞成这一暴力和不合理的措施，他们和整个荷尔斯泰因都震惊于布罗克多夫先生的这一措施。当我得知布罗克多夫先生的阴谋战胜了我的建议和真诚的陈述，造成这种令人痛心的不公正时，我决定让布罗克多尔夫先生感受到我极大的愤怒。我告诉泽茨，也通知了佩克林，从那一刻起，我把布罗克多夫先生视为一只害虫，他们可以采取任何手段把他从大公身边赶走；至于我自己，我会尽我所能达成这个目的。事实上，我在每一个场合都表明，布罗克多夫的行为激起了我的厌恶和恐惧。对他的任何嘲笑都无须隐藏，我也不允许任何人在任何场合不知道我对他的看法。莱昂·纳里奇金和其他年轻人非常乐意在这件事上支持我。每当布罗克多夫先生经过套间时，每个人都在他背后喊"鹈鹕"，这是我们给他取的绰号。鹈鹕是我们所知道的最丑陋的鸟。作为一个人，布罗克多夫先生无论外表还是内心都非常丑陋。他个子很高，脖子很长，脑袋大而扁平，满头红发。他戴着一顶假发，眼睛很小，毫无神采；他几乎没有睫毛和眉毛，并且嘴角垂向下巴，他脸上由此呈现出一副既痛苦又邪恶的表情。至于他的性格，可以参考我前面的评价，但我还要补充一点，他非常贪财，从所有愿意给的人那里拿钱。为了让他尊贵的主人在将来的某个时候不会责怪他这种勒索行为，并且看到他的主人总是需要钱，他说服他也这么做。他以这种方式，尽其所能为他的主人获取一切东西，他还将荷尔斯泰因的勋章和头衔出售给任何愿意花钱买的人，以及诱导他的主人在帝国的不同局司及议院索取或阴谋获得各种东西，其中许多是不该他获得的，有些甚至会给国家带来负担，例如特许经营权和其他特权。这些特权是不允许获得的，因为这样违反了彼得大帝的法律。除此之外，在布罗克多夫先生的引导下，大公比以往任何时候都更加酗酒、放荡。他让大公跟一群冒险家为伍，这些冒险家来自德意志和圣彼得堡的兵营和酒馆，他们既没有信仰，也没有原则，除了喝酒、吃饭、抽烟和说些令人作呕的废话，什么也不做。

　　我看到，尽管我所做的和所说的一切都是为了贬低布罗克多夫先生的声誉，但他仍然在大公的心目中保持着地位，并且比以往任何时候都更受欢迎。于是，我下定决心告诉了肖瓦洛夫伯爵我对布罗克多夫先生的看法。我还补充说，我认为布罗克多夫先生是放在年轻的大公身边最危险的人之一，而大公是一个伟大帝国的继承人，我良心上觉得我有义务把这些告诉他，以便他可以通知女皇，或者采取他认为合适的其他措施。他问他是否可以冒昧地提及我的名字。我告诉他可以，如果女皇问我这件事，我不会隐瞒，而会告诉她我所知道的和所看到的。亚历山大·肖瓦洛夫伯爵认真地听我说话，边听边眨了眨眼，但在采取行动前，他总是会征询他的兄弟彼得和堂兄弟伊凡的建议。过了很长一段时间，我没听到什么消息。最后，他告诉我，女皇可能会就这个问题与我交谈。在这期间，有一天，大公急匆匆地走进我的房间，他的秘书泽茨紧随其后，手里拿着一张纸。大公对我说："你看这个鬼家伙！我昨天喝多了，今天脑子还在乱转。他给我带来了一整张纸，这还只是一张他希望我完成的事情的清单，他甚至跟着我进了你的房间。"泽茨说："我来这里只想得到一个肯定或否定的答复，不会占用一刻钟时间。""好吧，让我们看看，"我说，"也许你会比你想象的更容易读完。"泽茨开始读，他边读，我边回答"是"或"否"，这让大公很高兴。泽茨对他说："您看，殿下，只要您每周同意这样做两次，您的事务就不会拖着。这些事情都是小事，但必须处理好，大公夫人已经回答了六次'是'和六次'否'。"从此以后，每当任何需要回答"是"

或"否"的时候，殿下都会派泽茨来找我。过了一段时间，我请大公给我一份书面命令，说明我可以解决什么问题，没有他的明确指示，我不能决定什么，他就给了我一份命令。只有佩克林、泽茨和我自己知道这一安排，佩克林和泽茨对这个安排非常高兴。当需要签名时，大公在我决定的事情上签字批准。埃伦德谢姆的事情仍由布罗克多夫负责，但当埃伦德谢姆被捕后，布罗克多夫先生并不急于推动这件事，因为他几乎得到了他想要的一切，那就是将埃伦德谢姆从公共事务中除名，并在荷尔斯泰因表明他自己对主人的影响力。

　　有一天，我抓住一个有利时机对大公说，既然他发现荷尔斯泰因的事务很难管理，而这个事务只是他有朝一日掌管俄罗斯帝国时必须解决的问题之一，我想他一定会把掌管俄罗斯帝国视为更具压迫性的任务。于是，他重复了他以前常对我说的话：他觉得自己不是为俄国而生的；他既不适合俄国人，俄国人也不适合他；他觉得他会在俄国毁灭。关于这一点，我对他说了我以前多次对他说过的话，他不应该让自己屈服于这样一个致命的想法，而应尽最大努力让自己受每个俄国人的喜欢，并请女皇给他一个机会，让他了解帝国的事务。我甚至劝他请求允许出席女皇议事会的会议。事实上，他确实向肖瓦洛夫一家提到了这一点，肖瓦洛夫一家促使女皇在出席这些会议时允许大公出席。但最终的结果相当于他绝不应该被允许出席会议，因为在和他一起去了一两次之后，女皇和他都没有再出席。

总的来说，我给大公的建议是有益的。可是，提出建议的人只能根据自己的思维方式——自己的行动方式和看待事物的方式——来提出建议。我给大公提建议的最大障碍在于，他的行事方式与我大不相同，随着我们相处的时间越长，这种差异就越明显。在所有事情上，我特别注意尽可能地接近事实，而他每天都离事实越来越远，直到最后他成了一个坚定的骗子。由于他变成这个样子的过程相当奇特，我将进行说明，因为这个过程可能显示了人类在这方面的思维过程，对于那些表现出这种倾向的人，如何预防或纠正这种恶习，这个说明可能会有所助益。大公编造的第一个谎言是为了在某个年轻已婚妇女或女孩的眼里给自己增加分量，他可以依靠她们的无知来塑造形象。他会告诉她，当他还在荷尔斯泰因与父亲生活在一起时，他的父亲是如何让他领导一支护卫分遣队，并派他去抓一群在基尔游荡的吉卜赛人的。他说，这些吉卜赛人正在进行可怕的抢劫。他详细地讲述这个故事，以及他如何使用不同策略来包围这些吉卜赛人，并与他们进行一场或多场战斗。他声称，在这些战斗中，他表现出了非凡的作战技能和勇气，然后将他们俘虏并带到基尔。起初，他小心翼翼地不把这一切告诉任何人，只告诉那些对他的经历一无所知的人。渐渐地，他变得足够大胆，在那些他可以信赖的人面前胡编乱造，而不必担心这个故事自相矛盾。当他居然向我讲述这个故事时，我问他这是在他父亲去世前多久发生的。他毫不犹豫地回答说："三四年前。""好吧，"我说，"您很小就开始展示你的能力，因为在您父亲去世前三四年，你六七岁，十一岁时就被我舅舅瑞典王储监护。"我说："同样让我吃惊的是您父亲，您是他唯一的儿子，并且据我所知，他的健康在那个时期总是很差，他会在您六七岁的时候，就派您去打仗吗？"大公对这些话非常愤怒，说我不相信他，希望在全世界的眼中把他描绘成一个骗子。我告诉他，不是我，而是史官让他的故事站不住脚。我让他自己来判断，从事情的本质来看，一个六七岁的孩子，一个独生子，一个公国的继承人，他父亲的唯一希望，有无可能被派去抓吉卜赛人。他不再说话，我也闭嘴了，但他生了我很长时间的闷气。然而，当他忘记了我的劝告时，他仍然继续讲述这个故事，甚至在我在场的情况下，这个故事他还讲了不同的版本。后来，他又编造了一个更无耻、更损害他形象的故事，我将在适当的地方讲述。我现在不可能讲述他偶尔想象出来并作为事实讲述的所有故事，这些故事没有一点事实的影子。我认为，我所做的说明目前已经足够了。一个星期四，狂欢节快结束的时候，我们的套间里有一场舞会。我坐在莱昂·纳里奇金的嫂子和他的姐姐西尼亚文夫人之间，我们看着正在跳小步舞的玛琳·奥西波夫娜·萨克列夫斯卡（Marine Ossipovna Sakrefskaïa），她是女皇的女侍官，也是拉祖莫夫斯基伯爵的侄女。她那时小巧活泼，据说霍恩伯爵非常爱她。但由于他总是一次爱上三个女人，因此他还向玛丽·罗曼诺夫娜·沃龙佐夫女伯爵（Countess Marie Romanovna Voronzoff）和安妮·阿列克谢夫娜·希特罗夫（Anne Alexievna Hitroff）献殷勤，她们也是女皇陛下的女侍官。我们认为玛琳·奥西波夫娜·萨克列夫斯卡跳得很好，并且她相当漂亮。她此刻在和莱昂·纳里奇金跳舞。谈到莱昂·纳里奇金时，莱昂·纳里奇金的嫂子和姐姐告诉我，他的母亲说要让他娶希特罗夫小姐。希特罗夫小姐是几位肖瓦洛夫的外甥女，她的母亲是彼得·肖瓦洛夫和亚历山大·肖瓦洛夫的姐姐，嫁给了希特罗夫小姐的父亲。希特罗夫小姐的父亲经常去纳里奇金家，他在那里钻营得非常不错，让莱昂·纳里奇金的母亲就有了结亲的想法。西尼亚文夫人和莱昂·纳里奇金的嫂子都不想与肖瓦洛夫一家建立联系，正如我已经说过的那样，她们根本不喜欢肖瓦洛夫一家。至于莱昂·纳里奇金，他甚至不知道他的母亲在考虑这桩婚事，而他实际上爱上了刚才提到的玛丽·沃龙佐夫女伯爵。听了这番话，我告诉西尼亚文夫人和纳里奇金夫人，我们不能让莱昂·纳里奇金与希特罗夫小姐结婚，她是一个非常不讨人喜欢的人，爱玩弄阴谋，不好相处，并且爱吵闹，为了打消这桩婚事的所有想法，我们应该给莱昂·纳里奇金一个我们喜欢的妻子。为此，我建议的人选是刚才提到的拉祖莫夫斯基伯爵的侄女，她们二人都很喜欢她，她总是去她们家。我的两个朋友非常赞同我的建议。第二天，宫廷举行一场化装舞会，我找拉祖莫夫斯基元帅（Marshal Rasoumowsky）谈话，他当时是乌克兰的统领（Hetman of the Ukraine）。我直截了当地告诉他，让他的侄女失去了莱昂·纳里奇金这样一位理想的丈夫将是一大错误。莱昂·纳里奇金的母亲希望他娶希特罗夫小姐，但西尼亚文夫人、他的嫂子和我都认为他的侄女是更合适的人选，因此，他应当毫不拖延地向有关各方提出联姻的建议。元帅对我们的计划很感兴趣，对他当时的事务总管特普洛夫说了这件事。特普洛夫立刻去跟大拉祖莫夫斯基伯爵谈了这件事情，大拉祖莫夫斯基伯爵也同意了。第二天早上，特普洛夫去见圣彼得堡主教，用50卢布购买了必要的许可证。得到这一消息后，元帅和他的妻子去找了他们的姑姑，也就是莱昂·纳里奇金的母亲。他们办得很顺利，甚至在她不情愿的情况下征得了她的同意。他们来得正是时候，因为就在那一天，她将告诉希特罗夫先生她决定与他家联姻。事情办完后，大拉祖莫夫斯基元帅、西尼亚文夫人和纳里奇金夫人向莱昂·纳里奇金透露了这件事，并说服他娶一个他甚至都没有想过的人，而他实际上爱上了另一个人，但他爱的人已经与布图林伯爵订婚。至于希特罗夫小姐，他根本就没关注过她。得到他的同意后，元帅派人去叫来他的侄女，她觉得这桩婚事好得无法拒绝。第二天，也就是星期天，两位拉祖莫夫斯基伯爵请求女皇同意这桩婚事，女皇立即同意了。肖瓦洛夫家对希特罗夫先生和他们自己被打败的方式感到吃惊，因为直到这桩婚事得到女皇的同意时，他们才听说。然而，婚事已定，没有任何回旋的余地。因此，莱昂·纳里奇金爱上了一个女人，他的母亲希望他娶另一个人，而他将娶第三个人，三天前他和其他任何人都没有想到过这个结果。莱昂·纳里奇金的婚姻使我与两位拉祖莫夫斯基伯爵的友谊比以往任何时候都更紧密了，他们非常感谢我为他们的侄女找到了一个如此优秀、如此高贵的配偶，他们也丝毫不为打败了肖瓦洛夫家而心怀愧疚。肖瓦洛夫家甚至没有抱怨，但不得不掩饰他们的耻辱。这也是我为拉祖莫夫斯基一家争取到的一个额外荣誉。

大公和特普洛夫夫人的恋情现在进入痛苦时期。他们最大的障碍之一是很难见面，这让殿下很恼火。他不喜欢回信，自然也不喜欢克服困难。狂欢节快结束时，他的恋情开始在聚会中进行。库尔兰女爵有一天告诉我，罗曼·沃龙佐夫伯爵对大公说话时缺乏尊重或毫无顾忌。罗曼·沃龙佐夫伯爵是宫廷里两位年轻女士的父亲，他的五个孩子很怕他，因此也是大公惧怕的对象。

罗曼·沃龙佐夫伯爵说了一些话，其中说，如果他认为合适的话，他可以很容易将大公的反感转化为好感，他只需要招待布罗克多夫一顿晚餐，让他喝大量的英国啤酒，然后在离开时，把6瓶啤酒放进他的口袋送给殿下，然后，他和他最小的女儿会立刻在大公的支持下占据最高的位置。在同一天晚上的舞会上，我注意到殿下和罗曼·沃龙佐夫伯爵的长女玛丽·沃龙佐夫女伯爵（Countess Marie Voronzoff）一直在窃窃私语，因为沃龙佐夫一家确实与肖瓦洛夫一家非常亲密，而布罗克多夫一直与肖瓦洛夫一家交往甚密。看到伊丽莎白·沃龙佐夫小姐再次受到欢迎，我丝毫不觉得高兴，因此，为了给她增加障碍，我把她父亲的话和我刚才提到的事告诉了大公。他几乎气疯了，怒气冲冲地问我是从谁那里听到的。有很长一段时间，我不愿意告诉他，但他说，由于我不能说出任何人的名字，他就会认为是我编造的，是为了败坏这位父亲及其女儿的人品。我告诉他，我这辈子从来没有编造过这样的故事，但他不信，我终于不得不说出是库尔兰女爵告诉我的。他告诉我，如果我说的是真话，他将立即给她写封信，问她我说的是不是真的。如果我们的叙述有任何偏差，他就会向女皇告发我的阴谋和谎言。说完这些话，他离开了房间。我担心库尔兰女爵的回答可能在某种程度上模棱两可，于是给她写了一张便条，上面写着："看在上帝的份上，在你将要被问到的问题上，纯粹而简单地说实话。"我的便条立即被送了出去，并及时送达她那里。因为这个便条比大公的信到得早，库尔兰女爵如实地回答了殿下的问题。他发现我没有向他说谎，这使他有一段时间不与这两个女孩"私通"，因为这两个女孩的父亲对他几乎毫不尊重，并且他自己也不喜欢这位父亲。但为了再增加一个障碍，莱昂·纳里奇金说服拉祖莫夫斯基伯爵每周私下邀请大公到他家里一两个晚上。这几乎是一场四人派对①，因为除了元帅、玛丽·保洛夫娜·纳里奇金、大公、特普洛夫夫人和莱昂·纳里奇金，没有其他人。四人派对在四旬斋期间持续了很长一段时间，并引发了另一个想法。这时，元帅的房子是木头建造的。他在妻子的套间里接待客人，因为他们都喜欢玩耍，所以那里总是

---

① 四人派对（partie quarrée），即两男两女的派对。——译者注

有玩耍活动。元帅常常在两个套间来回走动，当大公不在时，他在自己的套间里有小圈子。但由于元帅经常在我的套间里参加我的秘密小聚会，他希望我们的聚会圈子也到他的家里来。从这个角度来看，他一楼的两个或三个房间组成的所谓的隐居之所是留给我们的。我们每个人都偷偷地去，因为正如我已经说过的那样，我们不敢在没有得到允许的情况下公开外出。根据这种安排，元帅有三四个聚会，他从一个聚会穿梭到另一个聚会，只有我的圈子知道在这所房子里发生的一切，而没有人知道我们在那里。

春天来临时，大公在荷尔斯泰因的大臣佩克林先生去世了。首相别斯图热夫·留明伯爵此前预知他快死了，曾建议我请大公把他的位置让给某位斯塔姆贝克（Stambke）先生。春天伊始，我们去了奥拉宁鲍姆。在这里，我们的生活方式与往年一样，只是荷尔斯泰因的军队和被任命为军官的冒险家人数逐年增加；由于在奥拉宁鲍姆的小村庄里无法给他们安排住处，因为原先那里只有28间小屋，因此为这些部队搭建了帐篷，他们的人数从未超过1300人。军官们和宫廷的人一起吃午餐和晚餐；可是，由于宫廷中的女性及侍臣妻子的数量有十五六人，并且由于殿下非常喜欢盛大的娱乐活动，因此他经常在自己的营地和奥拉宁鲍姆的每个角落举办大型招待活动。他不仅允许他的歌剧中的女歌手和芭蕾舞演员参加这些活动，还允许很多中产阶级的女人参加，这些中产阶级的女人是从圣彼得堡给他带过来的，人品很差。当我意识到这些唱歌的女人和其他人将被允许参加时，我就放弃参加了。一开始我的借口是我来例假了，大部分时间我在自己的房间里与两三个人一起吃饭。后来我告诉大公，如果我出现在这样一个混杂的人群中，我担心女皇会不高兴。而且，事实上，当我知道这里的盛情款待是面向大众时，我从不参加，因此，每当大公希望我来时，除了宫廷的女士之外，不允许别人去。当出席大公在奥拉宁鲍姆举行的化装舞会时，我穿着简单，没有佩戴珠宝或装饰品。这也让女皇对我产生了很好的看法，她既不喜欢也不赞成奥拉宁鲍姆的这些活动，因为这些活动真的变成了狂欢。然而她容忍了他们，或者至少没有禁止他们。我被告知，女皇陛下说："这些活动给大公夫人带来的乐趣并不比给我带来的乐趣多。她穿着尽可能简单的衣服去见他们，从不和获准参加的乌合之众一起吃晚餐。"此时，我在奥拉宁鲍姆忙于建造所谓的花园，栽花种草，其余时间我要么散步，要么骑马或坐马车出去，要么在我自己的房间里看书。

7月，我们听说梅梅尔（Memel）已于6月24日向俄军有条件投降。8月，俄军于7月19日赢得格罗斯–杰格斯多夫战役（Battle of Gross-Jægersdorf）的消息传来。在唱感恩赞美诗那天，我在我的花园里给大公和奥拉宁鲍姆所有最杰出的人士举行了盛大的招待会，大公和其他所有人都显得非常高兴。这暂时减轻了大公在俄国和普鲁王国士之间刚刚爆发战争时感受到的痛苦，因为从童年时代起，大公就对普鲁士王国有着特殊的感情。起初，这种感情还是自然的流露，但最终转为疯狂的崇拜。此时，公众对俄军的胜利感到高兴，这迫使他掩饰自己的真实情感。他遗憾地看到普鲁士军队的失败，他本以为普鲁士军队是不可战胜的。那天，我在奥拉宁鲍姆为泥瓦匠和工人烤了一头牛。

招待活动结束几天后，我们回到首都，在那里我们住在夏宫。有一天晚上，亚历山大·肖瓦洛夫伯爵前来告诉我，女皇在他妻子的房间里，她派他传话让我过去和她说话，因为我去年冬天提出过这样的要求。我毫不迟疑地去了肖瓦洛夫伯爵和伯爵夫人的套间，他们的套间就在我自己套间的尽头，发现女皇一个人在那里。我吻了她的手并接受了她的拥抱，然后她说，在得知我想和她说话后，她今天来了解我想要说什么。自从我与亚历山大·肖瓦洛夫就布罗克多夫的话题进行对话以来，八个多月过去了。我回复女皇陛下说，去年冬天，看到布罗克多夫先生的所作所为，我认为有必要向亚历山大·肖瓦洛夫伯爵提起这件事，以便他能向女皇陛下通报此事。他问我可否说是我说的，我告诉他，如果女皇陛下愿意，我会向陛下复述我所知道的一切。于是，我讲述了埃伦德谢姆的事。她似乎很冷淡地听了我的话，然后问我大公和他身边的人的私生活细节。我把我所知道的一切都如实告诉了她，当我谈到荷尔斯泰因的事务时，我向她透露了一些细节，表明我对荷尔斯泰因的事务很熟悉。她对我说："你似乎对那个地方很了解。"我非常简要地说，了解荷尔斯泰因事务并不难，因为大公令我熟悉这些事务。我从她的脸上看出，这种自信给她留下了一种不愉快的印象。在这次谈话中，总的来说，她显得异常亲密，她问我问题，让我说话，她自己几乎一句话也没说，所以这次谈话在我看来更像是她对我的问话，而不是一次秘密谈话。最后，她以迎接我一样冷淡的方式让我回去了，我对我的谈话对象感到非常不满意。亚历山大·肖瓦洛夫建议我保守秘密，我答应他我会的。事实上，这次谈话没有什么值得夸耀的。我一回来，就把女皇的冷淡归因于她对我的反感，而正如我早就知道的那样，这种反感是肖瓦洛夫一家在她心中激起来的。如果我可以冒昧地说的话，从后面的事件中可以看到肖瓦洛夫一家是多么可憎地利用了这次私人谈话。

　　一段时间后，我们了解到，阿普拉克辛元帅在夺取梅梅尔和格罗斯-杰格斯多夫的胜利后，不但没有从中收获好处，反而继续前进，然后突然迅速撤退。他的撤退就像一场逃窜，因为他扔掉或烧了自己的马车，毁了大炮。没有人能理解他的这些操作，甚至他的朋友们也无法为他辩护。因此，有人怀疑这背后一定有不可告人的目的。虽然我自己不知道究竟是什么原因导致了阿普拉克辛元帅的仓促和不合常理的撤退，此后我也从未见过他，但我认为原因可能是他从他的女儿库拉金亲王夫人（Princess Kourakine）、他的女婿库拉金亲王（Prince Kourakine）、他的朋友和亲戚那里得到了女皇健康情况每况愈下的确切消息。库拉金亲王夫人因与彼得·肖瓦洛夫同属一个党派而经常联系，尽管她个人并不喜欢他。这时，人们开始普遍认为，女皇每月都会有非常剧烈的抽搐，并且是有规律的抽搐。这些抽搐明显地削弱了她的行动能力，每次抽搐之后，她都会有三四天处于虚弱和疲惫的状态，整个人无精打采。在这段时间里，任何人不能向她汇报任何工作。阿普拉克辛元帅可能认为，危险比实际看来更加紧迫。他认为不应该进一步深入普鲁士，但他认为最好是以缺乏补给为借口进行一次大撤退，以靠近俄国边境。他预见到一旦女皇去世，战争将立即结束。很难为阿普拉克辛元帅的行为辩护，但他可能就是这么想的，更重要的是，正如我在谈到他离开时已经提到的那样，他认为他留在俄国是必要的。别斯图热夫·留明伯爵通过斯塔姆贝克向我通报了阿普拉克辛元帅的变卦，以及神圣罗马帝国大使和法兰西大使的强烈控诉。他请求我以朋友的身份写信给元帅，和他一起劝说元帅，劝他重新进军，以终结他的敌人对他的撤退行为所进行的可恶、有害的阐释。我写了信，告诉元帅圣彼得堡的最新报道，以及他的朋友们在为他仓促撤退辩护时所遇到的困难，并请求他重新采取行动，履行他从政府那里收到的命令。这封信是通过别斯图热夫·留明伯爵寄给他的，但我没有收到回信。与此同时，女皇陛下的工程总管费莫尔将军（General Fermor）在离开圣彼得堡时向我们告别。我们得知他被征召入伍。他以前是明尼赫伯爵的军需官。他提的第一个要求是他要带上他在工程委员会的雇员或监督员雷兹诺夫准将（Brigadier Reaznoff）和莫德维诺夫准将（Brigadier Mordvinoff）。他和他们一起出发加入前线军队。这些军官除了签订建筑合同几乎什么都没做。到达后，他被命令接手指挥，取代被召回的阿普拉克辛元帅，而阿普拉克辛元帅在返回时在特里霍斯基收到一条命令，让他在那里等待女皇的进一步指示。他在那里等了很长时间，因为他的朋友们、他的女儿和彼得·肖瓦洛夫正在想方设法平息女皇的愤怒。沃龙佐夫伯爵、布图林伯爵、约翰·肖瓦洛夫伯爵和其他人都曾煽起女皇的怒火，因为维也纳和凡尔赛宫廷的大使们催促他们，要他们立刻将元帅带上审判庭。最后，女皇任命了专员对他进行审讯。第一次审讯后，元帅突然中风，大约24小时后死亡。这次审判的专员肯定也包括了列文将军（General Lieven）。他是阿普拉克辛的朋友和心腹。这个结果让我增添了额外的悲伤，因为列文真诚地依恋我。但无论我与阿普拉克辛和列文有什么友谊，我可以发誓，我完全不知道他们行为的原因，甚至对他们的行为本身都一无所知，尽管他们费尽心思撰写了一份报告，说他们是为了讨好大公和我才撤退而不是前进的。列文偶尔会用非常奇特的方式证明他对我的依恋；其中有这么一件逸事：奥地利大使埃斯特哈西伯爵（Count Esterhazy）举行了一场化装舞会，女皇和所有宫廷成员都出席了。列文看到我经过他所在的房间，对他的邻居波尼亚托夫斯基伯爵说："有一个女人能让一个男人毫无怨言地为她挨上一拳。"这件逸事是波尼亚托夫斯基伯爵当上波兰国王后亲自告诉我的。

费莫尔将军一接手指挥，就急忙执行他收到的精确指示。

他不顾严寒，立即向前推进，占领了柯尼斯堡（Königsberg）。1758年1月18日，柯尼斯堡派人做他的副手。

在这个冬天，我突然发现莱昂·纳里奇金的行为发生了巨大的变化。他开始不再对我表示尊敬，变得无礼；他不再来看我，除非迫不得已。他说话的方式表明，有人在他的心目中灌输了对我、他的嫂子、他的姐姐、波尼亚托夫斯基伯爵及所有偏向我的人的偏见。我知道他一直在约翰·肖瓦洛夫家，我很容易猜到是他们正在扭转他的态度，让他对付我，以惩罚我阻止他与希特罗夫小姐的婚事，而且我知道他们一定会继续下去，直到他们引导他做出可能伤害我的轻率行为。他的嫂子、姐姐和哥哥也因为我的缘故对他很生气。他简直像个傻瓜，尽可能地以冒犯我们为乐，而这时我正在用我的钱装修他结婚时住的房子。每个人都指责他忘恩负义，并告诉他，他的所作所为对他自己毫无益处。总之，他没有什么可抱怨的。显然，他只是那些控制他的人手中的工具。他比以往更经常地向大公献殷勤了，尽可能地逗大公开心，引导大公做更多他明知道我不赞成的事。他有时无礼到甚至我和他说话时都不搭理我的程度。直到现在，我都想象不出我做了什么冒犯了他，因为从我认识他的第一刻起，我就给他和他的家人带来了很多恩惠，展示了我的友谊。我想，他也是受肖瓦洛夫一家的诱导去哄骗大公的。他们告诉他，大公的恩惠会比我的恩惠对他更好，因为我在大公和女皇面前都不受欢迎，他们都不喜欢我；如果他不离开我，他会葬送自己的前途；女皇一驾崩，大公就会把我送进修道院。此外，他们还向他展示了圣安妮勋章（order of St. Anne）作为大公恩宠的象征。通过诸如此类的推理和许诺，他们从这个意志薄弱的年轻人身上得到了他们所希望的一切小小的背叛。事实上，他们让他走得比他们希望的还要远，尽管他不时会后悔，这将在以后看到。他还尽可能地让大公疏远我，以致殿下对我表现出几乎持续不断的不满，同时大公再次与伊丽莎白·沃龙佐夫女伯爵保持联系。

这年初春，有传言称，波兰国王奥古斯都三世（Augustus III）的儿子萨克森亲王查理（Prince Charles of Saxony）打算访问圣彼得堡。出于诸多原因，大公对这次访问似乎并不高兴。首先，他担心这次访问会对他造成额外的限制，因为他不希望自己的人生道路受到丝毫干扰。其次，萨克森家族与普鲁士国王对立。第三个原因可能是他害怕与萨克森亲王会相形见绌。如果是这样的话，无论如何，这个认知还是非常谦虚的，因为可怜的萨克森亲王只是一个不足称道的人，完全没有受过教育。除了打猎和跳舞，萨克森亲王什么都不懂。亲王自己告诉我，在他一生中，除了他母亲给他的祈祷书，他从来没有拿起过一本书，而他的母亲是一个非常偏执的人。简而言之，亲王于这年4月5日抵达圣起彼得堡。他受到了隆重的接待，感受到了俄国宫廷的富丽堂皇。他带了很多随从，并且他身边有许多波兰人和萨克森人，其中有卢波米尔斯基（Lubomirsky）、波托茨基（Pototsky）、人称"帅哥"的伦泽夫斯基（Rzevusky）、两位亲王、苏尔科夫斯基、萨皮埃哈伯爵（Count Sapieha）、布兰尼茨基伯爵（Count Branitsky，后来成为大将军）、艾因西德尔伯爵（Count Einsiedel），还有许多其他我现在想不起名字的人。萨克森亲王身边有一个类似副总督或导师的人，名叫拉奇纳尔（Lachinal），指导他的行为和通信。亲王在最近完工的侍从约翰·肖瓦洛夫的宅邸中安顿下来，尽管这座宅邸的主人极尽所能地将其装饰得十分华丽，但品位不佳，也不方便。宅邸有很多画，但大部分只是复制品。其中一个房间是用奇纳木装饰的，由于这种木材不需要上光，所以给木材上了漆，这使木材变成了黄色，一种让人非常不愉快的色调。并且在得知大家认为这种颜色很丑后，他们试图用非常精细的银色雕刻品将其覆盖。从外观上看，这座宅邸虽然本身非常宏伟，但装饰品过于丰富，使整个装饰看起来像阿伦松花边（Alençon lace）的褶边。约翰·切尔尼科夫伯爵（Count John Czernickeff）奉命接待查理亲王，查理亲王生活起居的一切费用由宫廷承担，并由宫廷的仆人伺候。

查理亲王访问我们的前一天晚上，我患了严重的胆酸症。我的肠子不停地搅动，以至我起身三十多次。尽管如此，以及随之而来的发烧，第二天早上我依然穿好礼服迎接萨克森亲王。他在下午两点左右被带去觐见女皇，离开女皇后，被带来见我。大公将在他之后进入。三把扶手椅沿着同一面墙并排放置，中间的一把是给我的，右边的一把是给大公的，左边的一把是给萨克森亲王的。推动谈话的任务完全落在了我身上，因为大公几乎一句话也没说，亲王也没有发起交谈的能力。简而言之，在一刻钟的简短访问之后，查理亲王站起来向我们展示了他庞大的随从队伍。我想，他的随从本来有二十多人，这次又加上了住在俄国宫廷的波兰和萨克森使者，以及他们的雇员。经过半个小时的访问，亲王告辞了，我脱下衣服上床睡觉。我发烧了，在床上躺了三四天，最后我出现了怀孕的迹象。4月底，我们去了奥拉宁鲍姆。在我们离开之前，我们得知萨克森的查理亲王打算作为一名志愿者加入俄军。去参军之前，他和女皇一起去了彼得霍夫，那里为他举行了宴会。我们没有参加这些庆祝活动，也没有参加在首都举行的庆祝活动，而是留在我们的乡间别墅。他来我们的乡间别墅向我们告别，然后于7月4日离开。

由于大公几乎总是对我脾气不好，除了我没有接待布罗克多夫先生或再次得宠的沃龙佐夫伯爵夫人，我找不到其他原因，因此我想在奥拉宁鲍姆花园里为殿下举行一次宴会，以期减轻他对我的不满。殿下对宴会是乐此不疲的。因此，我命令当时为我服务的意大利建筑师安东尼奥·雷纳尔迪（Antonio Renaldi）在树林中的一个僻静的地方建造一辆能够容纳整个管弦乐队的大型车子。管弦乐队包括歌手和乐器演奏家在内有60人。我让宫廷的意大利诗人作词，让教堂乐师阿拉亚（Araja）为歌词配乐。在花园的大道上，我布置了一个带幕布的照明装饰，对面摆着一张晚餐桌。7月17日，一天结束时，殿下和奥拉宁鲍姆的所有人及来自圣彼得堡和喀琅施塔得的众多观众聚集在花园里，他们发现花园里灯火通明。我们坐在桌旁，第一道菜结束后，遮住大道的幕布升起了，可以看到远处车子上的交响乐团正在靠近，这个车子由20头公牛拉着，装饰着花环，车子周围是我能聚集的所有舞者，有男有女。大道上灯火辉煌，一切都清晰可见。当车子停下来时，恰巧月亮就挂在车子的正上方，产生了令人赞叹的效果，让在场的观众啧啧称奇。此外，天气非常宜人。客人们离开桌子，靠上前去，以便更充分欣赏交响乐和整个场景的美。当这一切结束时，幕布落下，我们又坐下来吃第二道菜。吃完后，传来喇叭和钹的声音，然后一个江湖贩子喊道："这边走，女士们，先生们，过来这里，你们会发现免费的彩票。"在幕布装饰的两边，现在升起了两片小幕布，前面有两个灯火通明的小摊，在其中一个小摊上，有免费的彩票发放，彩头有各种瓷器；另一个小摊的彩票彩头有鲜花、扇子、梳子、钱包、缎带、手套、剑结和其他类似的小玩意儿。摊位货品清空后，甜点上了桌，然后是跳舞环节，大家一直跳到第二天早上6点。这一次，我的宴会效果没有遭到任何阴谋或恶意破坏，殿下和其他人都欣喜若狂。大家对大公夫人和她的宴会极尽溢美之词。事实上，我不惜一切代价，我的酒很美味，食物是最好的。所有这些花了10000卢布到15000卢布，均由我自己承担；必须记住，我每年只有30000卢布。而这场宴会差点让我付出更大的代价，因为在7月17日那天，我和纳里奇金夫人坐马车去看准备工作，我正准备从马车上下来，就在我把脚放在台阶上的时候，马突然移动，我跪倒在地上。那时，我怀孕四五个月了。我对这起事故淡然处之，待到宴会的最后一刻，作为主人招待大家。然而，我非常害怕流产，但最终没有出现不良结果，除了虚惊一场，没有发生更糟糕的事情。

大公和他的所有同僚，所有荷尔斯泰因随从，甚至是我最恶毒的敌人，在之后的几天里，都不厌其烦地赞美我和我的宴会。无论是朋友还是敌人，都把一些小东西作为纪念品带走。就像在化装舞会上一样，有许多不同等级的人聚集在一起，花园里的人也十分混杂，其中有一些妇女，她们在其他场合不可能出现在宫廷里，也不可能出现在我面前，现在她们都在夸耀和展示我的礼物。事实上，这些礼物都只是些小玩意儿，我相信没有一件价值超过100卢布，但这些礼物来自我，每个人都很高兴地吹嘘说："我从大公夫人那里收到了这个礼物；她是善良的化身；她给每个人都准备了礼物；她很迷人；她给了我一个亲切的微笑，并很高兴地招待我们大家吃饭、跳舞和消遣；她总是准备为那些没有东西的人找个地方，希望每个人都能看到所有想看到的东西。她非常活泼。"还有许多诸如此类的话。

简而言之，在那一天，我被发现具有以前从未被承认的品质，我解除了敌人的武装。这就是我想要的效果，但就如后面很快被证明的那样，这个效果并没有持续很长时间。

在这次聚会之后，莱昂·纳里奇金再次拜访我。有一天，当我走进我的内间时，我发现他粗鲁地躺在那里的沙发上，唱着一首荒谬的歌。看到这个场景，我走出去，随手把门关上，立即去找他的嫂子。我告诉她，我们必须找来一捆荨麻，用来惩戒这个家伙，他过去一段时间对我们太无礼了，我们要教他如何尊重我们。他的嫂子欣然同意了，我们立刻带了几根结实的棍子来，周围缠满了荨麻。我们还带了一个寡妇，她是在我身边服侍我的女人之一，名叫塔蒂亚娜·乔里埃夫娜（Tatiana Jourievna）。我们三人都进了我的内间，在那里我们发现莱昂·纳里奇金正在高声唱歌。当他看到我们时，试图逃走，但我们用棍子和荨麻狠狠地打了他一顿，他的手、腿和脸肿了两三天，以至第二天朝会日他不得不待在自己的房间里，不能陪我们去彼得霍夫。除此之外，他还要小心不要透露发生了什么，因为我们向他保证，只要他有一点不礼貌的迹象，或者让我们有对他不满的理由，我们就会再来一次这样的操作，因为我们没有其他办法来对付他了。所有这一切都是以纯玩笑的形式进行的，不带任何愤怒，但我们的主人公感觉到这个教训足以让他铭记在心，没有让自己再次招致这样的教训，至少不招致这种程度的教训。

8月，我们在奥拉宁鲍姆获悉，在8月14日进行了本世纪最血腥的佐尔多夫战役（Battle of Zorndorff）。据估计，双方伤亡超过20000人。我们的军官损失相当多，超过1200人。我们宣布获得这场战役的胜利，但有传言说双方的损失相等。在三天的时间里，两支军队都不敢宣称取得了胜利。最后，在第三天，普鲁士国王在他的营地里，费莫尔伯爵在战场上，双方都唱了感恩赞美诗。当得知这血腥的一天的所有细节时，女皇的烦恼和整个城市的惊恐都达到了极点。在这一天，许多人失去了亲人、朋友或熟人。很长一段时间，大家陷入极度悲伤之中，许多将军被杀、受伤或被俘。最后，人们承认，费莫尔伯爵既无军人气概，也无指挥技巧。他被召回，驻普鲁士的俄军的指挥权交给了彼得·萨尔蒂科夫伯爵（Count Peter Soltikoff）。此时，彼得·萨尔蒂科夫伯爵正在乌克兰指挥军队，他从乌克兰被召来。在他到来前，费莫尔伯爵将军队的指挥权交给了弗罗洛夫·巴格里夫将军（General Froloff Bagreeff），并给弗罗洛夫·巴格里夫将军留下秘密指示，未经两位副将鲁米安佐夫伯爵（Count Roumianzoff）和费莫尔的姐夫亚历山大·加利津亲王（Prince Alexander Galitzine）的同意，不得采取任何行动。有人提出指控，大意是说，费莫尔伯爵距离战场不远，带着10000人驻扎在高地上，从高地上就能听到战场的炮声。如果他在交战时从后方攻击普鲁士军队，可能会给我方带来决定性的胜利。他没有这么做，当他的姐夫加利津亲王在战斗结束后来到他的营地，详细描述了战场发生的屠杀事件时，他对加利津亲王态度非常不好，对他说了许多不愉快的话，并且此后拒绝见他，把他当作懦夫，而加利津亲王绝不是懦夫。尽管鲁米安佐夫目前获得了荣誉和胜利，但在英勇无畏方面，全军对加利津亲王比对鲁米安佐夫更佩服。9月初，女皇来到扎尔斯科-塞洛。9月8日，即圣母诞辰，在扎尔斯科-塞洛，女皇从宫殿步行到教区教堂听弥撒，从宫殿门往北走到教堂只有几步之遥。礼拜刚开始，她就感到不舒服，离开了教堂，走下了通往宫殿的一小段台阶，到达教堂侧面的转角时，她倒在了草地上，不省人事。她倒在一群从附近村庄来听弥撒的人中间，或者说被他们包围着。她离开教堂时，没有一个随从跟着她，但很快得知她的情况后，跟随她的女侍官们和其他近身侍从跑过来帮助她，发现她在人群中一动不动。围观的人群盯着她，不敢靠近。女皇又高又壮，突然跌倒必然会伤到自己。他们用一块白手帕给她盖上，然后去找内外科医师。外科医师先到了，就在她躺的地方，当着所有人的面，立刻给她放血了。但放血并没有使她苏醒过来。内科医生在路上花了很长时间，因为他自己病了，不能走路。他不得不坐在扶手椅上。这位内科医生就是康多伊迪吉（Condoijdij），是个希腊人（现已故）。外科医生是福扎迪耶（Fouzadier），是个法兰西难民。最后，从宫殿里搬来了屏风和一张沙发，他们把女皇搬到沙发上。经过精心护理和治疗，女皇恢复了一点意识，但她睁开眼睛时，认不出身边的人是谁，用几乎听不清的声音问自己在哪里。整个过程持续了两个多小时，最后大家决定把女皇陛下和沙发一起带回宫殿。不难想象这一事件使所有与宫廷有联系的人惊慌失措。这件事的曝光使人更不愉快。到目前为止，女皇的身体状况一直被严格保密，但这次事故是当着公众的面发生的。第二天早上，我在奥拉宁鲍姆收到波尼亚托夫斯基伯爵写给我的一封信，得知了这件事。我立刻去告诉大公，他对此一无所知，因为一般来说，每件事都对我们小心翼翼地隐瞒，尤其是与女皇本人有关的事。只是我们形成一个惯例，每当我们和女皇陛下在不同地方时，每个星期天都会派我们宫廷的一位侍臣去询问她的健康情况。在接下来的周日，我们也没有忘记这一点。我们了解到，几天来，女皇一直没有恢复自如说话的能力，她现在说话困难。据称，在昏厥期间，她咬到了舌头。所有这些都让我们有理由认为，女皇的虚弱更多是因抽搐造成的，而不只是昏厥。

9月底，我们回到了首都。随着肚子渐大，我不再公开露面，因为我相信我的临产期比实际证明的要近得多。这让大公很恼火，因为当我在公共场合露面时，他经常声称身体不适，以便能够留在自己的套间里，而女皇也很少露面，接待日、宴会和宫廷舞会的负担都落在了我身上。当我不能露面时，殿下被迫露面，这样就有人能代表女皇陛下。因此，他开始对我的怀孕感到恼火。有一天，在他的套间里，当着莱昂·纳里奇金和其他几个人的面，他说："上帝知道我妻子是怎么怀孕的，我不太清楚这个孩子是不是我的，我是否应该承担责任。"他说完，莱昂·纳里奇金就跑来告诉我。我自然对这样的话感到震惊，对他说："你们都太蠢了。去让他发誓他没有和他的妻子同房，告诉他，如果他愿意发誓，你会立即去把这件事告诉帝国大检察官亚历山大·肖瓦洛夫。"莱昂·纳里奇金真的去告诉了殿下，让他发誓，但他得到的回答是："见鬼去吧，别再跟我谈这件事了。"大公如此轻率的讲话带给了我极大的痛苦，从那一刻起，我看到了三条几乎同样危险的道路摆在我面前：第一，与大公共命运，不管这个命运是什么；第二，每时每刻都在担心他会为我或针对我做些什么；最后，走一条完全不受所有风险干扰的道路。更直白地说，有三个选择：与他一起死；被他杀死；拯救我自己和我的孩子，也许还将帝国从危险中拯救出来，因为从大公的所有道德和身体素质中我预见到了这一危险。在我看来，最后的选择是最安全的。因此，我决定尽我所能，在任何情况下，为了他的利益，继续给他最好的建议，但绝不像以前那样坚持我的建议而使他生气。当每一个机会出现时，让他对自己真正的利益睁大眼睛；在剩下的时间里，我将保持沉默。同时，我将关注我自己与公众的利益，以便在需要的时候，他们可以看到我是公众利益的救世主。10月，我从首相别斯图热夫·留明伯爵那里得知，波兰国王刚刚向波尼亚托夫斯基伯爵发出了召回书。别斯图热夫·留明伯爵在这一问题上与布尔伯爵（Count Brühl）和萨克森内阁（Cabinet of Saxony）发生了激烈的争论，并对迄今为止没有人就此事征求过他的意见感到恼火。他终于了解到，副首相沃龙佐夫伯爵和约翰·肖瓦洛夫在萨克森常驻大臣普拉斯（Prasse）的协助下，秘密操纵了整个事件。此外，普拉斯先生似乎常常对许多秘密了如指掌，这使每个人都难以猜测他是从哪里得知这些秘密的。许多年后，这些秘密的来源被发现了。普拉斯先生与副首相的妻子安娜·卡洛夫娜伯爵夫人（Countess Anna Karlovna）策划了一场爱情阴谋，尽管非常秘密、谨慎。安娜·卡洛夫娜伯爵夫人婚前姓斯科夫龙斯基（Scavronsky），是司仪萨玛林

（Samarine）的妻子的密友。伯爵夫人在萨玛林家里见到了普拉斯先生。首相别斯图热夫·留明伯爵让人把所有召回书都带给他，并以这些诏书不正式为借口把它们送回了萨克森。

12月8日至9日的晚上，我开始感到分娩的阵痛。我派弗拉迪斯拉瓦夫人和肖瓦洛夫伯爵去通知大公，这样他就会向女皇陛下宣布这一消息。过了一会儿，大公走进我的房间，穿着荷尔斯泰因式制服、靴子和马刺，身上披着领巾，身边挂着一把巨大的剑，打扮得非常精致。此时大约是凌晨两点半。我对他的装扮非常惊讶，于是问他穿得这么正式的原因。他回答说，只有在紧急情况下才能分辨谁是真正的朋友。他穿着这身衣服，随时准备按职责要求行事。根据誓言，荷尔斯泰因军官的职责是保卫大公的宫殿，使其不受所有敌人的攻击，并且由于我身体不便，他赶来帮助我。人们会以为他是在开玩笑，但一点也不，他很严肃。我立刻看出他喝醉了，劝他去睡觉，这样一来，女皇来的时候就不会因为看到他这副样子而增添烦恼，因为他从头到脚穿着荷尔斯泰因的制服，而我知道她非常讨厌这种制服。我很难让他离开。不过，在助产士的帮助下，弗拉迪斯拉瓦夫人和我最终说服了他。助产士向他保证，我在一段时间内不会分娩。最后他走了，女皇来了。她问大公在哪里，她被告知他刚离开房间，不会不回来的。她发现我的疼痛减轻了，助产士告诉她我可能离生产还有几个小时，她便回到自己的套间，我上床睡觉，直到第二天早上，我像往常一样起床，但偶尔感到疼痛，之后我继续待了几个小时，完全没有觉得疼。快到吃晚饭的时候，我觉得饿了，于是让人送来一些晚餐。助产士坐在我旁边，看到我狼吞虎咽地吃着，她说："吃吧，吃吧，这顿晚餐会带给您好运。"事实上，吃完晚餐后，我从桌边站了起来，我一站起来就疼得大叫起来。助产士和弗拉迪斯拉瓦夫人抱住我，把我放在"产床"上，然后去找女皇和大公。他们刚到，我就在12月9日（晚上10点到11点）生下了一个女儿。我请求女皇允许我以她的名字取名，但她决定以她的姐姐安娜•彼得罗芙娜的名字命名，她的姐姐是荷尔斯泰因公爵夫人、大公的母亲。殿下对这个孩子的出生似乎非常高兴，他在自己的套间里为此欢呼雀跃，命令在荷尔斯泰因也举行欢庆活动，并愉快地接受了所有关于孩子话题的赞美。第六天，女皇担任了孩子的教母，并给我带来了一份诏书，从她私人财库拨给我6万卢布。大公也收到了一份类似的礼物，这使他非常满意。洗礼后，宴会开始了，据报道非常壮观。我什么也没看见，只是躺在床上，非常脆弱，非常孤独，没有一个人陪伴我。因为我一生产完，女皇不仅像以前一样把孩子带到了自己的套间，而且以我需要休息为借口，将我留在那里，像任何可怜人一样被遗弃，没有人进入我的套间询问我的情况，甚至没有人派人来询问我。和上次一样，我因这种忽视而遭受了很大的痛苦。这一次，我已经采取了一切可能的预防措施，以防口渴和因躺在产床上造成的其他不便。我一生产完就起身上床睡觉，因为没有人敢来探望我，除非是偷偷地来，我也注意到了这一意外情况。我的床几乎放在一个相当长的房间的中间，窗户在床的右边。房间还有一扇侧门，通向一个类似衣帽间的房间，这个房间也用作前厅，并用屏风和衣橱隔开。从床到这扇门，我放了一块巨大的屏风，遮住了我的小内间。考虑到内间的地点和环境，这是我们所能设计出来的最漂亮的内间。这个内间里有一张沙发、镜子、可移动的桌子和一些椅子。当我床边的帘子拉上时，里面什么也看不见；但当帘子被拉到两边时，我可以看到内间和那些碰巧在里面的人。但任何进入房间的人都只能看到屏风。如果有人问屏风后面是什么，答案是：马桶。因为马桶在屏风内，没有人想要看它；即使有人想看，也可以在不进入内间的情况下看到，而内间实际上被屏风遮住了。

1759 年

1759年1月1日，在舞会和晚餐之间举行了盛大的烟花表演，宫廷庆典就这样结束了。由于我仍然待在房间里，所以我没有出席宫廷庆典。在烟花燃放之前，彼得·肖瓦洛夫伯爵突然出现在我的门前，想在烟花表演之前向我展示燃放烟花的计划。弗拉迪斯拉瓦夫人告诉他我睡着了，但无论如何，她会去看看。我不是真的睡着了，我只是躺在床上，像往常一样，与我的小圈子聚会，里面有纳里奇金、西尼亚文、伊斯梅洛夫和波尼亚托夫斯基伯爵。自从波尼亚托夫斯基伯爵收到召回书后，他就对外声称病了，但跑来看我。几位女士非常爱我，宁愿和我在一起，也不愿去参加舞会和宴会。弗拉迪斯拉瓦夫人并不确切知道谁和我在一起，但她非常聪明，不会去怀疑有人在里面。我很早就告诉她，我该睡觉了，因为我感到疲倦，后来她一直没有来打扰我。肖瓦洛夫伯爵一到，她就来敲我的门。我拉上屏风一侧的窗帘，让她进来。她进来了，给我带来了彼得·肖瓦洛夫伯爵的口信，我命令她让他进来。当她去执行这一命令时，我在屏风后面的朋友们都禁不住笑了起来，因为这一幕非常荒谬：我将要接待肖瓦洛夫伯爵，他可以发誓，他发现我一个人躺在床上，只有一块帘子把我的欢乐小圈子与这位最重要的人物隔开，当时他是宫廷的权臣，并且得到了女皇很大程度的信任。就这样，他进来了，给我带来了他的烟火燃放计划。他当时是炮兵主管。我首先为让他久等而道歉，我说，我刚刚醒来；我揉了揉眼睛，说我还很困。我说这番话是为了不让弗拉迪斯拉瓦夫人成为一个说谎的人。然后，我和他进行了一场相当长的谈话，我们谈得太久，以至他似乎急着离开，以免让女皇一直等着烟火表演开始。然后，我让他走了。他走后，我又拉开帘子。我的同伴们不禁笑了起来，并开始感到又饿又渴。"没错，"我说，"应该给你们找点吃的、喝的。只要你们愿意陪我，你们就不应该饿着或渴着，这才公平。"我拉上帘子，按了铃，弗拉迪斯拉夫人出现了。我告诉她我快饿死了，要她给我带些晚餐。我说我至少要吃6道好菜。晚餐准备好后，被带到我身边，我让他们把晚餐放在床边，告诉仆人不用在这里候着。然后，我的朋友们从屏风后面出来，像许多饥饿的动物一样，吃着带进来的东西，这件事的乐趣增加了他们的食欲。事实上，这是我一生中度过的最快乐的一晚。吃完晚饭后，我就把剩下的东西清理了。不过，我想仆人对我的胃口有点吃惊。大约在宫廷晚餐结束的时候，我的伙伴也回去了，对晚上的聚会也很满意。波尼亚托夫斯基伯爵出门时，总是戴着一顶金黄色的假发，披着一件斗篷，对哨兵的问题"是谁？去哪里"，他总是回答说他是大公的音乐家。那天，这顶假发让我们笑得很开心。

六个星期后，我的礼拜仪式在女皇的教堂举行，但除了亚历山大·肖瓦洛夫，没有人出席。狂欢节快结束时，当城市的所有宴会结束时，宫廷举行了三场婚礼：亚历山大·斯特罗戈诺夫伯爵（Count Alexander Strogonoff）与副首相的女儿安妮·沃龙佐夫女伯爵的婚礼是第一场；两天后，莱昂·纳里奇金和扎克列夫斯基小姐举行婚礼；在同一天，布图林伯爵和玛丽·沃龙佐夫女伯爵举行婚礼。这三位年轻女士都是女皇的女侍官。在这些婚礼的庆祝活动中，赫特曼·拉祖莫夫斯基伯爵（Count Hetman Rasoumowsky）和丹麦大臣德奥斯顿伯爵（Count d'Osten）在朝会上打赌，三位新婚的丈夫中哪一位将首先戴上绿帽子。结果，那些打赌说会是斯特罗戈诺夫的人赢了，他的新娘看起来是三位新娘中最朴素的，也是当时最天真、最孩子气的。

　　莱昂·纳里奇金和布图林伯爵结婚的前一天晚上是一个不幸的夜晚。很长一段时间以来，人们一直在耳语，首相的声望正在动摇，他的敌人逐渐占据上风。他失去了他的朋友阿普拉克辛。大拉祖莫夫斯基伯爵长期以来一直支持他，可是自从肖瓦洛夫一家的影响占据上风以来，除了在有机会的时候为他的朋友或亲戚们请求一点小小的帮助，大拉祖莫夫斯基伯爵几乎什么都不干涉。由于奥地利的埃斯特哈西伯爵（Count Esterhazy）和法兰西大使哈皮塔尔元帅（Marshal de l'Hôpital）的努力，肖瓦洛夫和沃龙佐夫对首相的仇恨进一步加剧。法兰西大使认为别斯图热夫·留明伯爵更倾向于与英国结盟，而不是与法兰西王国结盟；奥地利大使反对别斯图热夫·留明伯爵，因为尽管别斯图热夫·留明伯爵希望俄国遵守与维也纳宫廷的同盟条约，并援助玛丽亚·特蕾莎，但他不希望俄国在反对普鲁士国王的战争中起主导作用。别斯图热夫·留明伯爵的观点是爱国主义者的观点，因此他不容易被外国大使引导。鉴于沃龙佐夫先生和约翰·肖瓦洛夫先生是这两位大使的工具，在首相失宠的两周前，法兰西大使哈皮塔尔侯爵手拿着公文去找沃龙佐夫伯爵，对他说："伯爵先生，这是我刚刚收到的我们宫廷的公文，其中说，如果在两周内，首相没有被您取代，我就亲自去找他，只和他谈。"接着，副首相拿起枪，去找约翰·肖瓦洛夫。他们向女皇表示，她的荣耀受到了别斯图热夫·留明伯爵在整个欧洲享有的声望的影响。她命令当晚召开一次会议，并召集首相出席。首相传来消息说他病了。这种疾病被视为抗命，然后再次传令要他立即来。他来了，一到就被逮捕了。他被剥夺了职务、头衔和勋章，没有人知道是因为什么罪行或过失，帝国的第一位人物就这样被打倒了。他被当作囚犯送回了家。由于这一切都是事先安排好的，一队卫队掷弹兵被叫来了。当他们经过亚历山大·肖瓦洛夫伯爵和彼得·肖瓦洛夫伯爵居住的莫伊卡（Moïka）时，他们彼此说："感谢上帝，我们要逮捕那些被诅咒的肖瓦洛夫家族的人们，他们什么都不做，只知道垄断。"但当士兵们发现他们必须逮捕的是别斯图热夫·留明伯爵时，他们明显地表示了不满，"践踏人民的不是这个人，而是其他人"。

　　别斯图热夫·留明伯爵是在我们住的那座宫殿里被捕的。我们的套间在宫殿的侧翼，离他被逮捕的地方不远，但那天晚上我们什么也没听到，因为他们非常小心，不让我们知道正在发生的一切。第二天（星期日），我醒来时收到了莱昂·纳里奇金的一封信，波尼亚托夫斯基伯爵通过他把这个消息转告给我，虽然这个渠道早就变得非常不安全了。信的开头是这样一句话："人永远不会穷途末路。我用这种方式告诉您，昨晚，别斯图热夫·留明伯爵被捕，被剥夺了职位和尊严，和他一起被逮捕的还有您的珠宝商贝尔纳迪（Bernardi）、特莱吉尼（Teleguine）和阿达多罗夫（Adadouroff）。"读了这些话，我大吃一惊，觉得我绝不能夸口说这件事对我目前还没什么影响，以后影响也不大。现在，为了让大家理解这一点，我有必要加以说明。贝尔纳迪是一位意大利珠宝商，颇有天赋，他的生意使他能在每家每户进出。我想，几乎没有一个人不欠他点什么，或者从他那里得到过什么小小的帮助，因为他总是在各处穿梭。他有时也受托传递消息。通过贝尔纳迪寄出的便笺总是比仆人寄出的更快、更安全地到达目的地。现在，贝尔纳迪的被捕引起了整个城市的兴趣，因为他为每个人传递了消息，包括我和其他一些人。特莱吉尼是猎犬主管拉祖莫夫斯基伯爵的前副官，曾是贝克托夫的监护人。他一直与拉祖莫夫斯基家族交往密切。他也成了波尼亚托夫斯基伯爵的朋友。他是一个正直的人，也是一个可以信赖的人，一旦付出感情，就不轻易收回。他一直对我有好感，并热切地维护我的利益。阿达多罗夫以前是我的俄语老师，对我一直很好。正是我把他推荐给别斯图热夫·留明伯爵，而在过去的两三年，别斯图热夫·留明伯爵开始对他充满信任。以前，别斯图热夫·留明伯爵不喜欢他，因为他是检察长尼基塔·尤里威奇·特鲁贝茨科伊亲王一派的人，而特鲁贝茨科伊亲王是别斯图热夫·留明伯爵的敌人。

在仔细阅读了这封信，并经过刚才这番思考后，我脑海中浮现出了一大堆想法，这些想法一个比一个悲观。可以说，我脑子像灌了铅似的。我穿上衣服去做弥撒，在那里，我看到的大部分人的脸拉得和我的一样长。整个白天没有人对我说任何话，就好像每个人都完全不知道发生了什么。我也沉默了。大公从来都不喜欢别斯图热夫·留明伯爵，这次他看起来很高兴，但举止显得矫揉造作，虽然他离我远远的。晚上，我不得不去参加婚礼。我换了衣服，出席了布图林伯爵和莱昂·纳里奇金的婚礼祝福会，出席了舞会和晚宴。在晚宴上，我走到婚礼司仪尼基塔·特鲁贝茨科伊亲王身边，假装在查看他的司仪指挥棒的缎带，我低声对他说："所有这些好行为意味着什么？您发现的犯罪比罪犯多，还是罪犯比犯罪多？"对此，他回答道："我们执行了我们收到的命令。但关于犯罪，目前仍有待发现。到目前为止，还没搜到有效罪证。"听他说完后，我靠近布图林元帅，他对我说："别斯图热夫·留明伯爵被捕了，但我们还不清楚他为什么被捕。"他们两个都这么说，而他们是女皇任命的两名专员，负责调查导致别斯图热夫·留明伯爵被亚历山大·肖瓦洛夫伯爵逮捕的原因。我还在舞会上看到斯塔姆贝克，但他在远处，我看到他的脸上流露出痛苦和沮丧的表情。无论是在教堂里，还是在宴会上，女皇都没有出席这两场婚礼。第二天，斯塔姆贝克来到我的套间，告诉我他刚收到别斯图热夫·留明伯爵的一张便条，纸条里说，让他告诉我，我不必担心我所知道的一切，他有时间烧掉所有东西，他会通过同一渠道向斯塔姆贝克传达可能向其提出的质询。我问那个渠道是什么？斯塔姆贝克告诉我，是伯爵手下的一个号手给他带来了这张纸条，并且他们已经安排好了，今后可能需要进行的任何通信都将放在离伯爵家不远的一个特定地点的一块砖中间。我告诉斯塔姆贝克要小心，不要让别人发现这种危险的通信，他自己似乎也很担心。然而，他和波尼亚托夫斯基伯爵仍然继续通过这种方式与别斯图热夫·留明伯爵联系。斯塔姆贝克一离开，我就叫来弗拉迪斯拉瓦夫人，叫她去找她的姐夫波戈沃施尼科夫（Pougowoschnikoff），把我写给他的便条给他。便条中只写了这句话："您没什么好害怕的，有时间烧掉一切。"这张便条让他平静了下来，因为自从首相被捕以来，他就陷入无限的煎熬之中。引起他焦虑的原因就是别斯图热夫·留明伯爵有时间烧毁的东西。

女皇的健康状况不佳，加上她的抽搐发作，很自然地使所有的目光都转向了未来。以他的地位和能力，别斯图热夫·留明伯爵肯定不是最后一个这样做的人。他深知大公心中长期以来对他的反感。他也很清楚这位生来就是多个王位继承人的王子实际上能力很弱。和其他人一样，这位政治家希望保持自己的地位，这是再自然不过了。在过去的几年里，他看到我抛弃了对他的偏见；也许，他个人也认为我是当时唯一一个在女皇去世的情况下公众可以寄托希望的人。

这些情况和诸如此类的思考促使他制订了一个计划，即在女皇去世时，大公将被宣布为合法的皇帝，但同时我将被宣布为与皇帝一起执政的共治者；所有现有的职位都将保留现状，他自己将担任四个卫兵团的中校，并执掌帝国的三个部门——外交部、战争部和海军部。因此，他太自命不凡了。这项计划的草稿是波戈沃施尼科夫亲笔写的，然后别斯图热夫·留明伯爵通过波尼亚托夫斯基伯爵转交给了我。我和波尼亚托夫斯基伯爵都认为，我应该口头感谢别斯图热夫·留明伯爵对我的好意，但我应该表示这个计划难以执行。别斯图热夫·留明伯爵又重写了好几遍这个计划，并进行修改、增添、删减，他似乎完全投入这个计划中了。说实话，我把该计划视为纯粹的老年糊涂，是这个老人为了巩固与我的友谊而扔出来的诱饵。但我并没有咬这个饵，因为我认为这个计划对帝国有害，我丈夫（他不爱我）和我之间的每一次争吵都会引起国家的震动。可是，由于这个计划实现的机会还不存在，我不想反对一个老人，因为这个老人一旦脑子里形成了想法，就会固执己见，不可动摇。因此，这就是他有时间烧毁的计划，正是因为这个计划，他给我写信，要我让那些知情的人平静下来。

与此同时，我的贴身男仆斯库林来告诉我，看守别斯图热夫·留明伯爵的上尉是他一直以来的朋友，每个星期天他离开宫廷回家时都和上尉一起吃饭。我说，既然这样，如果我能依靠他的话，他应该尽力去试探一下上尉，看看上尉是否允许与他看守的囚犯进行交流。这一点变得十分迫切，因为别斯图热夫·留明伯爵以前文提到的方式向斯塔姆贝克表示，他希望贝尔纳迪在接受审讯时简单地交代事实，并让他知道他们问了什么问题。当我意识到斯库林愿意寻找一些与别斯图热夫·留明伯爵沟通的方式时，我告诉他要尝试打开与贝尔纳迪的沟通渠道，看看能否收买在贝尔纳迪住所守卫的中士或士兵。同一天晚上，斯库林告诉我，贝尔纳迪由一名叫卡利奇金（Kalichkine）的中士看守，明天他将与中士会面。此外，他写信给看守别斯图热夫·留明伯爵的上尉朋友，问能不能见个面，上尉告诉他，如果斯库林想见他，就必须到他家里来。可是，上尉手下的一个中尉也认识斯库林，是斯库林的亲戚，警告斯库林不要去，因为如果他去了，上尉会逮捕他，并会让他为此付出代价，因为上尉曾向一位亲信吹嘘过这一点。因此，斯库林避开了他的这个狐朋狗友。然而，我以我的名义争取过来的卡利奇金将我们想知道的一切事情告诉了贝尔纳迪。此外，贝尔纳迪只被要求简单地交代事实，为此，卡利奇金和贝尔纳迪都愿意配合。

几天后的一天清晨，斯塔姆贝克面色苍白，惊恐万分地走进我的房间，告诉我他和别斯图热夫·留明伯爵与波尼亚托夫斯基伯爵的信件被发现了，号手被逮捕了，有充分的理由担心他们最后的信件落入别斯图热夫·留明伯爵的看守手中。他自己认为，即使他不被逮捕，也随时可能会被解雇。他来告诉我这件事，并向我告别。这个消息引起了我不小的焦虑。我尽量安慰他，并把他送走了。我毫不怀疑，如果他的猜测没错的话，他的这次来访会更加剧别人对我的各种恶意猜测，并且我也许会被政府当作嫌犯来回避。然而，我自己问心无愧，我没做什么反对政府的事。除了米哈伊尔·沃龙佐夫、约翰·肖瓦洛夫、奥地利大使和法兰西大使及受这些党派蛊惑的人之外，圣彼得堡的普通公众，无论地位高低，都相信别斯图热夫·留明伯爵是无辜的，他既没有犯罪，也没有做违法的事。据了解，在他被捕后的第二天晚上，在伊凡·肖瓦洛夫的房间里，沃尔科夫爵士（Sieur Volkoff）被迫编造了一份通告，他曾经是别斯图热夫·留明伯爵的第一委员，1755年，从家中潜逃，在树林中游荡了一段时间后，主动接受逮捕，此时他是会议的第一秘书。他们打算公布这份通告，以便让人们知道迫使女皇那样对待首相的原因。现在，在这次秘密会议上，他们绞尽脑汁搜寻罪行，一致声称别斯图热夫·留明伯爵犯了叛国罪，因为他试图在女皇陛下和两位殿下之间挑拨离间。就在别斯图热夫·留明伯爵被捕的第二天，他们希望不经审判或判决，将伯爵流放到他的一处庄园，并剥夺他的其余财产。但也有一些人认为，放逐一个没有犯罪或未经审判的人做得太过了，至少有必要多查证一下，看看是否有什么不实指控；如果找不到罪证的话，无论如何，必须让由于某种不明原因被剥夺了职务、尊严和勋章的囚犯接受专员的审判。现在，正如我已经指出的那样，这些专员是布图林元帅、检察长特鲁贝茨科伊亲王、亚历山大·肖瓦洛夫将军和担任秘书的沃尔科夫爵士。这些专员所做的第一件事是通过外交部向俄国驻外国宫廷的大使、使者和雇员发出指示，要求他们发送别斯图热夫·留明伯爵担任外交大臣以来发给他们的公文副本。这样做的目的是想在这些公文中发现一些罪行。有人指控他以自己喜欢的方式写这些公文，发表了与女皇的命令和愿望相反的言论。但由于女皇陛下既没有写也没有签署过任何东西，很难说违背女皇的什么命令；至于口头命令，她几乎不可能给首相下达任何命令，因为首相整整几年都没有机会见到她；至于通过第三方发出的口头命令，这些命令可能很容易被误解，也可能传达命令的人传达不到位，或者接受命令的人不能很好地接收和理解这些命令。然而，除了我提到的命令，专员的这个措施没有任何结果，因为没有一个雇员会费心检查二十多年来的文件，然后抄录下来，只是为了发现一个人的罪行，而这个人的指示和命令是该雇员必须遵守的，因此，无论该雇员的本意是多么良好，他都可能会被卷入追责的漩涡中。此外，仅仅传递这些文件就会给政府造成相当大的开支，毕竟当这些文件抵达圣彼得堡时，它们将需要许多人投入多年的耐心，以发现和解开这些文件可能包含的东西。因此，该命令从未得到执行，即使是那些发布命令的人最终也厌倦了。一年后，他们发表了宣言，该宣言是在首相被捕后第二天他们就开始撰写的。

斯塔姆贝克来向我告别的那天下午，女皇向大公发出命令，要他解雇斯塔姆贝克，并将他送回荷尔斯泰因，因为斯塔姆贝克与别斯图热夫·留明伯爵的通信已被发现。女皇本来是要逮捕他的，但考虑到他是大公的大臣，可以将他释放，只要立即将他送走。斯塔姆贝克被立即送走了，他的离开结束了我对荷尔斯泰因事务的介入。大公被告知，女皇对我介入荷尔斯泰因事务很不高兴，而殿下本人也同意女皇的看法。我不太记得是谁接替了斯塔姆贝克，但我想是一个叫沃尔夫（Wolff）的人。接下来，因为波尼亚托夫斯基伯爵写给别斯图热夫·留明伯爵的一封信被发现了，女皇的政府正式要求波兰国王召回波尼亚托夫斯基伯爵。事实上，信的内容没有任何问题，但这是写给一个所谓的国家囚犯的。一听到斯塔姆贝克被解雇和波尼亚托夫斯基伯爵被召回的消息，我就做好了迎接坏消息的准备。我是这么做的。我召见了我的贴身男仆斯库林，命令他把我所有的账簿和我所有可以视为纸的东西都拿过来。他积极而准确地执行了我的命令，当他把这些东西带进我的房间后，我让他走了。他一离开房间，我就把所有的纸都扔进了火里。当烧到一半的时候，我再把斯库林叫来，对他说："看这里，见证我所有的文件和账目都被烧掉了，如果有人问你这些东西在哪里，你可以发誓说你看到我烧掉了。"他感谢我对他的照顾，并告诉我，看守囚犯的警卫发生了一个奇怪的变化。自从斯塔姆贝克与别斯图热夫·留明伯爵的通信被发现后，对别斯图热夫·留明伯爵的监视更严格了，为此，他们将看守贝尔纳迪的卡利奇金中士调了过来，并将他安置在前首相附近的房间里。当卡利奇金看到这一点时，他要求调一些值得信赖的士兵，这些士兵是他看守贝尔纳迪时的手下。这样，我们给别斯图热夫·留明伯爵带来了一个最可靠、最聪明的人，同时没有失去与贝尔纳迪的一切联系。与此同时，对伯爵的审讯正在进行。卡利奇金向伯爵表明自己是一个忠于我的人，事实上，他为伯爵进行了无数斡旋。和我一样，他相信首相是无辜的，是强大阴谋集团的受害者，公众也是这么认为的。至于大公，我知道他们肯定把他吓住了，使他怀疑我知道斯塔姆贝克与国家囚犯的通信。我意识到，殿下几乎不敢和我说话，并避免进入我的套间。我在套间里待了一段时间，非常孤独，没有见到任何人。事实上，我也不允许任何人来找我，因为我害怕给他们带来一些不幸或不便。在朝会上，为了避嫌，我避免接近我认为可能会因我的接近而受到伤害的任何人。狂欢节的最后几天，宫廷剧院将上演一场俄国戏剧，波尼亚托夫斯基伯爵请求我出席，因为有传言说，他们打算把我送回我的国家，以防止我在公共场合露面。除此之外，我不知道还有什么传言，并且每次我不在宫廷或剧院露面时，每个人都急切地想知道我缺席的原因，可能是出于好奇，也可能是出于对我的关注。我知道，俄国戏剧是殿下最不喜欢的事物之一，甚至谈论去看戏已足以让他十分不快。这一次，除了不喜欢俄国戏剧之外，他还有另一个更私人的反对理由，即这会使他失去伊丽莎白·沃龙佐夫女伯爵的陪伴。当她和其他女侍官一起在前厅时，殿下可以和她谈话，享受她的陪伴。如果我去剧院，这些女士就不得不跟着我。这让殿下很恼火，因为这样的话，他只能回自己的套间喝酒，无事可做。尽管如此，既然我答应去看戏，我就给亚历山大·肖瓦洛夫伯爵发了一封信，希望他为我派一辆马车，因为那天我打算去看戏。伯爵来告诉我，我去看戏会让大公很不高兴。我回答说，由于我不属于殿下的社交圈子，我想无论我是独自一人在房间里，还是在剧院的包厢里，对殿下来说都一样。他眨着眼睛走了，每当有什么事让他烦心时，他总是眨眼睛。过了一会儿，大公来到我的房间。他处于盛怒之中，像鹰一样尖叫，指责我以激怒他为乐，并说我选择去看戏是因为我知道他不喜欢俄国戏剧。但我向他表示，他不应该讨厌俄国戏剧。他告诉我，他将禁止我坐马车。我回答说，如果他禁止的话，我就步行去。我无法理解，强迫我无聊至极地待在我的房间里，除了我的狗和鹦鹉之外没有其他同伴，这会给他带来什么乐趣。我们进行了长时间的激烈争吵后，他离开了，比以往任何时候都更加愤怒，而我仍然坚持要去看戏。快到出发时间时，我派人去问肖瓦洛夫伯爵马车准备好了没有。他来告诉我，大公禁止为我提供任何东西。然后我非常生气，告诉他我会步行去，如果大公禁止我的女侍官们和先生们跟着我，我会一个人去；此外，我会写信向女皇投诉大公和他。"您会对她说什么？"他问。"我会告诉她，"我说，"我所受到的对待，以及你为了让大公与我的女侍官们见面，鼓励他阻止我去剧院。也许在那里，我可以有幸见到女皇陛下。除此之外，我还要请求她把我送回我母亲身边，因为我对我在这里扮演的角色感到厌倦和厌恶：孤独一人被抛弃在我的房间里，大公恨我，女皇不喜欢我，我想回家，不想成为任何人的负担；我不想给每一个接近我的人带来不幸，特别是我的可怜的仆人，他们中有很多人因为我对他们很好，或者希望对他们好而被流放。因此，我要写信给女皇陛下，我还要看看你自己是否会给我送这封信。"这位先生被我装出的坚定语气吓了一跳，他离开了。我坐下来用俄语给女皇写了封信，并尽可能让内容显得非常悲伤。我首先感谢她自从我抵达俄国以来对我的好意和恩宠，并说，不幸的是，事实证明我不配得到这些恩宠，因为我只招致了大公的仇恨和女皇陛下的明显不满；由于我不快乐，被关在自己的房间里，连最纯粹的娱乐都没有，我恳求她结束我的痛苦，以她认为合适的方式把我送到我的亲人那里；至于孩子们，因为我从不去见他们，虽然和他们住在同一所房子里，但和他们待在同一个地方，还是相隔几百俄里路，对大家来说没有什么区别；我很清楚，以我的微弱能力，她对他们的照顾比我能做得更好，我冒昧地恳求她继续照顾他们；确认这一点后，我将余生与我的亲人们在一起，为她、大公、我的孩子们及所有对我好和不好的人祈祷；虽然我的健康因悲伤已变得十分糟糕，但我将尽我所能苟延残生，为此我请求她允许我从海路回到我的亲人身边。

　　写完这封信后，我召见了肖瓦洛夫伯爵。他一进来就告诉我，我要的马车已经准备好了。我把我写给女皇的信交给他，告诉他，他可以通知不愿意陪我去看戏的先生们和女士们，我将免除他们陪侍的义务。伯爵收到了我的信，像往常一样眨了眨眼，但由于信是写给女皇陛下的，他不敢拒绝。他还把我的信息传达给了先生们和女士们，由殿下决定谁和我一起去，谁和他一起留下。我穿过前厅，发现他和沃龙佐夫女伯爵坐在一个角落里玩牌。当看到我时，他站了起来，她也站了起来——在其他场合，他从来没有这样做过。在这个仪式上，我深深地行了个屈膝礼，然后就走了。我去了剧院，女皇没有来。我想是我的信阻止了她。在我回来的时候，肖瓦洛夫伯爵告诉我，女皇陛下将亲自来找我。伯爵似乎已经把我的信和女皇的回复通知了大公，因为尽管从那时起他从未踏进过我的房间，但他尽了最大的努力出席了女皇与我的会面，这是他不能拒绝的。在等待会面的过程中，我在自己的套间里保持沉默。我相信，如果肖瓦洛夫一家有任何把我送回家的想法，或者用这个想法作为威胁来吓唬我，我已经采取了最好的方法来扰乱这个计划，因为他们最可能遇到的最大阻力在于女皇，因为她根本不想采取这种强有力的措施。此外，她还记得在自己家庭经历的误会，当然不希望在她的时代看到这些误会重演。对我的抱怨可能只有一点，那就是她可敬的外甥在我看来不是最可亲的男人，正如我在他看来不是最可亲的女人一样；至于对这个外甥的看法，她的意见和我的完全一致。她非常了解他，在过去的许多年里，她在他身边待上一刻钟都会感到厌恶、愤怒或悲伤，而在她的房间里，当他碰巧成为谈话的对象时，她要么会因为不幸有这样一个接班人而流下眼泪，要么会对他不屑一顾，并且经常用非常适合他的绰号来称呼他。我手里拿着这方面的证据，在她的文件中发现了两张她亲手写的纸条，我不知道是写给谁的，但其中一张似乎是写给约翰·肖瓦洛夫的，另一张是写给拉祖莫夫斯基伯爵的，她在纸条中诅咒她的外甥，并希望他下地狱。有一张纸条是这样的："我那该死的外甥让我非常恼火。"在另一张纸条中，她说："我的外甥是个傻瓜，让魔鬼带走他吧！"此外，我下定决心，用一种非常哲学的眼光看待我是否会被送走。无论上天把我安排在什么样的位置上，我都永远不会缺少由天赋和决心根据个人的天赋才能而给予的资源。无论是在人生的上升期还是跌落期，我觉得自己都有足够的勇气，一方面我不会被过度的骄傲冲昏头脑，另一方面也不会感到谦卑和沮丧。我知道我是人不是神，因此能力有限，无法做到完美，但我的意图一直纯粹、善良。如果从一开始我就意识到，爱一个不亲切，也不想费心显得亲切的丈夫，即使不是不可能，也是一件困难的事，我就不会去尝试。然而，至少，我把自己的全部精力都投入到他和他的利益上，就像一个朋友，甚至一个仆人，投入到他的朋友和主人身上一样。我对他的忠告一直是我为他的福祉所能想出的最好办法，如果他选择不听，那不是我的错，而是他自己既不合理也不公正的判断导致的。在我来到俄国时，以及我们结合的最初几年里，哪怕这位王子表现出一丁点愿意得到扶持的样子，我的心就会为他敞开，但我看到在他所有可能关注的对象中，我是他最不关注的一个，原因正是我是他的妻子。因此，我发现我的位置既不令人满意，也不令我自己喜欢，或者说我认为这个位置令我厌恶，甚至痛苦。我用超出其他人的坚决意志抑制了这种痛苦，我的骄傲和性格使我非常反感自己不快乐的想法。我常对自己说，快乐和痛苦取决于我们自己，如果你感到不快乐，就把自己置于不快乐之上，这样，你的快乐就可以独立于所有可能发生的事情。有了这样的性格，我生来就非常敏感，并且至少可以说，我长着一张有趣的脸，乍一看很讨人喜欢，而不需要做出任何假装和努力。我天性非常亲切。在我的陪伴下，任何人都会在一刻钟的时间里完全放松，继而与我交谈，就像我们是老相识一样。我天性宽容，赢得了那些与我有关系的人的信任，因为每个人都觉得我最看重的是最严格意义上的正直和善良。如果我可以这么说的话，我敢以自己的名义断言，我是一位真正的绅士。我的思想更男性化，而不是女性化。尽管如此，我整体一点也不男性化，因为加上像男人一样的思想和性格，我拥有非常讨人喜欢的女性魅力。我相信，女皇会原谅我，因为我坦率地表达了我的感受，而不是试图给这些感受披上虚假、谦虚的面纱。此外，这本书肯定能证明我对自己的思想、性情和性格的断言。

我刚才说过，我很高兴，因为诱惑之路已经走过了一半。在这种情况下，人性的本质是，剩下的一半不应该就此放弃。诱惑和被诱惑是紧密联系在一起的，尽管最优秀的道德准则已经印在我们的脑海中，但每当人的感情与这件事产生关系时，就会立刻兴奋起来，当我们意识到的时候，我们已经走得太远了，而我还没有学会如何防止我们的感情兴奋起来。也许只有逃跑才是唯一的补救办法，但在某些情况下，逃跑是不可能的，因为在宫廷里怎么可能逃跑、躲避或对宫廷置之不理？这种企图本身就会引起非议。现在，如果不逃跑，在我看来，没有什么比逃离那些本质上令人愉快的事更困难的了。所有对令人愉快的事的反对都会显得过于拘谨，与人类内心的自然本能完全不协调。此外，没有人能将自己的心像放在手掌上一样随意地收紧或放松对它的掌控。

言归正传。演出结束后的第二天早上，我宣布自己身体不适，并留在房间里，耐心地等待女皇陛下应我谦卑的请求作出决定。然而，在四旬斋的第一周，我认为履行我的职责是明智的，以表明我对东正教的忠诚。在四旬斋的第二个或第三个星期，我又遭受了另一种痛苦。我起床后的一天早晨，我的仆人告诉我，亚历山大·肖瓦洛夫伯爵派人来请弗拉迪斯拉瓦夫人。我觉得这有点奇怪。我焦急地等她回来，但她一直没回来。午后大约一个小时，肖瓦洛夫伯爵来通知我，女皇陛下认为应该把弗拉迪斯拉瓦夫人从我身边带走。我哭了起来，说，当然，女皇陛下有权把她喜欢的人带走或安置在我身边，但我越来越伤心地发现，所有走近我的人都变成让女皇陛下不快的受害者。为了减少这样的受害者，我恳求他请陛下尽快送我回我的亲戚家里，这样就可以结束我被迫不断地给某个人或其他人带来痛苦的局面。我还向他保证，解除弗拉迪斯拉瓦夫人的职务不会有任何意义，因为她和其他任何人对这件事毫不知情。伯爵正要回答，但听到我哭泣，他开始和我一起哭泣，并告诉我，女皇将亲自与我讨论这个问题。我恳求他让这个会面尽快到来，他答应了。然后，我去找我的随从，讲述了发生的事情，并补充说，如果我碰巧不喜欢的那个保姆取代了弗拉迪斯拉瓦夫人，她可能要准备接受我最坏的待遇，甚至包括殴打。我请她们在任何她们愿意的地方重复这一点，以阻止所有可能希望被放置在我身边的人过于匆忙地接受这个任务，因为我已经厌倦了痛苦，并且我看到我的温和与耐心只会使与我有关的一切变得越来越糟，所以我决定彻底改变我的行为。我的随从如我所愿地将我的话传了出去。

那天晚上，我哭得很伤心，在房间里走来走去，心理上和生理上都非常激动。我独自一人待在房间里，然后我的一个叫凯瑟琳·伊万诺夫娜·谢里戈罗德斯卡亚（Catherine Ivanovna Cheregorodskaya）的侍女来到我的卧室，含着眼泪，非常深情地对我说："我们都非常担心您将陷入这些痛苦之中。让我今天去见我的叔叔吧，他是您的忏悔牧师，也是女皇的忏悔牧师。我会和他谈谈，告诉他您想说的一切。我向您保证，他会以一种令您满意的方式和女皇说说。"我看到她对我的真诚，毫不保留地告诉她整个事情的经过，以及我写给女皇陛下的信和其他一切。她去找她的叔叔，把这件事告诉了他，让他支持我。她11点左右回来告诉我，她的叔叔建议我当晚放话出去，说我生病了，想要忏悔，然后派人去找他，以便他能向女皇复述我亲口说的话。我非常赞同这一想法，并答应照做。我感谢了她和她的叔叔对我的关心，然后让她走了。于是，在凌晨两点到三点之间，我按响铃铛。我的一个侍女进来了。我告诉她我感到很不舒服，我想忏悔。亚历山大·肖瓦洛夫伯爵找了另外一位忏悔牧师给我。我用微弱而断断续续的语气再次请求把我的忏悔牧师送到我身边。他派人去请医生，我对他们说，我需要的是精神上的帮助，我要窒息了。一个人摸了摸我的脉搏，说很弱。我回答说，我的灵魂处于危险之中，我的身体不再需要医生了。最后，我的忏悔牧师来了，只剩下我们在一起。我让他坐在我床边，我们聊了至少一个半小时。我向他描述了过去和现在的情况，讲述了大公对我的行为，以及我对他的行为；讲述了我对肖瓦洛夫一家的憎恶，我身边的人的不断被放逐或驱逐，以及那些最依恋我的人的不断被驱逐；最后，讲述了肖瓦洛夫一家在女皇陛下心中激起对我的憎恶。简而言之，我告诉了他目前的整个情况，以及促使我写信给女皇的原因。我告诉他，我在信中要求女皇将我送回家，我请求他尽快让女皇回复我的请求。我发现他身上有为我做成这件事的最好品质，他绝不像人们说的那样愚钝。他告诉我，我的信确实会产生我希望的效果，我必须坚持要求被遣送回家，这一要求肯定不会得到满足，因为在公众眼中，这样做不合情理，而公众的注意力现在都集中在我身上。他同意这一事实，即我遭受了残忍的对待。女皇在我很小的时候就选择了我，却将我遗弃，任由我的敌人摆布。她甚至会做得更多，她会驱逐我的对手，特别是伊丽莎白·沃龙佐夫，她还会对她的宠臣施加限制。通过肖瓦洛夫一家每天都在推出的新垄断，这些宠臣已经成为人民的吸血鬼。此外，这些宠臣每天都让人民有理由抱怨他们的不公正，别斯图热夫·留明伯爵的事件就是明证，公众相信别斯图热夫·留明伯爵是无辜的。我的忏悔牧师最后告诉我，他将立即前往女皇的套间，在那里等她醒来，以便就这个问题与她交谈。然后，他会催促她加快她答应我的会面，这应该是最重要的。他还会对女皇说，如果不迅速采取补救措施，不以某种方式将我从目前的状况中解脱出来，让我孤零零地留在这里，被每个人抛弃，悲伤和痛苦可能会导致我的死亡。他信守了诺言，向女皇生动地描绘了我的不幸处境，于是女皇召见了亚历山大·肖瓦洛夫伯爵，命令他来询问我的情况是否允许我第二天晚上来和她说话。肖瓦洛夫伯爵来给我传了这个消息，我告诉他，为了这样一个目标，我会尽我所能。傍晚时分，我起床了，肖瓦洛夫伯爵告诉我，午夜后，他将陪我去女皇陛下的套间。我的忏悔牧师让他的侄女给我传话，说一切都很顺利，那天晚上女皇会跟我谈话。因此，我在晚上十点左右穿好衣服，然后和衣躺在沙发上睡着了。一点半左右，肖瓦洛夫伯爵走进套间，告诉我女皇找我。我站起来，跟着他穿过几个空荡荡的前厅，走到走廊的门口，我看见大公从对面的门进来，我意识到他也要去拜访女皇。自从演出那天起，我就再也没见过他。即使在我宣布我的生命有危险的时候，他既没有自己来，也没有派人来询问我的健康状况。后来，我才知道，就在那一天，他答应伊丽莎白·沃龙佐夫，如果我碰巧死了，他就娶她，两人都为我快要死了感到非常高兴。

我终于到达了女皇陛下的房间，在那里我看到了大公。我一看到女皇，就扑到她的脚前，热泪盈眶地恳求她把我送回我的亲戚家。女皇想扶起我，但我仍伏在她的脚下，她看起来非常悲伤而不是愤怒，她含着眼泪对我说："你为什么希望我送你回家？你不记得你有孩子吗？"我回答说："我的孩子在陛下这里，没有比这更好的环境了。我相信您不会抛弃他们。"她接着对我说："但我应该给公众什么借口来证明这样做是合理的呢？""陛下，"我回答，"如果您认为合适的话，请说明我引起陛下不满和大公憎恶的原因。""但是，你与你的亲属在一起将如何生活？"我回答说："和我以前生活一样生活，有幸被陛下带到这里来之前，我一直这么生活。"对此，她回答说："你母亲是个逃犯，她被迫离开了德意志，去了巴黎。""我知道这一点，"我说，"她被认为过度依附俄国的利益，因此普鲁士国王迫害了她。"女皇再次命令我站起来，我照做了。她离开我一段距离，沉思着。

这个套间很长，有三扇窗户，窗户之间有两张桌子，桌子上放着女皇的金色盥洗用具。房间里只有我、女皇、大公和亚历山大·肖瓦洛夫。女皇的对面是一扇大屏风，屏风前是一张沙发。我从一开始就怀疑约翰·肖瓦洛夫，也许他的堂兄弟彼得就在屏风后面。后来，我知道我的猜测部分正确，约翰·肖瓦洛夫确实就在那里。我站在离我进去的门最近的盥洗桌旁，注意到盥洗盆里有几个字母被遮住了。女皇再次走近我，对我说："上帝作证，你到达俄国后不久病得厉害，我为你哭了。如果我不喜欢你，我就不会留你了。"我把这看作对我刚才所说的我招致她不满的回答。我回答说，感谢女皇陛下当时和此后给予我的所有善意和帮助，并说，对它们的回忆永远不会从我的记忆中消失，我将永远把我招致她的不快视为我最大的不幸。然后她更靠近我，说："你太傲慢了。你还记得吗？有一天在夏宫，我走近你，问你脖子是否僵硬，因为我注意到你几乎没有向我鞠躬，你只是出于骄傲向我点头致意。""天哪！夫人！"我说，"陛下怎么可能认为我会对您傲慢呢？我郑重声明，我从来没有想到您四年前提出的这个问题会涉及傲慢这样的问题。"对此，她说："你以为没有人能像你这样聪明。""如果我有过这样的自负，"我回答说，"我现在的状况和这次谈话就不会这样让我迷惑了，因为我是如此愚蠢，直到现在我才明白四年前您对我说了些什么。"在我与女皇陛下谈话的过程中，大公对肖瓦洛夫伯爵耳语。女皇觉察到了，便走到他们面前。他们都站在房间中央附近。我听不清他们在说什么，因为他们说话声音不大，而房间很大。最后，我听到大公提高声音说："她非常恶毒，非常固执。"然后我意识到他们在谈论我，我对大公说："如果您说的是我，我很高兴有机会在女皇陛下面前告诉您，我确实对那些鼓动您处事不公正的人很恶毒。我变得固执了，因为我看到我的屈服没有给我带来任何好处，只会招致您的敌意。"他立即反驳道："陛下，从她自己说的话中可以看出她有多恶毒。"但我的话给女皇留下了非常不同的印象，她比大公聪明得多。随着谈话的进行，我可以清楚地看到，尽管别人向她建议要严厉处理我，或许她自己已经决意要严厉处理我，她的感情还是逐渐软化了。然而，她转过身来对大公说："噢，你不知道她告诉我关于你的顾问和布罗克多夫的一切，关于你逮捕的那个人的事。"大公自然认为这是我的正式背叛行为。他对我在夏宫与女皇的谈话一无所知，他只看到我在女皇面前指控了他十分看重的布罗克多夫。因此，这将使我们的关系变得比以往任何时候都更糟，也许会使我们无法和解，并使我今后失去他对我的全部信任。当听到女皇当着我的面向他讲述我告诉她的事情时，我大吃一惊，我相信女皇这么做是为了大公的利益，因此这就像毁灭性武器一样对我不利。大公对女皇的披露感到非常惊讶，他说："啊！这对我来说真是件新鲜事。这太有趣了，也证明了她的恶毒。"我对自己说："上帝知道它证明了谁的恶毒。"女皇陛下突然将话题从布罗克多夫转到斯塔姆贝克和别斯图热夫·留明伯爵之间的联系上，并对我说："我让你想象一下，如何原谅他与一名国家囚犯保持联系的行为。"由于我的名字没有出现在这件事中，我保持沉默，好像这件事与我无关。女皇走近我，说："你介入了许多与你无关的事情。在安娜女皇时代，我不会这么做。例如，你怎么胆敢向阿普拉克辛元帅发号施令？"我回答说："您说我吗，夫人？我从来没有过这样的想法。""什么！"她说："你会否认给他写信吗？那盆里有你的信。"说着，她指着信："你被禁止写信。""是的，"我回答，"在这方面我违反了规定，请您原谅。但既然我的信在那里，这三封信将向陛下证明我从未向他发出过任何命令，但在其中一封信中，我告诉了他人们关于他的行为的看法。"她打断了我的话："你为什么给他写这封信？"我简单地回答说："因为我对元帅非常关注，我非常喜欢他。我请求他听从您的命令。在另外两封信中，一封信只包含我对他儿子出生的祝贺，另一封信中我只向他致以新年的祝贺。"对此，她说："别斯图热夫·留明伯爵声称还有很多其他信。"我回答说："如果别斯图热夫·留明伯爵那样说，他就撒谎了。""那好吧，"她说，"既然他撒了关于你的谎，我就好好拷打他。"她想这样做是为了吓唬我，但我回答说，她当然可以按照自己的意愿行事，但我只给阿普拉克辛写了三封信。她沉默着，似乎在沉思。

我叙述了这次谈话中最突出的几点，这些都留在我的记忆中，但在这个至少持续了一个半小时的会面中，我不可能回忆起所有的话。女皇在套间里走来走去，有时对我说话，有时对她的外甥说话，但更多的是对亚历山大·肖瓦洛夫伯爵说话。女皇在和我说话的时候，大公大部分时间都在和亚历山大·肖瓦洛夫伯爵交谈。我已经说过，女皇陛下对我说话的语气不是愤怒，而是焦虑。至于大公，在整个会面的过程中，他对我流露出了许多怨恨、敌意，甚至极度的愤怒。他尽可能地激起女皇陛下对我的愤怒，但由于他做得十分愚蠢，更多的是发泄愤怒，而不是出于正义，他未能达到目的，而女皇的敏锐和睿智使她更愿意站在我这边。她带着明显的专注和一种不由自主的赞同，听着我坚定而温和地回应我丈夫的无耻言论。从他的言论中可以清楚地看出，他的目的是要清空我的位置，以便将这个位置让给当时最受他喜欢的人。但这可能不符合女皇的喜好，也不符合肖瓦洛夫一家的利益。肖瓦洛夫一家肯定不想让沃龙佐夫伯爵成为自己的主人。但这一切都不是殿下能看透的，殿下始终只关注自己的愿望，从不听取任何在当时占主导地位的意见。这次，他讲了很长时间，想达成他的愿望，以至女皇走近我，低声说："我还有许多其他的事情要对你说，但我不希望你受到更多的牵连。"她看了看，摇了摇头，暗示说，她是因为其他人在场才不说出来。在如此关键的时刻，看到这一真诚、善意的标志，我被感动了。我用同样的语气对她说："我也不能再说了，无论我多么真诚地希望向您敞开心扉。"我看到我的话给她留下了良好印象。眼泪涌上了她的眼睛，为了掩饰她的情绪和她受感动的程度，她打发我们走，说已经很晚了。事实上，此时已经是凌晨3点了。大公先走了，我跟着，亚历山大·肖瓦洛夫正准备跟在我后面离开时，女皇陛下把他叫了回去，他留了下来。大公像往常一样快步向前走去，但这次我并没有急于跟在他后面。他进了他的套间，我也进了我的套间。我正要脱衣服去睡觉，突然听到有人敲门。我问是谁，肖瓦洛夫回答说是他，并请求我让他进来。我让他进来了。他要我让我的侍女退下。侍女们离开了房间。然后他告诉我，女皇叫他回去后，和他谈了一会，她让他来传达她对我的赞美，告诉我不要太难过，她会单独和我再谈一次。我低头向伯爵鞠躬，请求他代我向女皇陛下致以最谦卑的敬意，并感谢她的仁慈，这使我重获新生。我告诉他，我将迫切期待第二次会面，并恳求他加快会面的时间。他要求我不要把这件事告诉任何人，特别是大公，因为陛下遗憾地看到大公对我非常恼火，但我忍不住想："如果她对他的恼怒感到遗憾，为什么刚才还要复述我们在夏宫的谈话，提到那些被他残酷对待的人呢？"

然而，女皇出乎意料地恢复了对我的宠爱和信任，这使我非常高兴。第二天，我希望我的忏悔牧师的侄女向她的叔叔传达我的感谢，感谢他为我传话，为我安排了这次与女皇陛下的会面。她回来后告诉我，她的叔叔听说女皇说她的外甥是个傻瓜，但说大公夫人很有见识。我从不止一个方面听到了这句话，并且女皇陛下向她身边的人不断赞扬我的才能，经常补充说："她热爱真理和正义，她是一个非常理智的女人，但我的外甥是个傻瓜。"

我仍然像以前一样，以身体不好为由，继续待在房间里。我记得当时我对着地图，读了《航海史》（*Histoire des Voyages*）的前五卷。这部书读起来既有趣又启人心智。读累了后，我翻阅了《百科全书》（*Encyclopedia*）的前几卷，等待女皇陛下的第二次接见。我不时向肖瓦洛夫伯爵提出请求，告诉他我非常渴望听到关于自己命运的最终决定。至于大公，我没有听到更多关于他的消息。我只知道他在不耐烦地等待着我被送回家，他满怀信心地打算在我被送走之后娶伊丽莎白·沃龙佐夫。她住进了他的套间，并已经同房。她的副首相叔叔是个伪君子，如果真有伪君子的话。他似乎已经知道了他的兄弟的计划，或者说他的侄女们的计划。他的侄女们当时还很年轻，最大的只有20岁左右。副首相担心女皇刚刚恢复的对他的信任可能会因此受损，他暗中劝阻我不要要求离开，因为大家都知道我要求离开俄国。

一天早上，有人向我宣布，副首相沃龙佐夫伯爵要求代表女皇向我讲话。我对这个非同寻常的代表感到惊讶，吩咐让他进来，尽管我还没有穿好衣服。他先吻了吻我的手，热情地按了一下，然后擦了擦眼睛，泪从眼睛里流了下来。因为当时我对他有点偏见，所以我不太相信这个开场，他只是想通过这个开场来表达自己的热情，但我让他继续表演。我让他坐下。他有点喘不上气，因他被甲状腺肿困扰着。他坐在我身边，告诉我，女皇指派他和我说话，并劝阻我不要坚持离开，女皇陛下甚至还授权他以她的名义请求我放弃一个她永远不会同意的愿望；就他自己而言，他请求我向他保证，我再也不会提回家的事。他还补充说，这个想法令女皇和所有好人感到非常悲痛，他请求将自己也包括在好人范围内。我回答说，为了让女皇陛下高兴，让好人满意，我没有什么不愿意做的，但我相信我现在的生活方式和我所受到的对待危及我的健康和生命；我让每个人都很痛苦，所有接近我的人要么被流放，要么被驱逐；大公对我充满怨恨，甚至厌恶，并且他从来没有爱过我；女皇陛下几乎不停地向我表示她的不满，我发觉自己成了每个人的负担。厌倦和悲伤让我筋疲力尽，所以我请求送我回家，以便让他们都可以摆脱一个如此麻烦的人。他跟我谈起我的孩子。我告诉他，我从未去见过他们，自从我分娩以来，我也没有见过小的那个孩子，没有女皇的明确许可，我也不能见到他们，因为他们的套间离女皇的套间只隔两个房间，是女皇大套房的一部分。我毫不怀疑她对他们非常关心，但由于我被剥夺了看到他们的乐趣，无论我离他们是一百码远，还是一百俄里，对我来说都一样。他告诉我，女皇将与我进行第二次谈话，他非常希望女皇陛下能与我和解。对此，我请求他加快第二次会面，而我本人则不会忽视任何有助于实现他的愿望的事情。他和我一起待了一个多小时，详细地谈了许多事情。我注意到，他的影响力的增加使他在言语上、举止上有了某种优越感，这是我以前在人群中见到他时所没有的。后来有一天，在朝会上，看到女皇对奥地利大使说了很长时间的话，而他和我及其他所有人都站在那里，累得要死。他对女皇、对事态、对那些得到女皇信任和支持的人感到不满，他对我说："你敢打赌，她对他说的不是胡扯吗？""天哪！"我笑着回答，"您说什么？"他特意用俄语回答我，说了那句很典型的话："她是天生的……①"这次会面的最后，他再次亲吻了我的手，向我展示了他的热情，然后离开了。

---

① 傻子（俄语是DOURA）。——原注

那么，就目前而言，我感觉我肯定不会被送回家，因为他们要求我甚至不提回家的事，但我认为最好还是不要离开我的房间，继续待在房间里，就好像在女皇第二次接见我之前我无法预料我的命运最终会如何决定。而关于女皇的第二次接见，我不得不等待很长时间。我记得1759年4月21日，我生日那天，我一直没出门。女皇在吃晚餐的时候让亚历山大·肖瓦洛夫伯爵给我传话，说她为我的健康干杯。我请亚历山大·肖瓦洛夫伯爵传达我的感谢，感谢她在我不幸出生的这一天对我的亲切挂念。我补充道，如果这一天不是我受洗的日子，我就会诅咒这个日子了。当大公得知女皇给我传话之后，他也跟着做了。当他的祝福被传达给我时，我站了起来，谦恭地表达了我的谢意。

　　我的生日和女皇加冕日相隔不到四天，在这两次庆祝宴会之后，我仍然待在我的房间里，直到波尼亚托夫斯基伯爵告诉我法兰西大使哈皮塔尔侯爵一直在赞美我的坚定行为。大使说，我坚持不离开房间只会给我带来好处。我把这番话看作敌人不怀好意的赞美，决定反其道而行之。一个星期天，出乎大家的意料，我穿好衣服，从我的房间出来了。当我走进等候的女士们和先生们的套间时，我注意到他们看到我时的惊讶表情。在我出现几分钟后，大公也进来了。他看起来同样惊讶，当我和大家交谈时，他加入了谈话，对我说了几句话，我礼貌地回答了他。

　　大约在这个时候，萨克森的查理亲王第二次访问了圣彼得堡。他第一次来访时，大公对他很礼貌，但这次，殿下认为自己没有必要对他遵守任何礼节，原因是这样的：在佐尔多夫战役中，查理亲王是第一批逃跑的人之一，这在俄军中已不是秘密，甚至有人断言，他一口气逃到了兰茨堡（Landsberg），中间一次也没有停下来。现在，殿下听了这话，下定决心，不会和一个被证明是懦夫的人说话，也不会和他有任何关系。有充分的理由相信，比伦的女儿库尔兰女爵对大公的态度不无贡献，因为已经有传言说要封查理亲王为库尔兰公爵。库尔兰女爵的父亲一直留在雅罗斯拉夫。她一直设法保持对大公的某种支配作用，此时，她向大公表达了她对查理亲王的敌意。随后，她第三次订婚，这次是与亚历山大·切卡索夫男爵，并于第二年冬天与他结婚。

　　最后，在我们去乡下的前几天，亚历山大·肖瓦洛夫伯爵代表女皇来通知我，当天下午我可以通过他请求女皇允许探望我的孩子们，在我离开孩子们时，我将与女皇陛下进行第二次会面，这是女皇很久以前的承诺。我按照指示做了，当着许多人的面，我请肖瓦洛夫伯爵代我请求女皇陛下允许我见我的孩子。他走了，回来时告诉我，我可以在3点钟看望他们。我准时到达，一直陪着我的孩子们，直到肖瓦洛夫伯爵来告诉我可以去见女皇陛下。我走到她跟前，发现她一个人在那里，这一次房间里没有屏风，因此我们可以畅所欲言。我首先感谢她愿意接见我，说她慷慨的承诺让我起死回生。对此，她说："我希望你真诚地回答我可能向你提出的所有问题。"我向她保证，我说的全是事实，我最希望的就是毫无保留地向她敞开心扉。然后她又问，是否真的只给阿普拉克辛写了三封信。我郑重地向她保证，事实就是如此。然后她问我关于大公生活方式的细节……

APPENDIX

附　录

彼得大公的信

LETTERS OF THE GRAND DUKE PETER

（以下是彼得大公的信，大约一年前在莫斯科被发现，并由亚历山大·赫尔岑交给我们。在刚刚出版的这本回忆录的第二版中，这些信首次出版。我们从这个版本中摘录出来附在这里。这些信充满好奇又非常有趣，说明了写信者的教育缺陷和智力低下，但如果把这些信翻译成英语，可能会损害这些信体现出来的这种特征，因为试图用英语对等词来表达这些信的风格缺陷，以及里面的语法和拼写错误，只会是一个荒谬的模仿。因此，我们以这些信的原始形式呈现它们，并忠实地保留里面特殊的拼写方式。）

I.

Lettre à la Grande-Duchesse Catherine.

MADAME, [①]—Je vous prie de ne point vous incommodes cette nuis de dormir avec moi car il n'est plus tems de me trompes, le let a été trop étroit, apres deux semaines de séparation de vous aujourd'hui apres mide.

Votre

tres infortuné

mari qui vous ne

---

① 　这封信由大公的一位叫安德烈（André）的仆人寄送，但被斯特霍林（Steholin）拦截了，大公夫人从未收到过这封信。——原注

daignez jamais de

ce nom

PETER.

Le...Xr 1746.

II.

Lettres à Jean Schouvaloff.

MONSIEUR,—Je vous aie fait prier par Lef Alexandritz pour que je puisse aller a Oranienbaum, mais je vois que ca n'a point d'effet, je suis malade et melancolique jusqu'au suppreme degré, je vous prie pour l'amour de Dieu de faire ensorte aupres de sa Majesté pour que je puisse partir bientot a Oranienbaum si je ne vient point dehors de cette belle vie de cour pour être un peu dans ma volonté et jouir a mon aise l'air de la campagne je creverai surement ici d'aneui et de deplaisir vous me ferez revivre si vous ferez cela vous obligerez celui qui sera toute sa vie.

Votre affectioné,

PIERRE.

III.

MONSIEUR,—Comme je suis assuré que vous ne cherchez autre chose qua me faire plaisir, je suis donc assuré que vous le fairè dans l'affaire d'Alexandre Iwanitz Narischkin pour prier sa Majesté de me faire la grace de le faire gentilhomme de chambre aupres de moi pour la feste de pacques, cest un parfait hoñette homme que je ne recommanderai pas si je ne le conñoissois pour tel, pressé cette affaire je vous en seré bien redevable et au rest je suis.

Votre affectioné,

PIERRE.

IV.

MON CHER AMY,—Vous m'avez encore demonstré vostre amitié en faisant aupres de sa Majesté imperiale qu'elle me donne dix mille ducats pour pajer ma deste que jai faite aux jeux, je vous prie de remercier de ma part sa Majesté de cette nouvelle grace qu'elle m'a faite et assuré la que je tacherai toute ma vie de m'en rendre de plus en plus digne de touts des graces dont elle m'a comblé. Pour vous Monsieur

recevez les remerciemens sincère d'un amy qui voudraint estre
en etat de vous pouvoir convaincre combien il souhaitairai
de vous en pouvoir rendre la pareille. Aureste en vous priant
destre toujour de ses amis comme auparavant je reste.

Vostre affectione amy,

PIERRE.

V.

MONSIEUR,—Je vous aie tant de fois prie de supplier
de ma part Sa Majesté impériale de me laisser voyager pour
deux ans hors du pais, je vous le repete encore une fois vous
priant tres instament de faire ensorte pour qu'on me l'accorde,
ma santé sanfaiblissant de jour en jour plus, faites moi pour
l'amour le Dieu cette seule amitié de le faire et de ne me
laisser pas mourir de chagrin mon etat n'etant plus en etat de
soutenir mes chagrin et ma melancolie empirant de jour en
jour, si vous croyez quil est besoin de la montrer a Sa Majesté
vous me ferez le plus grand plaisir du monde et de plus je
vous en prie. Au reste je suis.

Vostre affectioné,

PIERRE.

VI.

MONSIEUR,—Je vous prie comme je scais que vous estes de mes amis de me faire le plasir d'aider le pere du porteur de cette lettre qui est le lieutenant Gudowitz de mon regiment, sa fortune en depandt, il vous instruira de bouche lui meme comment l'affaire est tout ce que je scai se sont des intrigues de monsieur Teploff qui n'en a fait pas la premiere, le hetman se laisse mener par cette homme par le nez et je ne peut plus vous dire que ca n'est pas la premiere ni la derniere affaire dont jaurai prie le hetmann, qui m'a refusé; jespere que vous fairez cette affaire, vous me fairez plaisir par ca parceque jaime cet officier encore je vous prie n'oubliez pas mes interest et moi je chercheré toujours de vous convaincre que je suis de vos amis.

Vostre affectioné,

PIERRE.

VII.

MONSIEUR,—J'ai esté extremement etonné que sa Majesté s'est faché de ce que j'ai fait la mascarade et l'opera j'ai crue le faire de plus qu'à Petersbourg Monsieur Locatelli l'a fait tout les semaines deux foix encore je me resouviens tres bien que quant il y avait le dœuil pour ma grand Mere nous avons fait le bal chez nous et trois jour que le dœuil avoit commencé nous avons esté a la comedie au petit teatre, je vous prie dont Monsieur d'avoir la bonté de prier Sa Majesté de me permettre de me divertir à mon aise et sans que je sois empeché leté vous savez assez combien ont sannuye dejà l'hiver de plus ajant dejà fait la depense du nouvau opera je ne croi pas que Sa Majesté voudra me faire faire une depense inutile au reste je suis.

Vostre affectioné,

PIERRE.

VIII.

Lettre à M. le Baron de Shakelberg à Oranienbaum.

MON CHER FRERE ET AMY,—Je vous prie aujourd, hui de ne point oublier de faire ma commission auprès de la personne en question et de l'assurer que je suis pret à lui demontres mon parfait amour et que ce que je fait dans l'eglise, de ne la pas parler est que je ne veux pas faire trop devant les gens et assure lui encore que si elle voudra une fois seulement venir chez moy que je lui demontreré que je l'aime baucoup, si vous voulez mon cher et mon vray amy montrez luy la lettre et en croyant que je ne peut estre mieux servis que d'un ami comme vous, je suis.

Votre fidel et attaché amy,

PIERRE.

1758

叶卡捷琳娜写给波尼亚托夫斯基的信

THE LETTER OF CATHERINE II TO PONIATOWSKY

彼得三世失去了他本来就不多的理智，他公开冒犯了所有党派。他希望解散护卫队，为此，他打算将他们送到乡下，并打算让荷尔斯泰因的军队驻扎在城里，取代护卫队。他还希望改变这个国家的宗教信仰，娶伊丽莎白·沃龙佐夫，然后抛弃我，把我关起来。

  在与普鲁士国王庆祝和平之际，他在餐桌上公开侮辱我之后，在晚上下令逮捕我。我的叔叔乔治亲王（Prince George）撤销了这项命令，直到此时，我才听取了自伊丽莎白女皇去世后他们向我提的建议。该建议的目的是在彼得三世的房间里逮捕他，并将他监禁起来，就像以前对安妮公主和她的孩子所做的那样。彼得三世去了奥拉宁鲍姆。在护卫队中，有许多上尉支持我们的利益。这个秘密计划的命运掌握在奥尔洛夫三兄弟的手中，三兄弟中的大哥奥斯汀（Osten）跟着我到处走，做了无数蠢事。他对我的热情是众所周知的，他所做的一切都受到这一热情的鼓舞。这三个人都是非常有决心的人，非常受士兵们爱戴，因为他们都在护卫队中服役。圣彼得堡的所有人都可以证明，我欠他们的最多。卫兵们已经做好了思想准备，到最后，大约有三四十名军官和近一万名士兵参与了这个秘密计划。在这三个星期的时间里，没有出现一个叛徒。有四个不同的党派也参与进来，他们的领袖联合起来执行这个秘密计划，但最核心的秘密掌握在奥尔洛夫三兄弟手中。帕宁伯爵希望将皇位传给我的儿子，但三兄弟不同意。我住在彼得霍夫，彼得三世住在奥拉宁鲍姆，他一直在举行狂欢活动。大家同意，如果发生叛国行为，他们将不等彼得三世回来，而是立即召集护卫队并宣布我登基。他们对我的热情达到了为我叛国的程度。27日，有报道称我被捕了。士兵们激动起来，我们的一名军官让他们安静下来。然后，一名士兵来到一个叫帕西克（Pacik）的上尉面前，帕西克是我们其中一个党派的领袖，这个士兵告诉他我肯定被逮捕了。帕西克向他保证，他刚刚收到了我的信。这个士兵仍然担心我的安全，去找了另一名军官，跟他说了同样的事情。这名军官没有参与这个秘密计划。他得知第一名军官居然没有逮捕这名士兵，而是打发他走了，他非常担心，于是去了少校那里。少校逮捕了帕西克，并连夜向奥拉宁鲍姆发送了一份逮捕报告。整个团立刻陷入骚动，我们的同谋也惊慌失措了。他们立即决定派奥尔洛夫兄弟中的老二来接我，带我进城，而另外两个兄弟则到处散布消息说我已经进城。护卫队统领、沃尔孔斯基（Volkonsky）和帕宁伯爵都是这个秘密计划的参与者。

在彼得霍夫，我几乎只和我的侍女们在一起，似乎被其他所有人遗忘了。然而，我的日子非常不平静，因为我经常被告知所有支持和反对我的阴谋。28日早上6点，亚历克修斯·奥尔洛夫走进我的房间，叫醒了我，非常平静地说："该起床了，一切都准备好，要宣布您登基了。"我询问了细节。他回答说："帕西克被捕了。"我不再犹豫，匆忙穿上衣服，来不及洗漱，就上了他带来的马车。另一名军官伪装成仆人，站在车厢门口，第三名军官在离彼得霍夫几俄里的地方迎接我们。在离彼得霍夫5俄里的地方，我遇见了奥尔洛夫兄弟中的老大和小巴拉廷斯基亲王（the younger Prince Baratinsky）。小巴拉廷斯基亲王让我坐在他的马车上，因为我的马已经跑累了。我们驱车前往伊斯梅洛夫斯基团的兵营。我们发现那里只有十二个人和一个鼓手，鼓手立即敲响了信号鼓。士兵们跑进来，拥抱我，亲吻我的脚、我的手、我的衣服，称我为他们的"救世主"。其中两个士兵将一名牧师带了进来，牧师站在他们中间，手里拿着十字架，并立刻举行宣誓仪式。宣誓结束后，他们让我坐上马车。牧师拿着十字架走在前面，我们向西蒙诺夫斯基团（regiment of Simeonofsky）走去，该团的人前来迎接我们，高喊着"万岁"。我们接着去了喀山（Kasan）教堂，我下了车。普雷布拉延斯基团也前来迎接我们，同样高喊"万岁"，同时对我说："请原谅我们最后才来，我们的军官扣留了我们，但这里有四名军官，我们把他们逮捕了，带到您这里，以向您表明我们的忠诚，因为我们和我们的兄弟有同样的想法。"接着，骑兵护卫队欣喜若狂地走了过来。我从未见过这样的场景，他们欢呼着，为国家的解放而热泪盈眶。这一幕发生在护卫队统领的院子和卡桑斯基（Kasanski）之间。整个骑兵护卫队都来了，由他们的军官带领着。彼得三世把骑兵护卫队交给了我的叔叔乔治亲王，而我知道骑兵护卫队非常讨厌他，所以我派了几个侍卫到他那里，请求他留在家里，以免发生意外。

但卫兵们先我一步，派出了一支分遣队去逮捕他。他的房子遭到抢劫，他本人也受到虐待。我去了新的冬宫，在那里举行了教士会议和议院会议。即位宣言和誓言是匆忙起草的。我从宣誓台上走下来，步行视察部队，总共有一万四千多人，包括护卫队和地方兵团。我一出现，人群中就爆发了欢呼声，无数的人都跟着欢呼起来。然后我去了旧冬宫，采取必要措施完成我们的计划。在那里我们举行了一次议事会，会议决定由我率领部队前往彼得霍夫，彼得三世将在那里用餐。所有道路上都设有岗哨，我们不时收到信息。我派塔利斯津上将（Admiral Taliezsin）去喀琅施塔得。然后沃龙佐夫首相来谴责我离开了彼得霍夫。作为答复，我让人将他带到教堂宣誓效忠我。接下来是特鲁贝茨科伊亲王和亚历山大·肖瓦洛夫伯爵，他们也从彼得霍夫来，来这里是为了确保各团对彼得三世的忠诚，并把我处死。他们也被悄悄带去宣誓对我效忠。

我派出了所有信使，并采取了所有预防措施，大约晚上10点，我穿上了护卫队的制服，在无法形容的热情欢呼声中宣布自己为上校。我骑上了马，每个团中只留下一个小分队，以保护我留在城里的儿子。

于是，我率领部队出发了，我们整夜都在向彼得霍夫行进。到达小修道院后，副首相加利津给我带来了彼得三世的一封语气非常诏媚的信。我忘了说，在我们离开城市时，从彼得霍夫派来三名士兵，让他们向人民发布一份宣言。这三名士兵把这份宣言带给我，说："这是彼得三世给我们的任务。我们把它交给您，我们非常高兴有机会加入我们的兄弟。"在副首相加利津之后，米哈伊尔·伊斯梅洛夫（Michael Ismaïloff）将军给我带来了另一封信，他伏在我的脚下，说："您认为我是一个诚实的人吗？"我回答说："是的。""那么，"他说，"与明智的人打交道是件愉快的事。皇帝提出退位，他的退位完全是自愿的。他退位后，我会带他来见您。我要把我的国家从内战中拯救出来。"我很高兴地把这项任务交给他，他去执行了。

在1500名荷尔斯泰因士兵的陪同下，在有完全人身自由的情况下，彼得三世在奥拉宁鲍姆宣布放弃帝国皇位，并在伊丽莎白·沃龙佐夫、古多维奇（Godowitz）和米哈伊尔·伊斯梅洛夫的陪同下来到彼得霍夫。在彼得霍夫，我给他指派了五名军官和一些士兵作为护卫。这时是6月29日中午，恰逢圣彼得节。在为大家准备晚餐的时候，士兵们意识到彼得三世是由陆军元帅特鲁贝茨科伊亲王带来的，而特鲁贝茨科伊亲王正试图在我们之间实现和平。他们立即找到所有路过的人，包括护卫队统领、奥尔洛夫兄弟和其他许多人，说他们已经三个小时没见我了，他们担心老流氓特鲁贝茨科伊亲王会"欺骗我"，他们说："他会在您的丈夫和您之间假装和平，从而也毁了您和我们，但我们会把他们切成碎片。"这是他们的原话。我走到特鲁贝茨科伊亲王跟前，对他说："请您上车，我步行去视察这些部队。"他吓了一跳，立刻动身进城。士兵们欢呼雀跃地来迎接我。在这之后，我将被废黜的皇帝置于亚历克修斯·奥尔洛夫的看管下，亚历克修斯·奥尔洛夫带着四名我们挑选的军官和一支平静而清醒的护卫队，将他送到离圣彼得堡27俄里的一个叫罗普沙（Rapscha）的地方，那里非常隐蔽，但非常宜人。他将待在那里。同时在施吕瑟尔堡为他准备了体面而舒适的套间，以及在路上安排了替换的马匹。但上帝很乐意以其他方式处理此事。惊恐让他患上了痢疾，痢疾持续了三天，在第四天停止了。那天他喝得太多了，因为除了自由，他什么都有。然而，他只向我要了他的情妇、他的大狗、他的黑仆和他的小提琴。可是，由于担心引发丑闻，也不想激起公众的兴奋，我只给他送去后三者。他的痔疮性胆酸再次发作，伴有谵妄（delirium）。这种情况持续了两天，随后身体变得极度虚弱，尽管医生们努力救治，他最终还是濒临死亡，要求给他派路德派教士。我担心军官们可能给他下了毒，因为他们非常憎恨他。我下令打开他的腹部，但没有发现任何毒药的痕迹。他的胃很健康，但肠子发炎，他是因中风发作而死的。他的心脏太小，并且干缩了。

他离开彼得霍夫后，我被建议直接进城。我预料到部队会惊慌失措，因此，我以确定他们什么时候可以行军为借口，散布了进城的消息。这三天他们极度疲劳，但他们还是把时间定在了当天晚上10点。"前提是，"他们补充说，"她和我们一起走。"因此，我和他们一起离开了，中途停在库拉金的乡村住宅休息。我穿着白天的衣服，一头扎在床上，一名军官脱掉了我的靴子。我睡了两个半小时，然后我们继续沿着凯瑟琳诺夫（Catherinoff）路行进。我骑在马上，一个轻骑兵团在前面行进，然后是我的骑兵护卫，紧跟在我后面的是我的宫廷人员，后面是护卫团，他们根据资历列队，后面还有三个乡村兵团。在热烈的欢呼声中，我进了城市，然后在同样热烈的欢呼声中来到夏宫。在夏宫，宫廷人员、议院成员、我的儿子及所有有幸能接近我的人都在等着我。我去参加了弥撒，然后唱起了感恩赞美诗，之后我接受祝贺。从星期五早上6点起，我就几乎没有吃饭喝水，也没有睡觉。在周日晚上，我很高兴我能回去休息了。

我刚睡着，午夜时分，帕西克上尉走进我的房间，叫醒了我，说："我们的人喝得烂醉如泥，一名同样烂醉如泥的轻骑兵在他们中间喊道：'拿起武器！三千名普鲁士人来了，他们想带走我们的母亲！'他们抓起武器，来询问您的情况，说他们已经三个小时没有见到您了，如果发现您一切很好，他们会安静地回家的。他们不听军官的话，甚至也不听奥尔洛夫兄弟的话。"所以我不得不再次起来，为了不惊动由一个营组成的宫廷护卫队，我首先去了他们那里，解释了我在这个时间外出的原因。然后，我和两名军官上了马车，赶去部队那里。我告诉他们我很好，他们必须回去睡觉，也让我休息一下，因为我已经三个晚上没睡了，刚刚躺下。我相信他们将来会听他们的军官的话。他们回答说，他们被该死的普鲁士人吓坏了，他们准备为我而死。"好吧，"我说，"我非常感谢你们，但还是去睡觉吧。"说完，他们祝我晚安，身体健康，然后像羔羊一样地走了，还不时回头看看我的马车。第二天，他们给我发来了道歉信，表示很遗憾打断了我的休息。

　　这恐怕需要一本书来描述每个军官的行为。奥尔洛夫兄弟因引导他人的技巧、谨慎的胆识、超凡的头脑及这种行为赋予他们的权威而熠熠生辉。他们有很好的判断力、慷慨的勇气、热烈的爱国主义精神和高尚的思想。他们热情地爱着我，他们兄弟之间的团结是我从未见过的。他们有兄弟五人，但只有三个在这里。尽管士兵们后来将帕西克上尉放了出来，但他仍被逮捕了12个小时，这使他名声大噪。他接受逮捕是为了在我到达之前不引起部队的警觉，尽管他每时每刻都可能被带到奥拉宁鲍姆接受审问。幸运的是，彼得三世的命令直到我进入圣彼得堡后才送达。伊丽莎白·沃龙佐夫的妹妹达什科夫亲王夫人（The Princess Dashkoff）虽然自诩可享有这场革命的所有荣誉，但由于她的人脉关系，她的名声很差，而她只有19岁，并不足以获得我们的信任。她声称一切消息都是通过她传递给我的，但在她知道所有军官的名字之前，我已经与他们沟通了6个月。虽然她很有天赋，但她的天赋被她过分的炫耀和爱吵架的性格毁了。军官们讨厌她，但轻浮鲁莽的人喜欢她，把他们知道的一切都告诉她，而他们知道的只是一些小细节。我听说，最卑鄙、最懦弱的伊凡·肖瓦洛夫曾写信给伏尔泰，说一位19岁的女子推翻了这个帝国的政府。但愿这位杰出的作家能醒悟过来。在达什科夫亲王夫人知道任何事情之前的5个月，我有必要向她隐瞒其他人联系我的渠道；在过去的4个星期，她得知的事情是不可避免地会让大家知道的。巴拉廷斯基亲王的头脑也值得高度赞扬，他向已故皇帝的副官、他深爱的兄弟隐瞒了这一秘密，这是因为在这种情况下将信息披露给他的兄弟毫无用处。在骑兵护卫队中有一个叫奇隆（Chitron）的军官，只有22岁，还有一个17岁的下级军官，叫波将金（Potemkin），他们以极大的勇气和活力指挥一切。

这几乎就是事情的经过。我承认，整个过程都是在我的直接指示下进行的。最后我不得不检查事情的进展，因为我们出发去乡下让进程停滞了，事实上，一切在两周前就成熟了。当先皇听到城市里的骚动时，明尼赫元帅建议他出奔喀琅施塔得，或者带着小队随从投奔军队，但先皇周围的女人阻止他听从老元帅的建议。最后，当他坐着一艘战船去喀琅施塔得时，该地在塔利斯津上将的妥善处置下已被我们控制了，他解除了利弗斯将军（General Lievers）的武装，而利弗斯将军是此前皇帝派去驻守喀琅施塔得的。塔利斯津上将抵达喀琅施塔得后，港口的一名官员恪守职责，他威胁说，如果这位不幸的君主试图登陆，他将向他的帆船开火。一句话，上帝以他自己的喜好带来了这一切，而这一切与其说是人算，不如说是奇迹，因为毫无疑问，只有上帝的意志才能产生如此多的机缘巧合。

在叶卡捷琳娜的这封信后，我们摘录了1762年6月23日法兰西临时代办贝朗热（Bérenger）先生关于这些事件的公文：

"这是一幅怎样的画面！整个国家冷眼旁观这些事件。一方面，彼得大帝的外孙被废黜并被谋杀；另一方面，沙皇伊凡五世的曾外孙①带着铁链备受煎熬。而安哈尔特的公主②弑君后，扫清了通往皇位的道路，篡夺了皇位。"

---

① 即伊凡六世。——译者注
② 即叶卡捷琳娜二世。——译者注

TEXTUAL RESEARCH

考　证

政变与彼得三世之死

宫廷政变发动的时间定在彼得三世出征前线的时候。多年来，在首都，禁卫军习惯了闲散奢侈的生活。他们愿意冒任何风险，但不愿在遥远的梅克伦堡经受难以预料的战斗的艰辛。

与此同时，彼得三世对即将到来的危险并非完全不知情，而是根本不把它放在眼里，因为他正在为丹麦战争做准备。尽管普鲁士国王弗里德里希二世表达了自己的焦虑，但彼得三世还是决定推迟加冕典礼，直到自己回到俄国。彼得三世听从了弗里德里希二世的建议，自己不在的时候，带上宫廷里的所有外国大使和俄国主要官员，减少宫廷政变发生的概率。弗里德里希二世还敦促彼得三世，在圣彼得堡附近建立一个永久性的营地，以震慑反抗者。彼得三世不在的时候，通过戈尔茨反对乔治亲王全权处理事务时的一些愚蠢行为。"我并不怀疑乔治亲王会全力以赴，"彼得三世写道，"但我不认为他有足够的能力来驾驭重要的事务，或者在必要的情况下能扮演一个足够大胆的角色。"彼得三世不太欣赏叔叔乔治亲王的智慧，并且坦率的他也经常就这样对乔治亲王说了。乔治亲王有一个由9名要员组成的委员会来协助，其中包括陆军元帅特鲁贝茨科伊亲王和明尼赫。所有留下来的部队都由乔治亲王全权指挥。1762年6月7日，彼得三世的所有随从都被要求在10天内做好出发的准备，而驻扎在喀琅施塔得的俄军已经接到命令，可以随时起航。6月22日，在与普鲁士达成和平协议的庆祝活动中，彼得三世最后一次授勋。红色和蓝色的丝带在彼得三世的追随者中自由分发。这些追随者包括恩

斯特·约翰·冯·比龙的两个儿子。加利津被任命为副首相。亚
历山大·肖瓦洛夫和基里尔·拉祖莫夫斯基分别被任命为西蒙诺
夫斯基团和伊斯梅洛夫斯基团的上校。这两个头衔迄今为止只属
于俄国沙皇。6月21日，500名宾客和彼得三世共进了丰盛的晚
餐，6月22日又举行了一场同样盛大的宴会。在此期间，全城的
房子都被照亮了，所有贵族都穿着节日盛装出现在宫廷里。6月
23日，彼得三世出发前往自己最喜欢的奥拉宁鲍姆庄园，指挥
8000名荷尔斯泰因士兵前往战场。6月6日，驻圣彼得堡的所有大
使都收到一份通知，大意是说，如果出现了紧急情况，沙皇陛下
需要率领在德意志的俄军，希望外国大使们听从宫廷的命令。英
国大使罗伯特·默里·基思立刻乖乖地收拾了行李，但当天奥地
利大使梅西-阿尔让泰伯爵宣布返回维也纳。在1762年6月26日
之后不久，法兰西王国大使布勒特伊男爵就去了巴黎。整个宫廷
里的人，包括所有商人及首相米哈伊尔·沃龙佐夫和副首相加利
津，都已飞速赶到奥拉宁鲍姆，并一直在那里待到圣彼得节和圣
保罗节的盛宴结束。然而，几乎什么事也没发生。人们举行了一
轮又一轮的庆祝活动，其中包括6月30日的一场歌剧。彼得三世
最后一次在宫廷管弦乐队中演奏。为了快速达到政变的目的，在
彼得霍夫的叶卡捷琳娜皇后，在过去的五天完成了自己在首都的
计划。7月9日，彼得三世打算在彼得霍夫庆祝它的命名日。叶卡
捷琳娜皇后觉得在彼得霍夫更安全。战争准备工作迅速进行着。
已经有10名士兵离开了雷瓦尔港，还有6名士兵和12艘护卫舰在

前往喀琅施塔得的路上。然而，彼得三世一开始倾向于等待柏林会议的召开。7月4日，星期日，当丹麦人从汉堡敲诈贷款的消息传到彼得三世耳中时，没有什么能再阻止他了。普雷布拉延斯基团的禁卫军立即接到命令，最迟在7月7日星期三出发。西蒙诺夫斯基团和伊斯梅洛夫斯基团也接到了同样的命令。但就在这时，发生了一件事，加速了政变的发生。7月7日晚，一个惊恐万分的士兵告诉其中一个主要同谋者——帕西克上尉，阴谋已经被发现，并且叶卡捷琳娜皇后不见了。帕西克上尉对这个说法嗤之以鼻，于是这个士兵又把这件事告诉了另一个不知道阴谋的军官。这个军官不仅立即逮捕了他，而且把这件事报告了他的上级军官——一个叫彼得·沃伊科夫的少校。审问这个士兵后，彼得·沃伊科夫少校认为应该逮捕帕西克上尉，并将整个事件上报给在奥拉宁鲍姆的彼得三世。然而，彼得三世似乎不理会这一点。与此同时，好几个类似的警告也传到了他那里。因此，当彼得三世还在奥拉宁鲍姆的时候，布德伯格上校告诉他，有人在密谋造反。布德伯格上校也被邀请参加这场阴谋活动。彼得三世认为，当时和他一起住在奥拉宁鲍姆的大臣们和夫人们足以成为人质，以使在首都的人好好表现。彼得三世不断地嘲笑俄罗斯人的宁愿让一个女人统治他们的想法，并拒绝接受任何警告。没过多久，他的一个朋友提交了一份关于圣彼得堡各种可疑情况的书面报告。这时，彼得三世刚好在拉小提琴。每次拉小提琴被人打搅时，他都很生气。他不耐烦地命令朋友把纸条放在手边的一张小桌子上，然后就把这事抛诸脑后了。就在帕西克被捕的那一天，彼得三世在奥拉宁鲍姆举行了盛大的宴会，随后还举行了化装舞会。为了达到政变的目的，叶卡捷琳娜皇后也从彼得霍夫赶来参加舞会。在化装舞会刚开始时，密谋者有些惊慌地注意到，彼得三世的心情非常不好，几乎失去了平时的活跃。但在舞会还没有结束的时候，他就恢复了好心情。第二天早晨，他陪着叶卡捷琳娜皇后去了拉祖莫夫斯基的避暑别墅。在这里，拉祖莫夫斯基热情地招待了他们。这是彼得三世和叶卡捷琳娜皇后最后一次一起公开露面。

　　帕西克上尉被捕的消息和由此而来的恐惧使密谋者极其不安。他们不得不提前采取行动。格里戈里·奥尔洛夫立刻跑到帕宁伯爵跟前，问他该怎么办。帕宁伯爵询问帕西克是因政治罪名而被捕，还是因违反军纪而被捕。格里戈里·奥尔洛夫回答说，强烈怀疑是因为政治罪名。帕宁谨慎地暗示说，只要能有所作为，就不要浪费时间。这几位最聪明的人建议密谋者立即行动。在帕宁、基里尔·拉祖莫夫斯基和沃尔孔斯基事先知情并同意的情况下，亚历克修斯·奥尔洛夫被安排立即前往彼得霍夫，将叶卡捷琳娜皇后带回首都。而他的四个兄弟则在首都散布谣言，说叶卡捷琳娜皇后的生命处于危险之中。神职人员似乎已经说服人民。7月9日6点，正在彼得霍夫睡觉的叶卡捷琳娜皇后被侍女叫醒了。随后，与瓦西里·比比科夫一起从圣彼得堡彻夜赶来的亚历克修斯·奥尔洛夫悄悄地溜进了叶卡捷琳娜皇后的卧室，低声说："时候到了，您可以宣告即位了。""什么意思？"叶卡捷琳娜皇后叫着，从床上坐了起来。"帕西克被捕了。"亚历克修斯·奥尔洛夫回答。叶卡捷琳娜皇后二话没说就站了起来，急忙穿上平时穿的黑衣服，跟随亚历克修斯·奥尔洛夫下楼。他们穿过花园，来到一扇后门，朝大路望去。亚历克修斯·奥尔洛夫和瓦西里·比比科夫的马车在那里等着叶卡捷琳娜。叶卡捷琳娜上了车，后面跟着女仆瓦西里·什库林。瓦西里·比比科夫从后面跳上了车。亚历克修斯·奥尔洛夫坐上马车，拉起缰绳。他们立即出发，开始了冒险之旅。这些马很快走了三十多英里，已经很累了。但幸运的是，在距圣彼得堡5英里左右的地方，他们遇到了另一辆马车，它载着叶卡捷琳娜最喜欢的人——格里戈里·奥尔洛夫和小巴拉廷斯基亲王。叶卡捷琳娜很快就坐到情人格里戈里·奥尔洛夫身旁。他们径直朝卡伦基纳村的伊斯梅洛夫斯基团营地赶去。大约在7月9日上午9点，这些疲惫不堪、风尘仆仆的人看到了伊斯梅洛夫斯基团的营地。格里戈里·奥尔洛夫立刻跳下车，向前跑去。马车跟在后面，缓缓走进营地。士兵们三三两两地跑出来，围着叶卡捷琳娜，亲吻她的手、脚、长袍的褶边以示对她的拥戴。于是，叶卡捷琳娜含着眼泪向士兵们诉说，她和儿子的生命经常受到彼得三世反复无常的暴力的威胁，但她不是为了自己，而是为了自己所热爱的国家和神圣的东正教，她不得不请求他们的保护。禁卫军们报以热烈的欢呼。军中神父阿列克谢·米哈洛夫手捧十字架走上前去，主持了效忠宣誓。不久之后，颇受士兵们爱戴的伊斯梅洛夫斯基团指挥官基里尔·拉祖莫夫斯基伯爵也到了。他在叶卡捷琳娜面前俯身跪下，恭敬地吻了她的手。接着，伊斯梅洛夫斯基团的禁卫军护送叶卡捷琳娜坐着马车前往邻近的丰坦卡村。那里有西蒙诺夫斯基团禁卫军的兵营。基里尔·拉祖莫夫斯基伯爵举着剑走在他们前面。西蒙诺夫斯基团的禁卫军已经知道了这个好消息，自发地出来迎接叶卡捷琳娜，并对叶卡捷琳娜的眼泪和抗议充满了同情。两个团的士兵随后把叶卡捷琳娜领到喀山大教堂。7月9日晚上9点左右，诺夫哥罗德大主教庄严宣布叶卡捷琳娜为最高统治者，而她的儿子保罗大公是她的继任者。做完短暂的祈祷后，神职人员高举着十字架。伴随着人们的欢呼声和欢乐的钟声，新皇叶卡捷琳娜被簇拥着穿过主干道，向冬宫走去。然而，普雷布拉延斯基团仍然犹豫不决。这是彼得三世最喜欢的一个团，里面有他的几个党羽。大多数军官似乎并不十分忠诚，或者漠不关心，但大多数士兵显然站在新皇叶卡捷琳娜一边。经过一番激烈争论，他们各自带上剑，抓起毛瑟枪，把紧身的普鲁士制服撕成碎片，尽可能穿上旧的绿上衣。他们急匆匆地向冬宫走去，看起来像一群暴徒，而不是一个团。他们发现冬宫被伊斯梅洛夫斯基团和西蒙诺夫斯基团的士兵包围着，并且冬宫的所有入口也都有人守卫着。普雷布拉延斯基团的士兵们看见，叶卡捷琳娜皇后站在阳台上，怀里抱着几分钟前被帕宁伯爵带到冬宫的小保罗大公——他半梦半醒，还穿着睡衣。士兵们喊道：“陛下！原谅我们最后才来！我们的军官阻止了我们！我们的心和我们的战友一样。"叶卡捷琳娜亲切地回答了他们的问安，并派出一位大主教，主持了普雷布拉延斯基团士兵们的效忠宣誓。到达冬宫时，叶卡捷琳娜发现议院已经在开会了。帕宁伯爵很可能也注意到了这一点。聚集在一起的贵族们将叶卡捷琳娜尊为女皇。基里尔·拉祖莫夫斯基的密探格里戈里·捷普洛夫担任议院的秘书，奉命立即起草了一份帝国宣言。这份宣言很短，但很切题。简而言之，它宣称叶卡捷琳娜看到俄国和东正教陷入了危险的境地，希望帮助俄国摆脱危险。叶卡捷琳娜得到神的庇护，顺从忠实的臣民们明确的愿望，以最高统治者的身份登上皇位。宣言显得很仓促，但这是不可避免的，他们有许多事情要做，时间却很少。因此，新皇叶卡捷琳娜不得不放下笔墨，用剑为自己的行为辩护。

离开议事厅时，在冬宫对面的大广场上，叶卡捷琳娜检阅了她的部队，人数已达14000人。叶卡捷琳娜现在对首都和禁卫军都非常有把握了。除了冬宫附近的那些地方，处处是一片死寂。然而，引人注目的是街上的巡逻骑兵。这场令人惊讶的政变在不到几个小时的时间内就发生了，几乎没有暴力行为，也没有流血事件。但在获得喀琅施塔得和舰队的军火库之前，叶卡捷琳娜的工作只完成了一半。为了更便于工作，当天下午，她同议院和格里戈里·捷普洛夫一起搬到了古老的木制冬宫，然后在这里发布命令。塔利斯津上将被派往喀琅施塔得，全权接管这座要塞。指挥舰队的安德烈·波利扬斯基中将接到命令，必须将叶卡捷琳娜即位的消息公布，并进行必要的宣誓，在接到另一个命令之前不要采取进一步措施。一名特别信使立即被派往驻扎在东普鲁士柯尼斯堡的陆军兵营，授权帕宁伯爵的弟弟彼得·帕宁将军接替彼得·鲁缅采夫担任总司令。因为彼得·鲁缅采夫被怀疑效忠彼得三世，所以奉命立即返回俄国。另一名信使被派往扎卡里·切纽瑟夫将军那里，命令他立即把军队带回俄国。如果弗里德里希二世给他设置障碍，俄军就加入最近的奥地利军队。

叶卡捷琳娜已经下定决心，俄军不应该再参加在普鲁士王国的战斗了。不仅如此，她开始觉得自己可能需要扎卡里·切纽瑟夫将军的部队。书面法令和宣言都没有问题，但如果彼得三世坚持自己的权利并为之而战，那么一场内战不可避免。如果彼得三世集结彼得·鲁缅采夫的部队，同时争取弗里德里希二世的武力支持，那么叶卡捷琳娜将毫无胜算。因此，叶卡捷琳娜必须不顾一切危险对彼得三世先发制人。于是，她决定率军去彼得霍夫攻打彼得三世。她通过一条特别法令，把国家和保罗大公托付给议院照管，然后简单吃了一顿饭。1762年7月9日晚上10点，她出发去彼得霍夫。她骑着一匹带有灰色斑点的骏马，身穿普雷布拉延斯基团士兵的制服，头戴一顶宽边帽。帽子上饰有橡树叶子——象征着力量，帽檐下用一条丝带系着，美丽的长发随风飘动着。在叶卡捷琳娜身边的是骑着马的基里尔·拉祖莫夫斯基、伊凡·肖瓦洛夫伯爵和达什科娃。达什科娃也穿着普雷布拉延斯基团的制服。这套制服是达什科娃从一个年轻的中尉那里借来的。

这个中尉和达什科娃一样大，一样魁梧，名叫普希金。据浪漫的达什科娃说，她满腔热情，几乎没有预料到在这场即将到来的黑暗悲剧中自己也将成为一个无意识的、不自觉的参与者。叶卡捷琳娜亲自指挥军队，而沃尔孔斯基和维尔布瓦元帅则是她的参谋长。

1762年7月9日星期五，就在叶卡捷琳娜被宣布为俄国女皇时，彼得三世还像往常一样，在奥拉宁鲍姆的阅兵场上操练荷尔斯泰因士兵。早饭后，彼得三世叫人准备了六套大马车，把他和侍从送到彼得霍夫去。在彼得霍夫，彼得三世要见叶卡捷琳娜皇后，开始命名日的庆祝活动。这次陪同彼得三世的有首相米哈伊尔·沃龙佐夫、罗曼·沃龙佐夫伯爵、陆军元帅明尼赫和亚历山大·肖瓦洛夫、纳鲁伊什金、副首相加利津、普鲁士大使戈尔茨男爵、特鲁贝茨科伊亲王、阿列克谢·彼梅利古诺夫将军、米哈伊尔·伊斯梅洛夫将军、伊万·西奥德、古多维奇、德米特里·沃尔霍夫、奥尔苏菲耶夫·瓦西里耶维奇、伊丽莎白·沃龙佐夫及显贵们的妻儿。大约在1762年7月9日上午10点，整个队伍出发去彼得霍夫。由于彼得三世忘记下命令，整个队伍没有骠骑兵护送。然而，他们一路上谈得十分愉快。彼得三世讨厌任何礼节，这为他们省去了很多时间。这些快乐的伙伴不到两个小时就从奥拉宁鲍姆赶到了彼得霍夫。将近12点，马车停在了蒙普莱瑟馆的门前，叶卡捷琳娜和侍女们本应在这里等候彼得三世，以便在他的命名日向他表示祝贺。想象一下，当发现城堡空无一

人的时候，大家是多么惊慌失措。叶卡捷琳娜皇后不见了，谁也
不知道她为什么要逃走，又跑到什么地方去了！彼得三世顿时慌
了神，他穿过庭院来到亭子前，搜遍了所有房间，翻出抽屉和碗
柜，往床下、床垫下及其他任何不可能的藏身之处窥视，并对着
形影不离的古多维奇不停地尖叫："我不是经常告诉你她什么都
能干得出来吗？"大约半个小时，场面一片混乱。没有人知道该
怎么办。最后，首相米哈伊尔·沃龙佐夫自荐前往首都，以获取
确切信息。特鲁贝茨科伊亲王和亚历山大·肖瓦洛夫是趋炎附势
的人，后悔跟错了人，把自己的命运押在了失败的事业上。他们
自愿陪首相米哈伊尔·沃龙佐夫一同前往首都。这些老谋深算的
人一定已经猜到了真相。当他们到达冬宫时，叶卡捷琳娜正要
骑上战马。这时，诚实但缺乏自信的首相米哈伊尔·沃龙佐夫
似乎做出了非同寻常的努力来履行自己的职责。他开始敷衍地责
备叶卡捷琳娜拿起武器反对彼得三世。叶卡捷琳娜很快就把胆小
的首相米哈伊尔·沃龙佐夫带到了宫殿的阳台上，指着下面吵吵
嚷嚷的人群，使他安静下来。"把你的消息告诉他们，先生，"
叶卡捷琳娜傲慢地喊道，"是他们在这里发号施令。我只是服从
他们的命令。"听了这话，米哈伊尔·沃龙佐夫的防线完全崩溃
了。受到折磨的首相被带到自己在城里的住所，一直被监禁在那
里，直到叶卡捷琳娜回来。当天晚上，首相米哈伊尔·沃龙佐夫
请求被神圣而不可思议的天意推上皇位、最仁慈的叶卡捷琳娜女
皇解除他所有的职务，并允许他在隐居中度过余生。特鲁贝茨科

伊亲王和亚历山大·肖瓦洛夫并没有像米哈伊尔·沃龙佐夫那样。在叶卡捷琳娜离开首都之前，他们在喀山大教堂欣然向她宣誓效忠。

在首相米哈伊尔·沃龙佐夫、特鲁贝茨科伊亲王和亚历山大·肖瓦洛夫离开后不久，彼得三世就得到了政变的确切消息。他从自己套房的最前面向海边走去，并让随从们准备一艘单桅帆船、一艘游艇和单层甲板的大帆船，以备不时之需。彼得三世把一艘小艇泊在岸边。这时，他看见普雷布拉延斯基团的伯恩霍斯特中尉刚刚从圣彼得堡给彼得霍夫带来一些烟花。在回答询问时，伯恩霍斯特中尉宣称，离开首都的时候，他看到一阵巨大的骚动，许多士兵带着出鞘的武器跑来跑去。士兵们向叶卡捷琳娜皇后敬礼。但他对这件事没怎么注意，只是按照命令把烟花带到这里。所有的情况都已经明朗了。很确定的是，政变发生了。为了保护自己，彼得三世和大臣们开始采取明确而有力的手段。举行了一次会议后，一些副官和勤务兵被派往圣彼得堡和彼得霍夫之间的所有十字路口，切断了这两个地方之间的一切通信。涅洛夫上校被派往喀琅施塔得，从这里的守备部队中调集三千人，并用单桅船和小艇把他们送到彼得霍夫。科斯托马罗夫副官和米哈伊尔·伊斯梅洛夫奉命前往圣彼得堡，调来仍被认为忠心耿耿的阿斯特拉罕团和因古尔曼尼团。彼得三世还派了一名马夫去奥拉宁鲍姆，命令驻扎在这里的荷尔斯泰因团立即向彼得霍夫前进。他打算死守彼得霍夫。就在这时，为了换掉彼得三世那身黑鹰骑士团的普鲁士制服，一套普雷布拉延斯基团士兵的制服和叶卡捷琳娜的命令一起送到了彼得三世的手上。然后，彼得三世叫人把德米特里·沃尔霍夫叫来，吩咐他向六个抄写员口授必要的法令和宣言。而彼得三世自己则在运河下游的花园里，沿着运河边的林荫大道踱来踱去，消磨时光。所有会用笔的人都被召来开始工作，很快就能看到有几十个抄写员在桌子上抄写着法令。下午，他们一个接一个地把法令交给彼得三世签字。然而，这些文件没有一份被送到目的地，因为送信的骠骑兵被叶卡捷琳娜的侦察兵俘虏了。与此同时，彼得三世也得到不少建议。不幸的是，所有建议都不一样。一方面，勇敢的老元帅明尼赫建议彼得三世带着一小队显要人物前往圣彼得堡，到军民面前露面，并劝他们重新效忠。另一方面，古多维奇和阿列克谢·彼梅利古诺夫认为这个计划太危险，所以拒绝了。他们说，这会危及彼得三世的人身安全。毫无疑问，他们是对的，彼得三世也同意他们的观点，从而结束了这场争论。"我做不到，"彼得三世叫道，"我不信任叶卡捷琳娜皇后。她可能会让他们侮辱我。"接着，戈尔茨建议彼得三世去纳尔瓦，那里驻扎着一部分准备参加丹麦战争的军队。彼得三世命令拉里翁·奥什钦立刻派50匹最好的马去彼得霍夫。其他人又让彼得三世带上彼得·鲁缅采夫的军队退到他的荷尔斯泰因公国。最后，他们决定派彼得·德维耶和伊万·谢尔盖耶维奇到喀琅施塔得去收回涅洛夫上校接受的命令。大家应该还记得，涅洛夫上校曾被派往喀琅施塔得，从那里调回3000名士兵来保护彼得三世。彼得·德维耶和伊万·谢尔盖耶维奇奉命为彼得三世守住喀琅施塔得。

1762年7月9日下午4点，彼得·德维耶将军开始出发，于傍晚6点到达目的地——喀琅施塔得。在涅洛夫上校到来之前，喀琅施塔得没人知道圣彼得堡发生政变的任何事情。涅洛夫上校也没有什么可说的。晚上7点，西奥多·卡廷科夫带着在首都的塔利斯津海军上将给司令古斯塔夫·努姆斯将军下达的密令来到喀琅施塔得。根据这个密令，古斯塔夫·努姆斯既不能允许任何人进入喀琅施塔得，也不能允许任何人离开喀琅施塔得。他很困惑，但又急于履行他的职责。于是，他向彼得·德维耶隐瞒了这个密令，但无法隐瞒西奥多·卡廷科夫到来的事实。当古斯塔夫·努姆斯将军受到彼得·德维耶和伊万·谢尔盖耶维奇严密盘问时，他声称对首都的情况一无所知。

7月9日晚上8点，伊万·谢尔盖耶维奇给彼得霍夫的彼得三世带回一份报告。报告里暗示喀琅施塔得的指挥权还掌握在彼得三世的手中。然而，晚上9点，塔利斯津出现在喀琅施塔得。叶卡捷琳娜强令他接管喀琅施塔得要塞的指挥权。彼得·德维耶立刻被逮捕了。驻扎在喀琅施塔得的整个部队都兴高采烈地向新叶卡捷琳娜女皇宣誓效忠。

晚上10点，口袋里揣着彼得·德维耶报告的伊万·谢尔盖耶维奇到达彼得霍夫。伊万·谢尔盖耶维奇是彼得三世众多信使中唯一回到他身边的。他发现，在他离开的六个小时里，彼得霍夫的情况变得更糟了。彼得三世的侍从大大减少了，其副官和勤务兵分散在四面八方。普鲁士大使戈尔茨已经动身去了奥拉宁鲍姆。其余的人不是懒洋洋地在院子里溜达，就是睡在花园的长椅上。为了应对俄国人的进攻，刚从奥拉宁鲍姆来的荷尔斯泰因部队躲到了动物园——人们对这一情况持谨慎态度，不让彼得三世知道。这支部队显然只是一种装饰，起不到防御作用。彼得三世本人非常不安，在运河边的巷子里走来走去。他把彼得·德维耶的报告念给周围那一小群焦急不安的大臣听。在纳尔瓦的50匹快马还没有任何消息的情况下，彼得·德维耶的报告决定了彼得三世的行动方向。他们必须去喀琅施塔得，这样至少还能看到一点希望，因为喀琅施塔得能给他们一点安全感。

　　7月9日晚上11点，彼得三世坐着单桅帆船被送到一艘备好的大帆船上。彼得三世、大部分宫廷贵妇、明尼赫和古多维奇坐着大帆船，其余的人都坐着游艇跟在后面。在单桅帆船上就座后，彼得三世命令荷尔斯泰因的军官们把部队撤回奥拉宁鲍姆，并在那里静候。天气很好，风向也很好，7月10日凌晨1点，来自彼得霍夫的舰队到达了喀琅施塔得，但港口水栅关闭了。大帆船在离堤坝30步的地方抛锚。他们放下一艘小船，把彼得三世、明尼赫和另外两三个人送到要塞。但在要塞上值班的海军见习军官米哈伊尔·科朱可夫警告船不要靠近，否则他会开枪。彼得三世以为他的威胁只是执行自己不允许任何人进入要塞的命令，于是站在船上，把披风扔到一边，露出佩戴在胸前的圣安德烈蓝色缎带，大声叫道："你不认识我吗？我是沙皇！""我们再也没有沙皇了，"米哈伊尔·科朱可夫回答道，"叶卡捷琳娜女皇万岁！叶卡捷琳娜现在是我们的女皇，她命令我们不许任何人进入。再向前一步，我们就开火！"恐惧袭上了彼得三世的心头，他吓得魂不附体，急匆匆地回到大帆船上。

一回到船上，彼得三世冲进座舱，晕倒在肥胖的伊丽莎白·沃龙佐夫的怀里。接着，大帆船又停了下来。在等待彼得三世恢复意识的时候，明尼赫平静地在甲板上踱来踱去，安抚吓坏了的贵妇们。经验丰富的明尼赫是三次政变的英雄和受害者。此时，他清楚地知道，一切都完了。7月10日凌晨4点，大帆船到达奥拉宁鲍姆。大家认为这里比彼得霍夫更安全。那艘游艇一听到警报就起航，离开大帆船，回到了彼得霍夫。

上岸后，彼得三世放弃了一切。他现在唯一关心的是拯救朋友们。直到最后一刻，他还显出特有的善良本性。彼得三世泪流满面地命令普鲁士大使戈尔茨去圣彼得堡，因为再也不能保护他了。然后，彼得三世让私人马车尽可能多地把贵妇们送走，但伊丽莎白·沃龙佐夫拒绝离开彼得三世。接着，彼得三世告诉管家把所有仆人都打发走，因为他不再需要他们了。交代完这一切，他就昏倒在用"蓝色地图集"装饰的小房间的沙发上。小房间的墙壁是由现在伤他最深的妻子叶卡捷琳娜亲手装饰的。恢复知觉后，彼得三世立刻叫人拿来笔、墨水和纸，用法语低声下气地给叶卡捷琳娜写一封道歉信，并表示愿意和她分享自己的皇位。虽然明尼赫和古多维奇认为即使投降也比自暴自弃好，但这封信还是交给了副首相加利津，由他负责交到叶卡捷琳娜手里。在通往彼得霍夫路上的瑟吉夫斯基修道院，他遇见了叶卡捷琳娜，把信递给她。但叶卡捷琳娜甚至都不屑回话，只是冷冰冰地对他说，为了国家的福祉，她现在需要采取其他措施。36小时以前，这样的信也许还可以接受，可是现在，这封信只给了她已经拥有的一半。于是，为了自己的未来，副首相加利津向叶卡捷琳娜宣誓效忠。与此同时，他把喀琅施塔得行程失败的详细情况告诉了叶卡捷琳娜。

在等待答复无果之后，彼得三世匆忙用铅笔写了第二张便条，并把便条交给自己的副官米哈伊尔·伊斯梅洛夫，让他带给叶卡捷琳娜，乞求叶卡捷琳娜给自己留一条命，并提出如果古多维奇和伊丽莎白·沃龙佐夫能和自己在一起，他愿意退位去荷尔斯泰因。"我给您带来了这个消息，陛下，"米哈伊尔·伊斯梅洛夫说，"因为我知道这是真诚和自愿的，同时因为我希望借此把我的国家从内战的恐怖中拯救出来。""很好，"叶卡捷琳娜回答，"我接受这个提议，但我必须要书面形式的退位声明。"于是，米哈伊尔·伊斯梅洛夫起草了一份文件，请彼得三世签字。文件以彼得三世的名义，用低三下四的字眼表达了退位的意思。在这份文件中，不幸的彼得三世宣称，他对统治期间的俄国的衰落负有全部责任，他完全没有能力统治这个国家。这份文件的结尾是："因此，经过冷静的、自由的思考，在此向整个俄罗斯帝国及全世界庄严宣布——我永远放弃对俄罗斯帝国的统治权……我向上帝发誓，在任何时候，我都不会寻求任何人的帮助来恢复皇位。"这种退位方式无疑是最典型的自卑表现。米哈伊尔·伊斯梅洛夫、加利津和亚历克修斯·奥尔洛夫立刻把这份文件带到奥拉宁鲍姆，请彼得三世签字。米哈伊尔·伊斯梅洛夫发现，彼得三世在自己的私人房间里，双手抱头，坐在一张椭圆形的小桌旁。他对面是姨妈伊丽莎白女皇的画像。彼得三世将要失去的皇位，正是伊丽莎白女皇传给他的。加利津和亚历克修斯·奥尔洛夫留在前厅等待。"你看，同叶卡捷琳娜女皇谈判并不困难，"米哈伊尔·伊斯梅洛夫走进房间得意地说，"她想和你友好相处。如果你自愿退位，可以不受干扰地隐居在荷尔斯泰因。"然而，彼得三世尽管惊慌失措，但还是犹豫了一会儿，不愿签署这样一份可耻的退位诏书。当米哈伊尔·伊斯梅洛夫失去耐心，威胁要逮捕他，并惩罚他时，彼得三世做出了让步。就这样，在逼迫下，他放弃了皇位。加利津和亚历克修斯·奥尔洛夫立刻把这个消息传给了已经到达彼得霍夫的叶卡捷琳娜。

7月11日5点，一支由亚历克修斯·奥尔洛夫率领的骑兵分队占领了彼得霍夫。其他团一个接一个地陆续赶到，在院子四周集合起来。11点，在达什科娃的护送下，身着禁卫军制服的叶卡捷琳娜女皇在欢呼雀跃的礼炮声中疾驰而来。中午时分，被贬为荷尔斯泰因公爵的彼得三世被亚历克修斯·奥尔洛夫和米哈伊尔·伊斯梅洛夫从奥拉宁鲍姆带到彼得霍夫。彼得三世坐在一辆多年没有使用过、里里外外积满灰尘的马车里。逮捕他的人觉得没必要为他事先把马车清洗干净。陪同彼得三世的还有伊丽莎白·沃龙佐夫和忠诚的古多维奇。他们一直陪伴着彼得三世。在一片寂静中，马车向彼得霍夫的入口驶去。在出发之前，米哈伊尔·伊斯梅洛夫就警告彼得三世，不要冒着生命危险说话。因此，彼得三世经过的队伍里的士兵甚至不知道马车里是谁。彼得三世默默地下了车。与彼得三世告别后，伊丽莎白·沃龙佐夫和古多维奇立刻被叶卡捷琳娜女皇下令逮捕了。向值班军官交出了宝剑和蓝丝带后，彼得三世被带进城堡右边的一间屋子里。那间屋子是彼得三世从前当大公时住过的地方。在这里，他脱下了普雷布拉延斯基团的制服，穿着衬衫和长筒袜一直站着，直到看门人为他找到一件旧睡衣和一双拖鞋。在这段时间里，彼得三世一句话也没说，昏迷了好几个小时。晚些时候，叶卡捷琳娜女皇派温文尔雅、慈父般的帕宁去了解彼得三世的意愿，并要求彼得三世在施吕瑟尔堡"体面且尊贵的公寓"准备好之前，选择一个住所。帕宁被这位前沙皇的悲惨处境深深触动了。多年以后，帕宁对一位朋友说，他一直认为在这样的时候被迫去见彼得三世是一生中最大的不幸。彼得三世选了罗普沙作为临时住所。这是几英里外一座孤零零的、环境宜人的乡间别墅。这是彼得三世还是大公时的房子。彼得三世还苦苦哀求，希望情妇伊莉莎白·沃龙佐夫能陪他去，但没有成功。这是彼得三世提出的唯一要求。多次被人提及的"彼得三世想见叶卡捷琳娜女皇一面"绝对是不真实的。7月11日下午5点，彼得三世坐着一辆六匹马拉的大车，向罗普沙出发。马车的百叶窗关得严严实实。马车周围是全副武装的士兵，后面跟着由亚历克修斯·奥尔洛夫、帕西克上尉、小巴拉廷斯基亲王指挥的骑兵。4个小时后，经过一天的焦虑和劳累之后，胜利的叶卡捷琳娜女皇离开彼得霍夫去了首都。

7月11日晚上8点，彼得三世的马车在罗普沙停了下来。罗普沙别墅始建于彼得大帝时期。彼得大帝将这座别墅赠送给了他最喜爱的人——它的建筑师、残忍的费多尔·罗莫达诺夫斯基。罗普沙别墅一直在罗莫达诺夫斯基家族手中，直到伊丽莎白女皇将罗普沙别墅据为己有。最后，她将罗普沙别墅送给了彼得大公。罗普沙别墅是一幢中等大小的石头建筑，周围是一个保存完好的公园。伊丽莎白女皇经常在公园中间的大池塘里钓鱼。彼得大公虽然一直很喜欢罗普沙别墅，但更喜欢住在奥拉宁鲍姆，因为奥拉宁鲍姆有堡垒和荷尔斯泰因士兵，而罗普沙只有一个小小的、简单的石头建筑。因此，在统治期间，彼得三世从未踏足过这个地方。

彼得三世现在住在罗普沙别墅的主楼里。房间虽然很大，但只在角落里的一个凹室里摆放着一张床。绿色的百叶窗拉得很紧，以至外面的士兵无法看见房间里的任何东西。彼得三世独自住在里面。不仅房间门口有一个哨兵站岗，而且大楼四周都布置了掷弹兵。被关押的彼得三世不准在公园里散步，甚至不准在屋外的露台上呼吸空气。第二天早上，彼得三世向执勤的士兵抱

怨，说他度过了一个非常糟糕的夜晚，并说他只有在奥拉宁鲍姆最喜欢的床上才睡得很好。就在当天，通过特别命令，奥拉宁鲍姆的床被送到了罗普沙。彼得三世被监禁的第一天是星期天。他感到非常孤独，便要求把小提琴、贵宾犬、私人医生、管家和黑仆送过来。叶卡捷琳娜女皇一知道他的愿望，就命令瓦西里·苏沃罗夫将军把这些人都找来，尽快把他们连同贵宾犬和小提琴及彼得三世非常喜欢的荷尔斯泰因中尉基尔上校一起送到罗普沙。起初，彼得三世的主要看守亚历克修斯·奥尔洛夫似乎对他还不错。亚历克修斯·奥尔洛夫和这位前沙皇玩牌，借给他一些金币支付输掉的钱，以此来逗他开心。然而，即使是亚历克修斯·奥尔洛夫也不能违背命令。因此，每当彼得三世要求到外面去呼吸新鲜空气时，他那和蔼可亲的看守只能打开门，指着挡住去路的哨兵，遗憾地耸耸肩。

　　与此同时，在圣彼得堡，困扰着叶卡捷琳娜女皇和顾问们的问题是如何处置前沙皇。他们放弃了把彼得三世终身监禁在施吕瑟尔堡要塞的原计划，因为施吕瑟尔堡离首都太近，一个被废黜、监禁的前沙皇很容易唤起臣民的同情。一般说来，俄国人总是同情政治犯。正如叶卡捷琳娜女皇已经开始发现的那样——政变并没有使每个人满意。一个明显的选择是把彼得三世送回荷尔斯泰因公国。但即使在那里，只要阴险不安分的普鲁士国王弗里德里希二世还在彼得三世身边，彼得三世就一直会是威胁。那么该如何处置他呢？一开始，人们曾希望这位前沙皇能够通过自然死亡的方式来解决这个难题。无论在身体上，还是精神上，彼得三世一直是一个疯狂的人。在被捕后的那个星期天，彼得三世确实抱怨过头痛欲裂。私人医生吕德斯给他开了一个处方，暂时缓解了他的疼痛。现在，他似乎恢复了正常。整个局面令人尴尬，一方面，因为叶卡捷琳娜女皇和顾问们似乎已经下定决心，必须除掉这位前沙皇，或者以某种方式使他不会伤害他们。然而，不管怎么说，叶卡捷琳娜决定不冒险。朋友们都知道她在担心什么。另一方面，叶卡捷琳娜又太过小心谨慎，甚至没有暗示过既然自然死亡的可能性已经微乎其微，也可以采取非自然死亡的方法。谁也想象不出，她那些健壮的年轻追随者中，有谁会如此大胆地直接向她暗示非自然死亡是一种多么完美的选择，虽然她非常希望有人这么做。然而，从我们对她及其追随者的性格所了解的情况来看，我们可以十分肯定，奥尔洛夫兄弟至少已经说服了自己。奥尔洛夫兄弟相信，只要面子上过得去，并且事先不告诉他们为之服务的女主子叶卡捷琳娜，他们就可以安全地帮她摆脱光辉道路上的唯一障碍，不必担心她随后会有任何的怨恨。毫无疑问，一旦达到了目的，叶卡捷琳娜不会关心他们使用了什么手段。此外，奥尔洛夫兄弟处死彼得三世的动机甚至比叶卡捷琳娜还要强烈。最受宠的格里戈里·奥尔洛夫胸怀壮志——既要赢得叶卡捷琳娜的人，又要赢得她的心。如果伊丽莎白女皇可以私下嫁给了一个哥萨克牧童，那么叶卡捷琳娜凭什么不能嫁给一个情人，甚至是公开嫁给一个情人？更何况与伊丽莎白女皇的丈夫相比，叶卡捷琳娜的这位情人不仅是一个出身高贵的男人，而且是一个杰出的军人。但有一个人妨碍了他，那就是彼得三世。尽管彼得三世可能被废黜、羞辱、监禁、藏匿起来，但在每个俄国人的眼里，彼得三世仍然是叶卡捷琳娜的合法丈夫。除了死亡，任何法令、宣言，甚至政变，都无法切断得到东正教会批准和祝福的婚姻纽带。然而，在政变之后不到一个星期的时间里，格里戈里·奥尔洛夫的地位已不再像以前那样光彩夺目了。从7月10日开始，叶卡捷琳娜对格里戈里·奥尔洛夫的厚爱招来了许多嫉妒的目光，并使许多高贵的心灵蒙羞。格里戈里·奥尔洛夫对叶卡捷琳娜表现出傲慢、随便的态度。即使是热情的达什科娃也对此感到失望和厌恶。叶卡捷琳娜已经不再是达什科娃的偶像了。甚至一个强大的党派正在形成，其公开的目的是推翻格里戈里·奥尔洛夫。如果格里戈里·奥尔洛夫倒下了，他的几个兄弟也必然会跟着倒下。然而彼得三世一旦死去，格里戈里·奥尔洛夫和皇位之间就没有任何障碍了。至少，叶卡捷琳娜将永远与奥尔洛夫兄弟联系在一起。这是一种不可分割的义务关系。这似乎就是奥尔洛夫兄弟可以为了叶卡捷琳娜，不惜牺牲自己的灵魂和身体的缘故。不管怎样，如果他们要在这件事上有所作为，就应该迅速行动起来，并且一旦下定决心，就不能再犹豫不决了。罗普沙的神秘悲剧无疑是他们深思熟虑的结果。

7月14日晚上，也就是彼得三世第一次出现病征的第四天，吕德斯医生从圣彼得堡来看他。15日，彼得三世的情况明显更糟。在罗普沙，我们发现了另一名医生——外科主治医生博厄夫。博厄夫已经因在政变中所做的一些微不足道的贡献而得到了奖赏。不久，两位医生宣布病人好些了。16日，罗普沙的一切都很安静。17日早晨，当彼得三世还在睡觉时，他的仆人正在公园里散步，呼吸一下新鲜空气。突然，值班看守下令抓住仆人，塞住他的嘴，并把他塞进一辆密闭的马车送走了。大约在17日晚上6点，一个信使从罗普沙到首都，给叶卡捷琳娜女皇送来了一张亚历克修斯·奥尔洛夫用俄语写在一张肮脏的灰纸上的便条。便条的笔迹几乎难以辨认，而里面的内容只能是一个喝得不省人事或惊恐万分的人写的。这张纸条的字面意思是这样的：

　　亲爱的陛下，最仁慈的女皇，我该如何描述发生的事情？也许你不会相信你忠实的仆人。但我向上帝发誓，我说的是实话，陛下。我愿意去死，但我不知道这个灾祸是怎么发生的。如果你不怜悯我们，我们就完了。陛下，彼得三世死了。没人明白我们怎么能举起手来对抗我们的前沙皇，但女皇陛下，这场闹剧已经结束了。彼得三世和小巴拉廷斯基亲王在餐桌边扭打了起来，我们想办法把他们扯开了。然而，彼得三世死了。尽管我也不记得我们做了什么，但我们所有人都有罪，都应该受到惩罚。看在我哥哥格里戈里·奥尔洛夫的份上，可怜可怜我吧。我向您坦白，调查是没有用的。请原谅我们，否则我们很快就完了。世界是无情的，我们激怒了您，也将永远失去我们的灵魂。

　　这封信清清楚楚地表明，7月17日下午，彼得三世被亚历克修斯·奥尔洛夫、小巴拉廷斯基亲王及其他几位身份不明的人残忍杀害了。这个消息似乎使叶卡捷琳娜感到震惊。她甚至可能像有些人说的那样掉了眼泪。她没有料到不可避免的灾难会发生得这么快。不管怎样，她坦然地接受了这一事实，认为自己有义务保护谋杀彼得三世的人——毕竟，他们的罪行是出于为个人服务的目的。叶卡捷琳娜试图欺骗她的臣民和整个世界，并取得了一些成功。众所周知，"宁可犯罪也不懦弱"是她最喜欢的格言之一。因此，她把亚历克修斯·奥尔洛夫的信小心翼翼地保存在自己的小箱子里。也许，有朝一日，在子孙后代的眼中，这封信可以在某种程度上为她洗脱罪名。叶卡捷琳娜费尽心思，尽可能公正地向同时代的人展示她的所作所为。首先，她假装相信，看管彼得三世的一些官员可能毒死了自己的丈夫。众所周知，这些官员对彼得三世怀有私仇。其次，叶卡捷琳娜下令做了尸检。"我让人把彼得三世的尸体解剖开了，"叶卡捷琳娜说，"但我确信没有发现任何毒药的痕迹。"在帕宁的建议和帮助下，一份虚伪的、渎神的公告发布了，公告将彼得三世的死归因于剧烈的肚子绞痛。公告宣布：由于这个意外的死亡是神的旨意，女皇陛下邀请忠实的臣民前往亚历山大·涅夫斯基修道院为彼得三世献上最后的敬意，并为他的灵魂祈祷。也正是在帕宁的建议下，被谋杀的彼得三世的尸体被公开展出。正如贯穿俄国历史的无数冒充者充分证明的那样，俄国人始终拒绝相信那些突然而神秘地死去的统治者会复活。总的来说，帕宁认为，通过向人们展示彼得三世的尸体来证明他的死亡，比通过隐藏尸体来让人们相信他还活着更安全。此外，他们采取了一切手段让人们尽可能少地看到死去的彼得三世的遗体。这位前沙皇可怜的遗体，遍体鳞伤，鲜血淋漓，又黑又肿，穿着靴子，戴着手套，被一件蓝白相间的荷尔斯泰因制服紧紧包裹着。一顶过大的帽子遮住了前额和一部分脸。脖子和喉咙上系了好几圈特别宽大的领结。尸体没有经过任何处理，被放在亚历山大·涅夫斯基修道院一个小礼拜堂里一个几英尺高的棺木里。棺木的两端各放着两支点燃的蜡烛，周围都有看守的人。这些看守的人不断催促前来看彼得三世遗体的人往前走。帕宁表示，由于身体健康的原因，叶卡捷琳娜改变了参加已故丈夫葬礼的初衷，不得不让议员们作为忠诚的代表。7月21日，彼得三世的遗体被存放在亚历山大·涅夫斯基修道院的一个墓穴中。在彼得三世的妻子叶卡捷琳娜统治的三十四年里，他的遗体就被安放在那里，它是为其孝顺的儿子保罗而保留的。为了纪念不幸的父亲彼得三世，保罗把父亲的尸骨从不知名的安息地迁走，并隆重地运到圣彼得堡的帝国陵园。在那里，彼得三世的尸骨被葬在死去的叶卡捷琳娜的旁边。

以下是亲历这场宫廷政变的人的观点。

一、吕利埃[①]的说法

彼得三世被妻子叶卡捷琳娜控制前，并非完全没有阻止政变的希望。他遇到的第一批士兵以前从未见过他。这些士兵是3000名哥萨克人。他们偶然目睹了这一事件。他们异常沉默。彼得三世一看到他们，情绪就很激动，但这丝毫没有引起他们的不安。然而，士兵们一看见彼得三世就齐声喊道："叶卡捷琳娜女皇万岁！"这种喊声在四周回响。在这种持续不断的喊声中，彼得三世把头转到一边，扫视了所有士兵。彼得三世一行人来到对面的楼梯处。伊丽莎白·沃龙佐夫刚从马车上下来，她身上的丝带就被士兵们扯下来，接着被带走了。彼得三世最喜爱的古多维奇以为可以傲慢地回答士兵们的话，并责备他们所犯的罪，结果却听到一阵哄堂大笑。彼得三世独自上楼，心中充满了愤怒。他们向彼得三世大声喊："脱下衣服！"当一个叛乱者伸出手来要脱他的衣服时，他自己把丝带、剑、衣服等扯掉，说："好吧，现在任由你们处置。"他们让彼得三世光着

---

① 即克洛德-卡洛曼·德·吕利埃（Claude-Carloman de Rulhière，1735—1791），法国诗人和历史学家。1735年6月12日出生于圣德尼邦迪。25岁时，他被派往圣彼得堡担任公使秘书。在这里，他目睹了叶卡捷琳娜发动的政变，从而获得了政变的第一手资料。——译者注

脚，穿着衬衫站了几分钟，并尽情地嘲笑他。不久，彼得三世、伊丽莎白·沃龙佐夫和古多维奇被士兵们带往不同的方向去了。就这样，彼得三世再也没见过情妇伊丽莎白·沃龙佐夫和他最喜爱的古多维奇。

彼得三世被关在离圣彼得堡18英里、一个叫罗普沙的舒适别墅里。路上，他要了一些纸牌，用纸牌搭了一座堡垒。他说："我活着的时候，不要再见别人。"一到罗普沙别墅，他就提出要自己的小提琴、狗和黑仆。

士兵们对自己所做的事感到非常奇怪，想不明白自己到底中了什么邪。他们竟把彼得大帝的外孙废黜，把皇冠戴在一个德意志妇人的头上。他们大部分人没有计划，没有想法，只是随波逐流。在废黜彼得三世的喜悦烟消云散之后，他们每一个人都缩回到自己的渺小之中，只剩深深的悔恨。士兵们一点也不关心这次政变，公开指责酒吧里的禁卫军为了啤酒而出卖了彼得三世。但士兵们心中对叶卡捷琳娜产生了怜悯之情，为她的政变辩护。一天晚上，一群拥护叶卡捷琳娜女皇的士兵聚集在一起，大声喊着说，女皇处于危险之中。他们觉得有必要叫醒她，看看她。第二天晚上又发生了一次更加令人惊恐的骚乱。他们认为，只要彼得三世还活着，人们就不会有平静的生活。

有一个叫特普洛夫的人，他干过最卑贱的工作，却靠摧毁对手的特殊本领崛起。特普洛夫和亚历克修斯·奥尔洛夫一起来到彼得三世面前。他们一进门就对彼得三世说，他们是来和他一起吃饭的。按照俄国的习惯，饭前要喝几杯白兰地。实际上，他们给彼得三世喝的是一种毒酒。也许是因为他们急于要把自己行恶的消息带走，也可能是因为这件事本身很可怕。在给彼得三世倒了第二杯酒后不久，他们就匆匆了结了这件事。突然，彼得三世感觉内脏十分难受，如同烈火焚烧一般。这两个人残暴的外表引起了彼得三世的怀疑。他拒绝了第二杯酒。然而，在他们暴力的逼迫下，彼得三世用暴力还击。在这场可怕的搏斗中，为了不让彼得三世叫喊，他们掐住彼得三世的喉咙，把他按倒在地。他们不想在彼得三世的身上留下任何伤口，所以当他用尽所有力气来保护自己时，他们开始感到害怕。于是，他们叫来了两个看守军官。两个军官当时正在门口，其中一个是西奥多·巴拉廷斯基，另一个是波将金，大约17岁。在这场阴谋中，他们表现出了极大的热情。他们尽管很年轻，但奉命看守彼得三世。他们跑了进来。其中三个凶手用餐巾紧紧地勒住彼得三世的脖子，而亚历克修斯·奥尔洛夫用两个膝盖压在彼得三世的胸前，不让他呼吸。就这样，彼得三世失去了生命体征，被他们勒死了。

目前还不清楚叶卡捷琳娜在这件事上起着什么作用。但有一点可以肯定的是，那一天，在叶卡捷琳娜兴高采烈地吃晚饭的时候，勒死彼得三世的亚历克修斯·奥尔洛夫走了进来。他风尘仆仆，满脸汗水，衣衫褴褛，神色慌张，充满了恐惧。一进门，他那双眼睛就睁得圆圆的，神色不安地望着叶卡捷琳娜。叶卡捷琳娜一声不响地站起身来，走进一个小房间。亚历克修斯·奥尔洛夫跟在后面。几分钟后，叶卡捷琳娜把帕宁伯爵叫来……叶卡捷琳娜告诉帕宁伯爵，彼得三世已经死了，并就如何向公众宣布彼得三世的死讯征求他的意见。帕宁伯爵建议叶卡捷琳娜就像在夜里收到这个消息一样，先让这个晚上过去，第二天再公布。叶卡捷琳娜同意了这个建议，又带着同样的快乐继续吃晚餐。第二天，彼得三世死于痔疮绞痛的消息公布了。悲伤的叶卡捷琳娜出现在公众面前。

二、赫尔比格的说法

合法的君主在监禁处憔悴不堪。在政变前和政变期间，一个侍卫官和一个中士一直留在罗普沙。他们既是叶卡捷琳娜最忠诚的拥护者，又是奥尔洛夫兄弟的朋友。他们轮流值班。他们是彼得三世所接触过的人。日复一日，他们给彼得三世一些空头的许诺。为了放松，彼得三世提出要一本《圣经》、一把小提琴、几本爱情小说、他的黑仆和一条深爱的狗。可看守竟然嘲笑并拒绝了彼得三世的要求。这种情况本应使他认清自己的处境，并为等待他的命运做好准备。

……诽谤者敢于直接指控叶卡捷琳娜下令谋杀丈夫彼得三世。提出这一看法的所有理由都不够充分。仅这些理由还不足以让叶卡捷琳娜倒台。

……当然不是叶卡捷琳娜导致了丈夫彼得三世的死亡。然而，彼得三世被谋杀后，出于谨慎，她对世人隐瞒了事实，甚至奖励了凶手……同时，可以责备她没有行使全部权力来保证丈夫彼得三世的安全。当然，对于叶卡捷琳娜没有在这个问题上下达必要的命令，也许是出于轻率，也许是她以为没有她的同意，谁也不敢要彼得三世的命。

新统治者的政策要求处死被废黜的彼得三世。奥尔洛夫兄弟也坚持要这样做。事实上，他们是这次谋杀的主谋。伊丽莎白女皇和拉祖莫夫斯基伯爵是他们的榜样。为了巩固地位，奥尔洛夫兄弟想让叶卡捷琳娜嫁给格里戈里·奥尔洛夫。但只要彼得三世还活着，这是不可能的。因为无论如何，俄国东正教的教规都不允许离婚。所以，奥尔洛夫兄弟肆无忌惮地组织了这次谋杀。

这种可怕行为的情况大致如下。

被废黜后，心情不安使彼得三世病了。因此，叶卡捷琳娜主动把医术高超的德意志外科医生吕德斯送到罗普沙，让他留在那里听候彼得三世的差遣。彼得三世还年轻，很有可能康复。但这绝不是谋杀者们想要的结果。由于彼得三世的病对他们实施阴谋十分有利，他们觉得必须赶快采取行动。因此，在叶卡捷琳娜不知情，也没有得到她命令的情况下——尽管他们在这件事上滥用了女皇的名义，他们诱导女皇的另一位外科医生在彼得三世非常喜欢的勃艮第葡萄酒中下毒。1762年7月17日上午，亚历克修斯·奥尔洛夫拿着动过手脚的葡萄酒，骑马前往罗普沙。毫无疑问，他相信毒葡萄酒会迅速有效地发挥作用，并且不会引起别人的怀疑。于是，为了弄清楚彼得三世的情况，他决定亲眼看着彼得三世死去。然而，后面出现的状况迫使亚历克修斯·奥尔洛夫扮演了一个不同的角色。人们不得不感到惊奇的是，这场杀人的悲剧不是秘密进行的。谋杀者、帮凶和目击者的人数不少于九人。陪同亚历克修斯·奥尔洛夫的有哥哥格里戈里·奥尔洛夫、西奥多·巴拉廷斯基、特普洛夫、一个叫沃尔霍夫的演员和一个内阁大臣……在罗普沙，还有另外四人卷入此事，即伊万·谢尔盖耶维奇、禁卫军的一位中士恩格尔哈特和两名警卫。由于毒葡萄酒没能使彼得三世死去，两名警卫被召来帮忙。当几位谋杀者赶到时，彼得三世已经病得很重了。他坐在桌旁，半裸着身子，用一支粉笔画着要塞的平面图。他很高兴见到自己认识的特普洛夫。然而，他不知道特普洛夫在政变中所扮演的角色。亚历克修斯·奥尔洛夫紧跟在特普洛夫的后面。他们对彼得三世说，他们给他带来了好消息，他很快就会被释放。同时，他们希望彼得三世允许亚历克修斯·奥尔洛夫、特普洛夫及他们的同伴——格里戈里·奥尔洛夫和西奥多·巴拉廷斯基同他一起吃饭。被蒙在鼓里的彼得三世十分高兴地答应了。他们在桌旁坐下。彼得三世点了勃艮第葡萄酒。于是，有毒的葡萄酒就这样端给了他。不久，彼得三世感到肠子里似乎有一团炽热的火焰。他叫道："我中毒了。"但他对妻子叶卡捷琳娜没有丝毫的抱怨……彼得三世要求来一杯天然的"解药"——温牛奶。他们装出一副假惺惺的样子，给彼得三世弄了一些温牛奶来。彼得三世喝完牛奶后，一阵恶心，筋疲力尽地倒在床上……谋杀者们没料到他们的谋杀计划会落空。在动手前，格里戈里·奥尔洛夫就警告弟弟，口袋里没有死亡证明就不要回去。因此，亚历克修斯·奥尔洛夫非常尴尬，但很快就回过神来。与同谋们一起商量后，他走进了彼得三世的房间。他走到彼得三世的面前，掐住彼得三世的脖子。然而，就在这时，彼得三世跳了起来，抓着自己的脸说："我做错了什么？"亚历克修斯·奥尔洛夫连忙松手，并离开了房间。听到一阵骚乱，外科医生吕德斯急忙冲进房间，但被眼前的景象惊呆了。一名警卫跑了过来，把吕德斯赶出了房间。吕德斯走到一个高台上。高台上聚集着几个人。可以清楚地看到亚历克修斯·奥尔洛夫很激动。他发疯似的跑来跑去，显然没有意识到周围的情况。此外，高台还可以俯瞰彼得三世的房间。可以说，特普洛夫、西奥多·巴拉廷斯基和格里戈里·奥尔洛夫看到了谋杀的过程，他们几乎也是谋杀犯，除非这种行为的参与者的罪和旁观者的罪不一样。另外五人实际上是谋杀犯……他们先把彼得三世扔到床上，想用枕头把他闷死。因为这样的死法几乎不会在彼得三世身上留下任何暴力的痕迹。然而，一方面，这种方法过于缓慢；另一方面，极度绝望的愤怒给了不幸的彼得三世难以置信的力量，所以这种方法杀不死他。于是，他们把彼得三世从床上拽下来，扔到一张扶手椅上。他们拖着彼得三世坐的椅子在房间里转了几分钟。彼得三世不断尝试着，想从椅子上站起来。最后，他们把彼得三世摔倒在地。在地上，这个可怜的家伙还在和"怪物们"搏斗……但最后，彼得三世不得不屈服于他们强大的力量。除了吼叫，他没有任何其他办法。有一个人，恰巧和送信的人在隔壁房间里，那个人说他们从来没有听过像彼得三世那样可怕的哭声。（彼得三世可怕的哭声似乎是这个耸人听闻而富有想象力的故事中唯一令人无法接受的事实。安德烈·博洛托夫当时听到了彼得三世去世的消息，认为这是必然会发生的。他小心翼翼地告诉我们，彼得三世在最后一次生病的时候，惨叫得很厉害。他听到的消息也一定是全城人都在谈论的，我们可以十分肯定的是，不管这些谋杀者是谁，他们会确保彼得三世死亡的时候，除了他们自己其他任何人都不会在现场。然而，他们无法阻止外面的士兵听到受害者彼得三世的尖叫声。）这时，西奥多·巴拉廷斯基用一张餐巾做了一个套索，并把它套在无助的彼得三世的脖子上。接着，谋杀者们把彼得三世打倒在地，紧紧地抓住他的手和脚，跪在他的胸前，践踏他的身体。恩格尔哈特用力拉着套索。彼得三世很快就死了。

　　……彼得三世于1762年7月17日下午2点到3点之间死亡，享年34岁。[①]

---

① 译自赫尔比格：《彼得三世传》，第160—169页。——译者注

三、卡斯特拉^①的说法

命运多舛的彼得三世之死已成定局。他从彼得霍夫被带回来的时候，几乎不知道等待着自己的是什么命运，但帕宁伯爵的许诺使彼得三世重拾信心。彼得三世认为在被送回荷尔斯泰因之前，他身陷囹圄的时间是很短的。所以他请求叶卡捷琳娜女皇把那个逗他开心的黑仆、很喜欢的一条狗、一本《圣经》和几本爱情小说带给他，并希望有人转告女皇他厌恶人类的邪恶，决心从此过哲学家般的生活。然而，他的请求一个也没得到满足，还遭到了嘲笑。他们甚至没有把彼得三世带到罗普沙的皇家别墅。彼得三世被秘密地送到了属于基里尔·拉祖莫夫斯基的小型乡村别墅里。彼得三世在这里待了六天，没有引起任何人的怀疑。他的身边除了阴谋集团的头目和看守他的士兵，别无他人。这时，亚历克修斯·奥尔洛夫和特普洛夫出现了，告诉彼得三世即将获释的消息，并邀请他共进晚餐。按照圣彼得堡当地的习惯，酒杯和白兰地马上就端上来了。当特普洛夫和彼得三世交谈时，亚历克修斯·奥尔洛夫往杯子里倒满了酒，把那些要进入彼得三世体内并能够致死的液体混在

---

① 即让·卡斯特拉（Jean Castera, 1749—1838），法国外交官、作家和翻译家。——译者注

一起。液体是由一名宫廷医生特意配制的。彼得三世没有起任何疑心就把毒酒喝了下去，随即感到一阵剧痛。当亚历克修斯·奥尔洛夫递给他第二杯时，他拒绝了，并谴责他们犯下的残忍罪行。尽管彼得三世尖叫着要牛奶，但"两个怪物"又拿来了毒药，并逼他喝。一个贴身男仆跑了进来，他对主人忠心耿耿。彼得三世扑进他的怀里，说："他们阻止我统治俄国，从我身上夺了俄国的皇冠，这些还不够。他们还想要我的命！"贴身男仆壮着胆子为他不幸的主人彼得三世求情。但两个肆意妄为的坏蛋把这个潜在威胁的目击者赶出了房间，并继续辱骂彼得三世。在一片喧闹声中，指挥禁卫军的西奥多·巴拉廷斯基走进来了。亚历克修斯·奥尔洛夫已经把彼得三世打倒在地，用自己的膝盖压住彼得三世的胸膛，同时用一只手用力掐住他的喉咙，另一只手抓住他的头。接着，西奥多·巴拉廷斯基和特普洛夫把一条打着结的餐巾绕在彼得三世的脖子上。在奋力保护自己时，彼得三世在西奥多·巴拉廷斯基的脸上抓了一把，留下了一道抓痕。抓痕在这个凶徒的脸上留了好多天。但不幸的彼得三世的反抗很快就结束了，因为凶手们把他勒死了。

亚历克修斯·奥尔洛夫立刻骑马疾驰而去，告诉叶卡捷琳娜，彼得三世已经咽气了。他是在叶卡捷琳娜准备上朝时到达的。叶卡捷琳娜显得镇定自若。后来，她和亚历克修斯·奥尔洛夫、帕宁伯爵、基里尔·拉祖莫夫斯基、格里戈里·奥尔洛夫及其他一些心腹关在一个房间里开了个会。经过讨论，在决定是否应该立即把彼得三世的死讯通知议院和人民时，大家决定再等一天。晚上，叶卡捷琳娜像往常一样在公共场所吃饭，带着无尽的欢乐迎接自己的客人。

四、达什科娃的说法

但在这些有趣的事件激起的种种猜测中，我突然想到了一个可怕的现实。这个现实——彼得三世的悲惨结局——使我惊慌失措。当听到这个灾难性的消息时，我感到非常震惊，对光荣政变的结果感到非常愤怒。尽管在某种程度上，我不认为叶卡捷琳娜女皇是亚历克修斯·奥尔洛夫的同谋，但直到第二天，我才有勇气进入宫殿。接着，我发现叶卡捷琳娜女皇垂头丧气，心神不宁，苦苦挣扎。她对我说："我对彼得三世的死亡感到无比的恐惧。这一消息足以把我击垮。""彼得三世死得太突然了，陛下，"我回答，"为了您和我的荣誉。"

我满脑子都在想这件事。这天晚上，在前厅里，我当着许多人的面说，我相信亚历克修斯·奥尔洛夫。然而，现在，我比以往任何时候都觉得，即使是在同样的气氛下，我们也无法一起呼吸。我相信，即使作为一个熟人，他今后也不敢接近我。从这天起，所有的奥尔洛夫兄弟都成了我的仇敌。至于亚历克修斯·奥尔洛夫，尽管他天生傲慢无礼，但我必须公正地说：20年过去了，在其他任何场合，他一次也没有冒昧地对我说过一句话。

不管谁怀疑是叶卡捷琳娜女皇指使，甚至纵容杀害她的丈夫彼得三世，亚历克修斯·奥尔洛夫都在一封信中证明这种怀疑是不公正的。这封信还在。它是在那件可怕的事情发生后不久，亚历克修斯·奥尔洛夫亲手写给叶卡捷琳娜女皇的，几乎用恳求的语气请求宽恕。尽管他当时喝醉了，但信的风格和不连贯性强烈显示出他恐惧到近乎疯狂。

这封重要的信[①]和其他重要文件一起被叶卡捷琳娜小心翼翼地保存在一个匣子里。在叶卡捷琳娜死后，保罗一世命令亚历山大·别兹博罗德科当着他的面检查和阅读这些文件。他读完亚历克修斯·奥尔洛夫的信后，保罗一世就画了个十字架，喊道："感谢上帝！在这个问题上，我对母亲的怀疑现在已经烟消云散了。"当时，

① 信的全文可在《达什科娃回忆录》第170—171页找到。——原注

皇后和聂利朵夫小姐也在场。保罗一世下令把这封信念给儿子们和罗斯托普钦伯爵听。[①]

五、卡斯帕·冯·萨尔德恩的说法

明尼赫元帅的坚定态度使叶卡捷琳娜深感不安。一想到如果明尼赫元帅发现彼得三世退位后，毫不费力地就能把彼得三世解救出来，叶卡捷琳娜就深感害怕。于是，她下令把彼得三世送到阿尔汉格尔。然而，各种迹象表明：在监禁处，那些以把彼得三世带走为借口的人就是暗杀他的人。为了掩盖臭名昭著的残暴行径，女皇的党羽宣称，女皇只是命令把彼得三世送到阿尔汉格尔，但没人相信这种说法……与近在咫尺的施吕瑟尔堡相比，彼得三世将要被带去的是一个很远的地方，并且那里几乎没有任何安全保障。这证明叶卡捷琳娜想让彼得三世从这个世界上消失，因为只要彼得三世还活着，她每时每刻都不得不为自己的生命而担惊受怕。

暗杀者中意志最坚定的有八人，其中包括奥尔洛夫三兄弟，通常被称为"小奥尔洛夫"的堂弟，西奥

---

① 译自《达什科娃回忆录》（布雷德福编，伦敦，1840年）第1卷，第107—108页。——译者注

多·巴拉廷斯基，以及一个叫特普洛夫的人。1762年7月17日，他们前往彼得三世被监禁的房子，给了他一些毒药。彼得三世拒绝了，宣称没有任何东西能让他以这种方式结束生命。他一拒绝，这些臭名昭著的恶棍就对他拳打脚踢。他用极大的勇气来保护自己，但无论如何，也抵挡不住八个身强力壮的暗杀者。于是，彼得三世冲出房间，想要逃走，但没能成功。暗杀者们命令外面的士兵向彼得三世开枪。士兵照做了。然而，子弹飞得太高，没有打中彼得三世——在第一间屋子的门上还能看到子弹打出来的洞。于是，暗杀者们追上彼得三世，抓住他，并把他带回一开始那个可怕的房间。他们狠狠地打了彼得三世一顿，接着又把他摔倒在地，然后把一块手帕绕在他的脖子上，最后把他勒死了。

就这样，一个温文尔雅、充满人性的前沙皇在无情的暗杀者的攻击下倒下了……据其中一名暗杀者的供述，这一可怕的行动非常惨不忍睹，以至他们的首领，叶卡捷琳娜女皇最喜欢的格里戈里·奥尔洛夫（他是最受欢迎的。正如我们所见，在整个政变时期，他都和叶卡捷琳娜女皇一起待在圣彼得堡。）都无法继续目睹这一悲剧场景。在士兵开枪的时候，格里戈里·奥尔洛夫离开了屋子，喊道："我受不了！"直到彼得三世断气，他才回来。

同一位目击者还宣称，小奥尔洛夫和西奥多·巴拉廷斯基是这些人中最暴躁的，是他们勒死了彼得三世。

这一残暴行径完成后，八名暗杀者派亚历克修斯·奥尔洛夫到叶卡捷琳娜女皇那里告诉她，他们一到彼得三世的住处，就发现彼得三世患了严重的痔疮绞痛，生命危在旦夕。一听到这个消息，叶卡捷琳娜就派主治医生去了罗普沙，并下令尽一切可能挽救病人。主治医生被这种虚伪的同情所欺骗，急忙赶到目的地。一到彼得三世的住处，他就发现彼得三世已经死了，并且非常清楚地意识到彼得三世是怎么死的。不过，暗杀者们要求他保持沉默。所以，他没有把这个消息告诉叶卡捷琳娜。当主治医生回来时，叶卡捷琳娜问丈夫是怎么死的，他什么也没说，从口袋里掏出手帕，挂在脖子上，转了好几圈，然后说："就这样，就这样，就这样！"然后，叶卡捷琳娜什么也没说就走了。

六、法兰西王国临时代办贝朗热的说法

灾难发生一周后，彼得三世的去世引起了大多数人的关注。根据公开发布的消息，这是他被废黜而感到绝望的自然结果。但私下里，人们根本不相信这一点，而

是相信彼得三世是被毒死的。我不敢肯定，大人[1]，但我完全可以证明，对于暴力行为的猜疑是有理由的。

有些人在彼得三世离开彼得霍夫的时候见过他。他们向我保证，"彼得三世很镇静，身体健康"。他们说："这位没有什么天赋和感知力的沙皇，从来没有受过任何痛苦的折磨。"他们说，为了给彼得三世的死找理由，阴谋者们才编造出他经常受绞痛折磨的谎言。

大人，甚至有人说，在沙皇彼得三世死的那天，他像往常一样吃饭，从饭桌上站起来的时候，突然感到一阵剧痛，说自己快要死了……大人，据说直到24小时后，叶卡捷琳娜才知道彼得三世的死讯。她是在吃饭时知道这个消息的。然后，她和两三个心腹走进一间屋子。此后，叶卡捷琳娜很少在公众场合露面，总是在宫殿里让人看到这件事给她带来的悲痛和折磨……大人啊，这是一幅怎样的画面！整个国家冷眼旁观这些事件。一方面，彼得大帝的外孙被废黜并被谋杀；另一方面，沙皇伊凡五世的曾外孙带着铁链备受煎熬。而安哈尔特的公主弑君后，扫清了通往皇位的道路，篡夺了皇位。

政变前，阴谋家帕西克上尉曾多次向叶卡捷琳娜提议暗杀彼得三世，但叶卡捷琳娜坚决不同意。我认为这

---

[1]　这封信是贝朗热写给舒瓦瑟尔公爵的。这里的"大人"指舒瓦瑟尔公爵（1719—1785），他是法国军官、外交官和政治家。——译者注

位安哈尔特-采尔布斯特公主的心不至于狠毒到亲自参与谋杀彼得三世，但由于公众永远不会知道这一可怕罪行的真正始作俑者，所以直接从中获利的叶卡捷琳娜将永远成为被猜疑的对象。

促成政变的这么多人中，有许多是身负债务、声名狼藉的坏人。因此，很可能他们中有一个人或许是为了保护自身的安全，或者是为了赢得叶卡捷琳娜的欢心，从而在没有叶卡捷琳娜的参与下犯下了这样的暴行……

圣彼得堡

于1762年7月23日

POSTSCRIPT

译 后 记

1794年，叶卡捷琳娜大帝在去世前两年，回顾自己踏上俄国之后的政治生涯，写成了这部回忆录，留给了自己的儿子。她的儿子及之后两代沙皇将之封存在国家档案馆，仅有几个手抄本流传于世，其中一本到了亚历山大·赫尔岑手中。回忆录用法语写成，亚历山大·赫尔岑将之译成英语，于1859年发表在伦敦的一家革命杂志《钟声》（*The Bell*）上。回忆录发表后，立刻在欧洲引起轰动，并被迅速翻译成4种语言。

　　本书根据亚历山大·赫尔岑的英语版译出。亚历山大·赫尔岑（Aleksandr Herzen，1812—1870）是俄国政治思想家、社会活动家和作家，被称为"俄国社会主义之父"，也是农业民粹主义的主要创始人之一。他的回忆录《我的过去和思想》在1861年至1867年间发表，被认为是俄国最伟大的散文作品之一，在艺术上可与19世纪伟大的俄国小说并驾齐驱。

　　赫尔岑是一位富有贵族伊万·阿列克谢耶维奇·雅科夫列夫和一位出身卑微的德意志女子的私生子。他在父亲家中长大，接受了来自法兰西、德意志和俄罗斯老师的精英教育，但因出身而遭受的歧视使他对十二月党的主张产生强烈同情。十二月党是一个革命团体，在1825年发动了一场反对沙皇尼古拉一世的起义，但没有成功。赫尔岑和他的朋友尼古拉·奥加廖夫（Nikolay Ogarov）受到了德国剧作家弗里德里希·席勒（Friedrich Schiller）自由主义思想的影响，他们庄严宣誓，毕生致力于十二月党人在俄罗斯的自由斗争。

1834年，赫尔岑因参加自由主义活动被捕，并被流放至维亚特卡（Vyatka）和弗拉基米尔（Vladimir）；然后，由于对警察的激进评论，他又在诺夫哥罗德（Novgorod）待了两年。1846年，赫尔岑的父亲去世，给他留下了一笔可观的财富。第二年，赫尔岑解放了自己土地上的农奴，离开俄国前往西欧，再也没有回来。

赫尔岑首先到达欧洲激进主义思想的首都巴黎，希望社会主义革命取得胜利。在巴黎和意大利目睹1848年革命失败后，1852年，赫尔岑移居伦敦。第二年，在波兰流亡者的帮助下，他创办了"伦敦自由俄罗斯出版社"，这是历史上第一家不受审查的俄罗斯出版企业。1855年，尼古拉一世去世，此后不久亚历山大二世宣布解放农奴。为了应对这一前所未有的"解冻"，赫尔岑迅速推出了一系列革命期刊：1855年的《极地之星》（*The Polar Star*）、1856年的《俄罗斯之声》（*Voices from Russia*），以及1857年在他的老朋友奥加廖夫的帮助下创办的报纸《钟声》。1859年，他得到《叶卡捷琳娜大帝回忆录》的副本，将之翻译成英语，发表在《钟声》上，并写了一篇序言。

但此后俄国的自由主义风潮发生逆转。努力遭到冷遇后，赫尔岑将精力转向撰写自己的回忆录《我的过去和思想》。这本回忆录旨在纪念他和俄罗斯激进主义思想的传奇。这是一部结构松散的个人传记，穿插了俄国和西方政治人物的尖锐评论及哲学和历史的思考，是当代欧洲激进主义思想的一部杰作。

在翻译《叶卡捷琳娜大帝回忆录》的过程中，译者尽量保留原著对当时人物的称呼，例如，比伦、比伦伯爵、库尔兰公爵同指恩斯特·约翰·冯·比伦，吕贝克主教、荷尔斯泰因公爵、瑞典王储同指彼得三世未成年时的监护人阿道夫·弗雷德里克，很多时候对谢尔久斯·萨尔蒂科夫使用昵称"谢尔盖·萨尔蒂科夫"。

同时，原文中出现的brother、sister、uncle、aunt、niece、nephew、brother-in-law、sister-in-law等，译者尽力考证了人物关系，但因资料匮乏及译者历史知识有限，无法完全考证到位。如有读者能提供可信的考据，或指出译文的错漏，译者将不胜感激，并将尽快予以更正。

本书由李倩梅和曾瑞云共同翻译，其中曾瑞云负责序言和第一部分，李倩梅负责第二部分和附录。在翻译的过程中，关于英语译本保留的原法语词汇和表达，译者得到了两届傅雷奖得主金龙格先生及其夫人黄林涛女士的大力帮助，在此一并感谢。

李倩梅　曾瑞云

于桂林电子科技大学